GORDON A. CRAIG

Königgrätz

Gordon A. Craig

KÖNIGGRÄTZ

BASTEI
LÜBBE

Titel der Originalausgabe:
THE BATTLE OF KÖNIGGRÄTZ

Deutsche Übersetzung: Karl Federmann

Lizenzausgabe: Gustav Lübbe Verlag GmbH,
Bergisch Gladbach
Printed in Western Germany 1977
Einbandgestaltung: Ralf Rudolph
Titelfoto: Staatsbibliothek Berlin,
Preußischer Kulturbesitz, Bildarchiv
Gesamtherstellung: Augsburger Druck- und Verlagshaus
ISBN 3-404-00724-7

Der Preis dieses Bandes versteht sich einschließlich
der gesetzlichen Mehrwertsteuer

Für Phyllis

INHALT

KARTENVERZEICHNIS

EINLEITUNG

Die Schlacht bei Königgrätz
Die haben wir mitgemacht,
Da donnerten die Kanonen,
Das hat nur so gekracht.

Mein Kam'rad ist geblieben
Und jener auch blessiert,
Doch hat uns unser Kommandeur
Auch immer gut geführt [1].

Anonym

Am Vorabend der Schlacht bei Leipzig soll Napoleon gesagt haben: *„Entre une bataille gagnée et une bataille perdue, la distance est immense: il y a des empires."* („Zwischen einer gewonnenen und einer verlorenen Schlacht besteht ein ungeheurer Unterschied: dazwischen liegen Kaiserreiche.")

Vielleicht fühlte sich der Kaiser todgeweiht und übertrieb aus der Vorahnung des eigenen Schicksals; aber die allgemeine Gültigkeit seines Ausspruchs ist im Lauf der Geschichte durch zahlreiche Schlachten bestätigt worden.

Eine dieser Schlachten war die bei Königgrätz. Als preußische Ulanen am Morgen des 3. Juli 1866 auf die Bistritz zugaloppierten und von den auf den Höhen von Lipa aufgestellten österreichischen Batterien zum Kampf gefordert wurden, galt Österreich noch als die stärkste Macht in Mitteleuropa, der allgemein das Recht zugesprochen wurde, in internationalen Angelegenheiten als Sprecher sämtlicher deutscher Staaten aufzutreten. Als bei Einbruch der Nacht die geschlagenen österreichischen Kolonnen über die Elbe zurückfluteten, war diese stolze Machtstellung zum Erstaunen aller Beobachter, die sie als selbstverständlich angenommen hatten, unwiderruflich zerstört. Die *Illustrated London News* schrieb: „Auf dem Kriegsschauplatz haben sich Ereignisse von so erschreckender Art und, wie anzunehmen ist, von solcher Bedeutung für die Zukunft zugetragen, daß man bei dem Versuch, ihre wahre Tragweite abzuschätzen, schwindlig wird [2].“ Böses ahnend, kommentierte der Londoner *Spectator:* „Dreißig Dynastien sind hinweggespült, das Schicksal von zwanzig Millionen zivilisierter Menschen ist für immer betroffen, das politische Gesicht der Welt hat sich verändert, wie es sich sonst nur nach einem Menschenalter des Krieges zu verändern pflegte . . . In einem Augenblick hat sich Preußen auf den Platz der ersten Großmacht Europas geschwungen [3].“ Der Chronist der *Revue des deux mondes* in Paris war zwar nicht bereit, diese letzte Schlußfolgerung zu ziehen, doch ließ er gelten, daß sich die Welt verändert hatte. In unbewußter Wiedergabe des Napoleon-Wortes schrieb er: „In Böhmen ist eine jener gewaltigen Schlachten geschlagen worden, die den unwiderruflichen Machtspruch über das Geschick von Nationen kundtun. Die Schlacht von Sadowa [4] hat die militärische Stärke Preußens enthüllt und der politischen Machtstellung Österreichs einen vielleicht nicht wiedergutzumachenden Schlag versetzt [5].“

Die politischen Folgen der Schlacht bei Königgrätz waren so tiefgreifend und weitreichend, daß man unschwer versteht, weshalb sie allgemein als eine der „Entscheidungsschlachten" der modernen Geschichte bezeichnet wurde [6]. Aber dies allein erklärt nicht die Tatsache, warum so viele Historiker von Königgrätz fasziniert sind; man muß auch andere als politische Gesichtspunkte in Betracht ziehen, um dies verständlich zu machen.

Zunächst war die Schlacht bei Königgrätz das größte kriegerische Treffen der modernen Geschichte. Gemessen an der Zahl der daran Beteiligten, erscheinen die Schlachten des Altertums wie auch jene der Zeitalter Gustav Adolfs und Friedrichs des Großen winzig. Selbst in der sogenannten „Völkerschlacht" bei Leipzig im Jahr 1813, an der die Streitkräfte aller Großmächte und einiger kleinerer Staaten teilnahmen, standen nur 430.000 Mann auf dem Schlachtfeld. Bei Königgrätz rangen 440.000 bis 460.000 Mann um die Entscheidung [7]. Die Fülle der Einzelaktionen dieser Schlacht versetzte die Zeitgenossen in Verwunderung und beeindruckte spätere Geschichtsschreiber. Das massive Artilleriefeuer, das die Österreicher den ganzen langen Tag der Schlacht unterhielten, hat in der europäischen Kriegsgeschichte kaum seinesgleichen; nie wieder sah man etwas, das der großen Reiterschlacht bei Střesetitz und Langenhof an die Seite zu stellen wäre, in der auf beiden Seiten je 5000 Reiter kämpften. Das Großartige hat seinen besonderen Reiz; deshalb erlangte Königgrätz schon von den bloßen Ausmaßen der Schlacht her Bedeutung. Erst die noch blutigeren des Ersten Weltkrieges übertrafen sie darin.

Überdies aber spielte in dieser Schlacht erstmals die fortgeschrittene Technik des Industriezeitalters eine für den Ausgang maßgebliche Rolle. Nur der Fortschritt auf dem Gebiet des Verkehrs während der beiden vorangegangenen Jahrzehnte machte es möglich, eine so große

Anzahl von Menschen auf das Schlachtfeld zu befördern und sie dort unter wirksamer Kontrolle zu halten. Ohne Eisenbahn und Telegraph hätte der Feldzug ein ganz anderes Aussehen angenommen, und die Entscheidungsschlacht wäre wahrscheinlich unter völlig anderen Umständen geschlagen worden. Auf dem Schlachtfeld bei Königgrätz erlebten auch die neuen Waffen der Zukunft ihre erste Bewährungsprobe: das Geschütz mit dem gezogenen Gußstahlrohr und der Hinterlader der Infanterie. Im letzteren Fall bestanden sie diese Probe glänzend. Gleichzeitig aber mahnten und mahnen auch heute die bei Königgrätz gemachten Erfahrungen, die technische Überlegenheit nicht zu überschätzen. Ja, für unsere Gegenwart, in der so viel Aufhebens von technischen Durchbrüchen oder „Lücken" in der Waffenerzeugung gemacht wird, ist gerade diese Schlacht besonders lehrreich. Unleugbar trug die Überlegenheit des Infanteriegewehrs zum Sieg der preußischen Armee bei Königgrätz bei; sie erklärt unter anderem den raschen Zusammenbruch der Kampfmoral bei einigen österreichischen Einheiten. Aber dieser Vorteil war an sich nicht entscheidend. Es ist doch von Wichtigkeit, festzustellen, was so kühle Beobachter wie der französische Militärattaché Stoffel oder auch der nachmalige deutsche Generalstabschef Alfred von Schlieffen betonten, daß das Zündnadelgewehr auf den Ausgang der Schlacht weniger Einfluß hatte als die vielen taktischen Fehler und Unterlassungssünden der Führung bei den Österreichern [8].

Für den Kriegswissenschaftler ist Königgrätz deshalb interessant, weil sich hier erstmals der Eindruck eines neuen Stiles darbot, der in der Folgezeit stärkste Auswirkungen auf das strategische Planen in Europa haben sollte.

Der preußische Generalstabschef Helmuth von Moltke ignorierte zur Bestürzung der meisten seiner Untergebenen alle herkömmlichen Theorien über die Vorteile von Operationen auf der inneren Linie sowie die Notwendigkeit, die Streitkräfte vor dem Beginn einer größeren Aktion zu versammeln. Er zeigte, wie im Industriezeitalter unter Ausnutzung von Raum und Schnelligkeit eine Armee umfaßt und vernichtet werden konnte, die sich auf herkömmliche Operationspläne verließ. Moltkes Strategie, kühn in der Planung und höchst erfolgreich in der Ausführung, entbehrte des letzten Gelingens nur deshalb, weil jene, die seine Pläne ausführten, nicht ebenso bereit waren, ein Risiko einzugehen, wie er selbst. Von der Schönheit militärischer Operationen zu sprechen, hindert uns im Atomzeitalter eine verständliche Scheu; im neunzehnten Jahrhundert, das in dieser Hinsicht weniger zurückhaltend war, wurde Königgrätz von den Ästheten der Kriegführung zusammen mit Arbela, Zama, Marathon, Lützen, Leuthen, Austerlitz und Waterloo zu den „schönen Schlachten" gezählt. Dafür gibt es Argumente. Wenn man nämlich die Sparsamkeit berücksichtigt, mit der Moltke seine Mittel einsetzte, um seine Ziele dem vorgefaßten Plan entsprechend zu erreichen, verdient der Sieg von Königgrätz es sicher, als ein Kunstwerk bezeichnet zu werden [9].

Schließlich beweist auch die Schlacht bei Königgrätz, welche Rolle Unwägbares, wie persönliches Heldentum, fester Wille und der Zufall, in menschlichen Belangen spielen. Nach dem errungenen Sieg sagte ein Adjutant des preußischen Königs zu Bismarck: „Exzellenz, jetzt sind Sie ein großer Mann. Aber wenn der Kronprinz zu spät gekommen wäre, wären Sie der größte Bösewicht [10]."

Niemand, der die wechselvollen Geschicke der beiden Armeen am Tag von Königgrätz verfolgt, kann sich des Gedankens erwehren, was wohl geschehen wäre, wenn die Zweite preußische Armee tatsächlich eine Stunde später zum Angriff angetreten wäre und wenn die im preußischen Zentrum beginnende Panik sich hätte ausbreiten können; oder wenn andererseits Benedeks eigenwillige Unterführer nicht die rechte Flanke der Österreicher entblößt hätten und ihm selbst freiere Hand zur Entfaltung seines ursprünglichen Schlachtplanes geblieben wäre.

Zugegeben, die eigentliche Aufgabe des Historikers liegt darin, zu erklären, was sich wirklich ereignet hat; er hat nicht Erwägungen darüber anzustellen, was gewesen wäre, wenn ... Es schadet jedoch nichts, sich daran zu erinnern, in welchem Maß bedeutende Ereignisse von Mut und Entschlossenheit abhängen; daß mangelnde Entschlußkraft und nachlässige Pflichterfüllung stets teuer zu stehen kommen; und daß es wie in allen menschlichen Tätigkeiten, so auch im Krieg auf die Stärke des Willens ebensosehr ankommt wie auf die Bewaffnung selbst. Wenige Ereignisse beleuchten diese schlichten Wahrheiten besser als die Schlacht bei Königgrätz.

I

DIE GEGNERISCHEN MÄCHTE

Wer will unter die Soldaten,
Der muß haben ein Gewehr,
Das muß er mit Pulver laden
Und mit einer Kugel schwer [1].

F. W. Güll

Der Saus und Braus
Macht denn der den Soldaten aus?
Das Tempo macht ihn, der Sinn und Schick,
Der Begriff, die Bedeutung, der feine Blick [2].

Wallensteins Lager

In einem gegen Ende seines Lebens abgefaßten Essay gab General Helmuth Karl Bernhard von Moltke, Chef des preußischen Generalstabs, eine Erklärung für die Ursachen des Preußisch-Österreichischen Krieges. Er tat es mit jener eindringlichen Prägnanz, die auch seine taktischen und strategischen Schriften kennzeichnete. „Der Krieg von 1866", so schrieb er, „ist nicht aus Notwehr gegen die Bedrohung der eigenen Existenz entsprungen, auch nicht hervorgerufen durch die öffentliche Meinung und die Stimme des Volkes; es war ein im Kabinett als notwendig erkannter, längst beabsichtigter und ruhig vorbereiteter Kampf nicht für Ländererwerb, Gebietserweiterung oder materiellen Gewinn, sondern für ein ideales Gut — für Machtstellung. Dem besiegten Österreich wurde kein Fußbreit seines Territoriums abgefordert, aber es mußte auf die Hegemonie in Deutschland verzichten [3]."

Das ist ebenso offen wie treffend. Im Krieg von 1866 erreichte jene Rivalität ihren Höhepunkt, die mit dem Aufstieg des Hauses Brandenburg-Preußen begonnen hatte und ihren ersten deutlichen Ausdruck in dem unprovozierten Angriff fand, den Friedrich der Große 1740 auf das Kronland Österreichisch-Schlesien führte. Von da ab sahen sich Österreich und Preußen in einen Kampf um die Vorherrschaft in Deutschland verwickelt. Wohl handelte es sich um keinen ununterbrochenen Konflikt. Zu der Zeit, als Napoleons Schatten über Europa lag, verwandelte die Furcht vor der Beherrschung durch Frankreich die beiden Nebenbuhler in Verbündete, und als es ihren gemeinsamen Anstrengungen gelungen war, Napoleon niederzuringen, fanden sie es ratsam, das Bündnis fortzusetzen, um ihre Machtstellung in Europa gegen neue Bedrohungen zu sichern. Während der drei Jahrzehnte, die auf Waterloo folgten, war die österreichisch-preußische Allianz ein zuverlässiger Faktor in dem internationalen Kräftespiel; ihre gemeinsame Kontrolle über den Bundestag des Deutschen Bundes in Frankfurt garantierte politische Ruhe in ganz Mitteleuropa. Doch die Zusammenarbeit der beiden Mächte war selbst in diesen friedlichen Jahren durch Mißtrauen getrübt, und zeitweilig ergaben sich Spannungen: Streitigkeiten über Verfahrensfragen im Bundestag, Fragen der Kommandos über die Kontingente der Bundesarmee, Interessenkonflikte an den kleineren deutschen Fürstenhöfen. Dann, als die Revolutionen von 1848 über Deutschland hinweggefegt waren, verschlechterte sich das Verhältnis der beiden Mächte in zunehmendem Maß.

In erster Linie trug daran Preußen die Schuld. Die Aufstände von 1848 machten den Regierungen aller deutschen Staaten zu schaffen, keiner aber so ernsthaft wie der österreichischen. Noch Monate, nachdem die preußische Krone ihre Autorität über die Feinde im eigenen Haus wiederhergestellt hatte, wurde die Regierung in Wien durch Äußerungen der Unzufriedenheit innerhalb der verschiedenen Nationalitäten der Monarchie weiter beunruhigt, vor allem aber durch eine gefährliche Revolution in Ungarn. Für den Preußenkönig Friedrich Wilhelm IV. schien sich angesichts dieser Schwächung Österreichs eine günstige Gelegenheit zu bieten, die er nicht zu versäumen gedachte. Er trachtete seinen Vorteil zu wahren, um Preußens Einflußgebiet in Mitteldeutschland auszudehnen. Zu seinem Unglück aber nahm die Verwirklichung der Pläne, die auf die Schaffung eines neuen Staatenbundes unter Ausschluß Österreichs hinzielten, unerwartet viel Zeit in Anspruch, so daß Österreich inzwischen den Krieg in Ungarn beenden konnte. Kaum war dies geschehen, reagierte die habsburgische Monarchie auf die Herausforderung durch Preußen mit einer Schnelligkeit und Energie, die in Berlin Bestürzung hervorrief. Friedrich Wilhelm mußte zur Kenntnis nehmen, daß er sich bei weiterem Festhalten an seinen Plänen auf einen Krieg gefaßt zu machen habe; er gab also widerwillig dem ängstlichen Zureden seiner militärischen Ratgeber nach und nahm von der vorgesehenen Neuordnung Deutschlands Abstand.

Im November 1850 unterzeichneten die Regierungen Österreichs und Preußens in Olmütz einen Vertrag, der den Deutschen Bund in seiner ursprünglichen Gestalt wiederherstellte. Doch das Übel war nun einmal geschehen, und die beiden Mächte arbeiteten innerhalb der Organisation nicht mehr so wirkungsvoll zusammen wie vor 1848. Die Preußen begannen zu klagen, das Verhalten der österreichischen Gesandten auf dem Bundestag in Frankfurt seit überheblich und beleidigend; es lasse die deutliche Absicht erkennen, eine neue Art von Vorrangstellung Österreichs im Deutschen Bund durchzusetzen. Die Österreicher gaben zurück, die Preußen seien überempfindlich und eher daran interessiert, die österreichischen Vorschläge zu boykottieren, als die gemeinsamen Interessen der deutschen Staaten zu fördern. So wurde der Bundestag zu einem Manöverfeld, auf dem beide Staaten ihre Machtstellungen zu behaupten suchten und dabei um Verbündete warben; die Zusammenstöße wurden mit der Zeit so häufig und erreichten eine solche Schärfe, daß maßgebliche Persönlichkeiten in Berlin wie auch in Wien den Eindruck gewannen, dieser Wettstreit müsse ein gewaltsames Ende nehmen. Ministerpräsident Otto von Bismarck-Schönhausen, der seine diplomatische Laufbahn 1850 als preußischer Gesandter beim Bundestag begonnen und in Frankfurt fast ein Jahrzehnt gewirkt hatte, erklärte stets, er sei als überzeugter Vertreter des Bündnisses mit Österreich nach Frankfurt gegangen; die österreichischen Winkelzüge hätten ihn jedoch enttäuscht und zu der Überzeugung gebracht, daß ein Bruch unvermeidlich sei. „Ich mußte feststellen", schrieb er, „daß der gordische Knoten der deutschen Verhältnisse nicht durch einen friedlichen Dualismus zu lösen war, sondern mit dem Schwert durchschnitten werden mußte [4]." Zweifellos gab es österreichische Staatsmänner, die sich genötigt sahen, ihre Überzeugung in ähnlicher Weise zu ändern.

Während der unruhigen Jahre, die mit dem Ausbruch des Krimkrieges 1854 eingeleitet wurden, häuften sich die Anlässe für einen Bruch zwischen den beiden deutschen Großmächten. Im Laufe dieses Konfliktes wurden

Österreichs Versuche, die Unterstützung der kleineren deutschen Staaten zugunsten einer Interventionspolitik gegen Rußland zu gewinnen, von preußischen Diplomaten mit aller Macht bekämpft, und schon 1856 traten Bitterkeit und gegenseitige Anschuldigungen in den Noten zwischen Berlin und Wien unverhüllt zutage. Als drei Jahre später Österreich in den Krieg gegen Frankreich und Piemont verwickelt wurde, blieb die preußische Regierung neutral. Damit war klargeworden, daß nicht einmal die Feindschaft gegen Frankreich das einigende Band zwischen den rivalisierenden deutschen Mächten bilden konnte, und daß die ideologische Einheit, wie sie zu Anfang des Jahrhunderts bestanden hatte, der Vergangenheit angehörte. In der Tat stimmten 1859 viele Preußen sicherlich der Ansicht Bismarcks zu, Preußen solle sich die mißliche Lage Österreichs in Italien zunutze machen, und „mit unseren ganzen Armeen nach Süden aufbrechen, die Grenzpfähle im Tornister mitnehmen und sie entweder am Bodensee oder da, wo das protestantische Bekenntnis aufhört vorzuwiegen, wieder einzuschlagen [5]".

Drei Jahre nachdem Bismarck dieses Rezept für eine kompromißlose Politik formuliert hatte, wurde er nach Berlin berufen, zum preußischen Ministerpräsidenten ernannt und mit der Leitung der preußischen Außenpolitik betraut. Wenngleich er zunächst nichts unternahm, was seinem radikalen Vorschlag aus dem Jahr 1859 entsprach, so war doch der anti-österreichische Kurs von Anbeginn fühlbar. 1863 brachte er eine österreichische Aktion zur Erneuerung des Deutschen Bundes zu Fall; sie wäre der Verwirklichung seines eigenen Zieles, der Errichtung einer preußischen Vorherrschaft zumindest über die nördlich des Mains gelegenen Teile Deutschlands, hinderlich gewesen. Im Jahre 1864 griffen die Armeen Preußens und Österreichs gemeinsam in die verworrenen Verhältnisse Schleswig-Holsteins ein. Nach der in diesem Feldzug vom dänischen König erzwungenen Abtretung der Herzogtümer an die beiden Mächte wurde die Haltung Bismarcks der Wiener Regierung gegenüber herausfordernder. Er verlangte einen so übermäßigen Anteil an der Beute, daß es auf die Annexion der besetzten Provinzen durch Preußen hinauslief, und den Österreichern wurde nun klar, daß Preußen die Vorherrschaft in ganz Norddeutschland beanspruchte. Die preußischen Forderungen wurden daher mit einigem Recht zurückgewiesen; die Atmosphäre war jedoch bereits so gespannt, daß auch die Einsichtigen am preußischen Hof, die sich dem Gedanken an einen endgültigen Bruch mit Österreich widersetzten, die Zurückweisung doch als Kränkung der preußischen Ehre und als schwerwiegende Bedrohung der nationalen Interessen betrachteten.

Schon im Mai 1865 erwog ein preußischer Kronrat ernsthaft einen Präventivkrieg gegen Österreich, für den Fall, daß dessen Regierung nicht auf die Frage der preußischen Ansprüche eingehe; man entschied zwar, eine solche Handlungsweise sei bei dem herrschenden Stand der öffentlichen Meinung unvorteilhaft, doch ergab die Diskussion eine bedeutsame Ausweitung der preußischen Pläne; man war ferner nicht bereit, sich vom Deutschen Bund oder von Österreich Beschränkungen auferlegen zu lassen. Im Verlauf des Jahres (1865) kam freilich eine vorläufige Teilung in der Verwaltung Schleswig-Holsteins zwischen den beiden Mächten zustande, aber man betrachtete diese Maßnahme lediglich als politischen Burgfrieden. Sie gab auch bald Anlaß zu neuen Meinungsverschiedenheiten. Auf preußischer Seite benützte Bismarck tatsächlich nun jede Gelegenheit, Zwischenfälle zu provozieren, um die Österreicher zu reizen, während die Regierung in Wien zunehmend fatalistisch wurde. Kaiser Franz Joseph soll damals gefragt haben: „Wie kann eine Seite den Krieg vermeiden, wenn die andere ihn will?" Im Frühjahr 1866 schien sich die österreichische Regierung von der Unvermeidbarkeit des Krieges überzeugt zu haben und begann mit der Einberufung der Armeereserven. Die Verlautbarung der ersten Mobilisierungsbefehle am 21. April in Wien hatte in Berlin eine alarmierende Wirkung. Ungeachtet aller Kreuz- und Querzüge während der folgenden acht Wochen — der Versuche, in letzter Minute einen Kompromiß zustande zu bringen, der kläglichen Reden über eine internationale Konferenz sowie der emsigen diplomatischen Geschäftigkeit, die zwischen Preußen und Italien, Österreich und den kleinen deutschen Fürstentümern, zwischen Österreich und Preußen einerseits und dem undurchsichtigen französischen Kaiser andererseits einsetzte —, bestand für die Militärs kein Zweifel, daß nun die Waffen sprechen würden. Sie beeilten sich daher, die letzten Vorbereitungen zu treffen.

Von den beiden Armeen, die einander bald in Böhmen begegnen sollten, genoß die österreichische das höhere Ansehen. Vor dem Kriegsausbruch 1866 hätte man in Europa wohl kaum gezögert, ihr die Überlegenheit über die preußische Armee zuzugestehen — zu diesem Urteil kamen die meisten Europäer, sogar viele, die wie Friedrich Engels einen gewissen Anspruch auf militärisches Sachverständnis erheben durften [6]. Die Unerschütterlichkeit der

„Weißröcke" — so hieß die österreichische Infanterie —, das Selbstbewußtsein der steirischen Jäger und die Durchschlagskraft der ungarischen Kavallerie waren sprichwörtlich; das Andenken an Radetzkys Unternehmungen 1849 in Italien war noch frisch genug, um die Truppen, die er geführt hatte, mit romantischem Schimmer zu verklären. Dem taten auch die österreichischen Niederlagen des Jahres 1859 gegen die Franzosen und Italiener keinen Abbruch, denn die Regimenter hatten hartnäckig und brav gefochten, die Offiziere waren bei Solferino und Magenta durch Tapferkeit und Entschlußkraft hervorgetreten. Besonders begeistert zeigten sich die französischen Soldaten von ihrem früheren Gegner, und wenn ihre Großzügigkeit auch verständliche Gründe haben mochte, so diente sie doch dazu, den Respekt zu vergrößern, mit dem das österreichische Heer allgemein betrachtet wurde [7]. Im dänischen Feldzug 1864 erlangte dann dieses Heer durch seine Haltung eine weitere Bestätigung seines Ansehens als beachtliche Streitmacht. Die Siege der österreichischen Infanterie über die hart kämpfenden Dänen hatten gleichzeitige preußische Operationen so völlig in den Schatten gestellt, daß es schon peinlich wirkte. Dies führte dazu, daß Erzherzog Albrecht an Generalmajor (später Feldmarschalleutnant) Ludwig von Gablenz schrieb, „es sei im Hinblick auf die Beziehungen zwischen den Bundesgenossen schon auch den Preußen ein kleiner Erfolg zu gönnen [8]".

Nichtsdestoweniger war der äußere Anschein von Waffenstärke und Schlagkraft irreführend. Dahinter verbargen sich Mängel in der Organisation, Bewaffnung, Taktik und im Führungssystem der österreichischen Armee, die die Leistungen der Armee im Feldzug von 1866 schwächen mußten.

Die österreichische Armee setzte sich theoretisch aus zehn Klassen von je 83.000 Mann zusammen.

Die Dienstzeit in dieser Armee betrug acht Jahre, dazu kamen zwei Jahre Reservedienst. Mit Einschluß gewisser Spezialeinheiten ergab sich eine Stärke der kaiserlichen Armee von 850.000 Mann — eine Zahl, die von den österreichischen Diplomaten in den Verhandlungen mit anderen Mächten gerne mit Stolz angeführt wurde. Unglücklicherweise stand diese Streitmacht freilich nur auf dem Papier. Infolge finanzieller Schwierigkeiten, die seit dem Krimkrieg auf der Monarchie lasteten, konnte dic Gesamtstärke nie erreicht werden; die Effektivstärke betrug ständig 20 bis 25 Prozent weniger als man allgemein zugab. Praktisch schwankten auch die Zahlen der einzelnen Jahrgänge, und die Dienstzeit war bei den Waffengattungen verschieden. Infanteristen dienten selten länger als drei, Artilleristen und Kavalleristen kaum länger als sechs Jahre. Anstelle der nichtabsolvierten Dienstzeit wurde gewöhnlich Urlaub unter der Voraussetzung gewährt, daß die Dienstpflichtigen für dreißig Tage pro Jahr zur Ausbildung wieder einberufen wurden. Aus finanziellen Gründen war auch die Organisation der Reserven unzureichend; es gab kein der preußischen „Landwehr“ vergleichbares Milizsystem, das weitere Reserven geschaffen, Festungsdienst sowie Aufgaben der öffentlichen Sicherheit in Kriegszeiten verrichtet hätte [9].

Bedeutsam war ferner die Tatsache, daß die Militärdienstpflicht ja in Wahrheit nicht allgemein war. Absolventen von Hochschulen und Gymnasien sowie Angehörige bestimmter Berufe waren völlig davon befreit; überdies konnte jedermann für einen Betrag von 1000 Gulden (das entsprach in den sechziger Jahren des neunzehnten

Jahrhunderts etwa 1000 Mark) einen Ersatzmann stellen. Die Summe war bedeutend und lag weit über den Möglichkeiten der Armen, sie konnte aber unschwer von Angehörigen der besitzenden Klassen aufgebracht werden. Diese Gelegenheiten, sich von militärischen Verpflichtungen zu befreien, hatten zur Folge, daß das Bildungsniveau bei der Masse der Soldaten unter dem der preußischen Armee lag. Die daraus erwachsenden unvermeidlichen Nachteile wurden noch durch Sprachschwierigkeiten vermehrt. Die Mannschaften der kämpfenden Truppe waren aus allen Provinzen des Vielvölkerstaates genommen und verstanden Deutsch vielfach unvollkommen oder überhaupt nicht. Die Nationalitätenfrage beeinträchtigte auch in einem anderen Punkt die Schlagkraft der Armee. Die Erinnerung an die Art und Weise, wie sich 1848/49 mehrere ungarische Einheiten den Rebellen angeschlossen hatten, und das Wissen um das Vorhandensein von Volksgruppen innerhalb der Monarchie, die ähnlich wie die Ungarn dachten, bewirkte, daß man zahlreiche nichtdeutsche Regimenter (Ungarn, Italiener aus Venetien usw.) in Gegenden stationierte, wo sie vom Groll oder der Sympathie der ansässigen Bevölkerung unberührt blieben. Das führte jedoch dazu, daß sich viele Formationen an Orten befanden, die weit von jenen Bezirken entfernt lagen, aus denen sie im Kriegsfall ihren Bestand ergänzen sollten. Dies sowie die allgemeine Unzulänglichkeit der Mobilisierungsmaßnahmen kostete die österreichische Armee im Jahr 1866 bei Kriegseintritt sieben Wochen [10]; und schließlich konnten nur 528.000 Mann aufgestellt werden. Unter Abzug der Trosse, Heeresangestellten, Arbeitsmannschaften, Festungsbesatzungen, Kader, der Sicherheitstruppen und Kranken verblieben der Monarchie an kämpfender Truppe nur 320.000 Mann. Diese Zahl war für einen Zweifrontenkrieg kaum ausreichend; sicher fehlte viel auf die von den Politikern prahlerisch geäußerten Zahlen [11].

Die gesamte Streitmacht war in zehn Armeekorps unterteilt, von denen drei für Italien bestimmt waren. Zum Unterschied von der preußischen Armee gab es in der österreichischen bis auf die Kavallerie keine Divisionseinteilung, so daß die Befehlsübermittlung von den Korpskommandos direkt zu den Brigaden ging. Gewöhnlich besaß ein Korps vier Brigaden; die Brigade zwei Infanterieregimenter zu je 2500 Mann, ein Jägerbataillon und eine Batterie zu acht vierpfündigen Geschützen. Außerdem standen jedem Korps ein Husaren- oder Ulanenregiment sowie eine Reserveartillerie von sechs Batterien (48 Geschütze), weiters Stäbe und Versorgungstruppen zur Verfügung. Die italienischen Korps waren kleiner als die übrigen, und es gab nicht zwei Korps mit gleicher Zusammensetzung und Mannschaftsstärke; aber im allgemeinen betrug die Kampfstärke der einzelnen Korps mehr als 24.000 Mann.

Von den drei wichtigsten Waffengattungen machte die Kavallerie den größten Eindruck. Ausgezeichnet beritten, auf ihren schweren Schlachtrossen aus den ungarischen Gestüten, hatten sich die drei Kürassierdivisionen in Italien ebenso bewährt wie die drei leichten Divisionen der Husaren, Dragoner und Ulanen. Dort hatte das Husarenregiment des Baron Edelsheim alles in den Schatten gestellt, was die Franzosen dagegen ins Feld zu führen vermochten. Der Beginn des Krieges von 1866 fand die leichten Kavallerieregimenter mitten in einem Wechsel der Bewaffnung, von der altmodischen Pistole zum verkürzten Infanteriegewehr, und nur die Hälfte der Truppenteile besaß die neuen Waffen, als die Feindseligkeiten begannen. Dies erwies sich jedoch kaum als großer Nachteil, da sich zur gleichen Zeit die preußische Kavallerie nur unvollständig von der Pistole auf den Zündnadelkarabiner umgestellt hatte [12]. An Ausrüstung, Ausbildung und Kampfgeist ließ die österreichische Kavallerie nichts zu wünschen übrig. Der britische Kriegskorrespondent W. H. Russell, selbst ehemaliger Soldat, schrieb über seinen Eindruck beim Vorgehen der Kavallerie am Morgen von Königgrätz: „Die Reiterei schien mir bei weitem die beste, die ich jemals sah; zahlenmäßig war es bestimmt die stärkste, die in neuerer Zeit auf einem Schlachtfeld erschien [13].“

Die österreichische Artillerie hatte ihre Sache in den verflossenen Feldzügen gut gemacht; darüber hinaus hatte sie mit der Entwicklung im Zeugwesen besser Schritt gehalten als manche Nachbarstaaten. Die Umstellung von den glatten Geschützen zu gezogenen vier- und achtpfündigen Vorderladern war kurz vor dem Dänischen Krieg beendet worden; im Jahr 1866 besaß die österreichische Armee 736 gezogene und 58 glatte Geschütze (unter letzteren waren 24 Raketengeschütze) gegenüber den 492 gezogenen und 306 glatten Geschützen der Preußen. Je nach der verwendeten Munition hatten die österreichischen Vierpfünder eine Reichweite bis zu 4000 Schritt (3000 m) und die Achtpfünder bis 5000 Schritt (3750 m). In dieser Hinsicht übertrafen sie die kurz zuvor eingeführten preußischen gezogenen Geschütze nicht, und was die Treffsicherheit anlangt, reichten sie vielleicht nicht an jene heran. Andererseits hatten die Österreicher drei wichtige Vorteile vor ihren Gegnern: sie hatten eine bedeutende Übermacht an gezogenen Geschützen; die Kanoniere mußten sich daher nicht erst an die neuen Waffen gewöhnen, und viele Batterien waren in dem Gelände ausgebildet worden, auf welchem die Kämpfe von 1866 ausgetragen werden sollten. Das Terrain war also bekannt, und man schoß vielfach auf ausgemessene Entfernungen [14].

Ungünstiger war die Infanterie daran. Tatsächlich zog sie 1866 mit einer minderwertigen Waffe und überholten taktischen Lehren ins Feld. Die Linienregimenter waren mit dem sogenannten Lorenzgewehr ausgerüstet, einem gezogenen Vorderlader, der mit Kugeln geladen wurde. Dieses Gewehr hatte der österreichische Oberwerkführer Lorenz 1852 erfunden. Es schoß auf 400 Schritt (300 m) sehr genau, auf Formationen war es noch in der doppelten Entfernung wirksam. 1859 hatte es sich dem französischen Infanteriegewehr als überlegen erwiesen. Aber es konnte sich an Feuergeschwindigkeit nicht mit dem preußischen Hinterlader messen; im Konfliktfall mit Preußen mußte die Unterlegenheit ins Gewicht fallen. 1865 hatten einige Offiziere darauf gedrängt, sich auf Hinterlader umzustellen, jedoch umsonst. Das Kriegsministerium war auf Grund von Beobachtungen in Dänemark von den Vorzügen der preußischen Waffe nicht überzeugt; auch war man von der Tatsache beeinflußt, daß keine andere Großmacht Hinterlader eingeführt hatte. Daher blieb man der Waffe treu, die 1859 in Verwendung stand — eine Entscheidung, die sich als kostspieliger Irrtum herausstellen sollte [15].

Möglicherweise machte es aber nicht einmal so viel aus wie die in der österreichischen Armee herrschenden Ansichten über die taktischen Regeln bei der Infanterie. Im italienischen Krieg mußten die Österreicher feststellen, wie der Vorteil, den sie auf Grund ihrer überlegenen Infanteriewaffen besaßen, durch die vom Gegner angewandte Taktik zunichte gemacht wurde. Die Franzosen verließen sich auf eine ungestüme Angriffstaktik, bei der sie in völlig offenen Schützenlinien die Schußweite des Lorenzgewehrs überwanden und den Kampf ganz nahe an die österreichischen Linien herantrugen; nach Abgabe einer gezielten Salve erfolgte dann der massierte Bajonettangriff, wobei das Bataillon mit 100 Mann in der Front und 6 Mann tief vorging. Ihren Erfolg hatte diese Taktik Umständen zu verdanken, die man auf seiten der Österreicher nicht gebührend einschätzte: die Tatsache etwa, daß das Geschoß des Lorenzgewehrs eine gekrümmte Flugbahn besaß und ein Gelände, über das sich der Feind rasch vorwärtsbewegte, nicht ausreichend bestrich, gestattete es den Franzosen, ohne bedeutende Verluste in den Nahkampf einzutreten; dazu kam, daß die dichtgeschlossene Bataillonsformation der Österreicher und ihre geringe Manövrierfähigkeit sie gegen den Bajonettangriff besonders empfindlich machten. Da man all dies nicht berücksichtigte, überschätzte man nun die Stoßtaktik und schrieb sie im Abrichtungs-Reglement von 1862 vor. Nun wurde auf einmal auf das Feuergefecht und auf das Plänkeln wenig Gewicht gelegt; die Bataillone wurden bis zum Zeitpunkt des Einsatzes eng aufgeschlossen belassen, und auch dieser wurde in einer Front durchgeführt, die nicht halb so breit war wie die der Franzosen 1859 [16]. Im Kampf gegen gut aufgestellte Truppen und gegen ein Gewehr, das viermal so schnell schoß wie das Lorenzgewehr, mußte diese Taktik katastrophale Folgen heraufbeschwören. Doch nur wenige hegten vor 1866 solche Befürchtungen — oder wenn sie es taten, hatten sie jedenfalls angesichts der fixen Ansichten des Kaisers über diesen Gegenstand nicht den Mut, ihre Meinung zu äußern. Vor allem nach den Siegen des Jahres 1864 in Jütland konnte der Kaiser einer Kritik des Bajonettangriffes gegenüber ungnädig bis zur Schroffheit sein; er selbst war es, der jene taktische Lehre aufs eifrigste vertrat, die sich bei den Operationen des Jahres 1866 als das schwerste Hindernis erweisen sollte [17].

Die kaiserliche Armee wurde von einem Offizierskorps geführt, dessen Loyalität und Mut außer Frage stand. Weniger gut war es mit der Disziplin und mit der Einschätzung der geistigen Erfordernisse der modernen Kriegführung bestellt. Für das Avancement waren weder das religiöse Bekenntnis noch Herkunft oder Nationalität eine unüberwindliche Schranke: Feldzeugmeister Ludwig August von Benedek zum Beispiel, 1866 Oberkommandierender der Nordarmee, war ein ungarischer Protestant aus niederem Adel. Wenngleich die höchsten Stellen den Mitgliedern der 600 Familien der Oberschicht vorbehalten blieben, so entstammte die Masse des Offizierskorps altem Soldatenblut aus den Mittelklassen, wobei ein nicht unbeträchtlicher Prozentsatz aus dem niederen Adel Mittel- und Süddeutschlands kam [18]. In allen Rängen wurde der Krieg jedoch weniger ernst genommen als im preußischen Offizierskorps. Das gestand Benedek nach der Niederlage bedauernd ein [19]. Auf höchstem Posten stand manch großer Herr, der seinen Beruf als eine Art Sport betrachtete, während sich unter den Offizieren aus den deutschen Staaten Abenteurer und Glücksritter fanden, deren Ansichten nicht weniger leichtfertig waren. In einer Armee, die den Namen Radetzky vergötterte, galten im allgemeinen Mut und Draufgängertum mehr als die methodische, doch unscheinbare Arbeit, die eine Streitmacht in eine gutfunktionierende Maschine verwandelt. Daher ließ der Gehorsam gegenüber Befehlen höherer Vorgesetzter in Kriegszeiten zu wünschen übrig; das höchste Streben eines Offiziers galt der Gewinnung des Maria-Theresien-Ordens, der für hervorragende Tapferkeit verliehen wurde. Dies hatte einen schädlichen Einfluß auf die Disziplin. Generalmajor Leopold Freiherr von Edelsheim-Gyulai, Kommandeur der 1. leichten Kavalleriedivision, wurde am Morgen vor Königgrätz vom Oberbefehlshaber öffentlich gewarnt, er werde keinerlei selbständiges Handeln seinerseits dulden und ihn im Fall einer Nichtbefolgung seiner Befehle vor ein Kriegsgericht stellen [20]. Daß Benedek eine so außergewöhnliche Maßnahme treffen mußte, spricht für sich. Übrigens ist es noch interessant, zu bemerken, daß diese Warnungen damals zwar den kühnen, doch ungestümen Edelsheim in seinen Unternehmungen gedämpft zu haben scheinen, daß sie aber keine vergleichbare Wirkung auf andere Befehlshaber hatten, die ebenso eigenwillig waren wie er.

Stellt man dies alles in Rechnung, dann nimmt es nicht wunder, daß die Arbeit in den Stäben bei der österreichischen Armee nicht besonders angesehen war und das Stabssystem unwirksam blieb. 1854 war es dem preußischen Militärattaché in Wien nicht möglich, seine österreichischen Kollegen für das Kriegsspiel, das bei der Ausbildung der preußischen Stabsoffiziere verwendet wurde, zu interessieren, weil er einmal einräumte, daß man dabei kein Geld gewinnen konnte [21]. Oberstleutnant (später Feldzeugmeister) Friedrich Ritter von Beck, der ungefähr zur selben Zeit im Generalstab in Wien diente, gab zu, daß es unter seinen Kameraden nur zwei oder drei Offiziere gab, die wenigstens die Elementarkenntnisse für ihren Beruf mitbrachten [22]. Als Beck zehn Jahre später ins Landesbeschreibungsbüro des Generalstabes eintrat, wurde ihm die Abfassung einer militärgeographischen Studie über Mitteldeutschland übertragen. Er sollte seinen Bericht auf Übersichten und Landkarten stützen, die ihm einer seiner Vorgesetzten zu liefern hatte, der nach Deutschland gereist war, um sie vorzubereiten. Dieser Offizier verbrachte seine Zeit jedoch lieber in den Kasinos von Bad Ems und riet Beck, auf dessen Anforderungen nach Material, sich die nötigen Daten aus dem Baedeker zu holen [23]!

Zu Radetzkys Zeiten hatte die Armee in der Person von Heinrich Freiherr von Heß einen hervorragenden Stabschef besessen; doch er wurde in dieser einflußreichen Stellung von Generälen am Kaiserhof, so von dem Generaladjutanten Karl Ludwig Graf Grünne von Pinchard, beneidet und befehdet und war nicht streitbar genug, für seine Überzeugungen auch zu kämpfen. Infolgedessen wurden während der fünfziger Jahre die „Pedanten" und „Federfuchser", wie Grünne sie zu nennen pflegte, übergangen und beiseite geschoben [24]; dank diesen Umständen zog Österreich unter einem unfähigen Oberkommandierenden in den Krieg von 1859, dessen Generalstabschef eine Null und dessen Stab so unerfahren war, daß für die Kommandanten nicht einmal Spezialkarten vom Kriegsschauplatz besorgt worden waren [25]. Die Niederlage führte dann zu gewissen Reformen: man unternahm Schritte, den Einfluß der Adjutanten einzudämmen, die bisher dem Generalstab die wesentlichsten Hindernisse in den Weg gelegt hatte. Das Kriegsministerium wurde vollständig reorganisiert. Dennoch blieb die Stellung des Generalstabes zweifelhaft. Das Verhältnis zwischen seinem Chef und dem Chef der Operationsabteilung im Kriegsministerium wurde nie geklärt. Der Generalstab durfte auch keinen wirksamen Einfluß darauf nehmen, wer zum Chef der einzelnen Armeekorps ernannt wurde. Als Feldmarschalleutnant Alfred Freiherr von Henikstein 1864 zum Chef des Generalstabes ernannt wurde, leistete er der Beförderung gerade aus dem Grund Widerstand, weil die Kompetenzen dieser Stellung noch nicht klar umrissen waren; sein Vorgänger machte ihm die wohl kaum befriedigende Mitteilung, er möge sich darüber nicht kränken; denn wenn etwas Aufregendes, ein Krieg etwa, eintreten sollte, könne er ja die Stellung einem vorläufigen Vertreter übergeben und das Kommando über ein Armeekorps übernehmen [26]. Das beständige Zögern, das Stabsproblem ernstlich anzugehen, war schon in Friedenszeiten von Übel. Als der Krieg ausbrach, bedrohte es die Sicherheit des Staates selbst.

Vor allem wirkte sich dieser Umstand auf die Entscheidungen aus, die hinsichtlich des Oberkommandos über die Armee getroffen wurden. Als kein Zweifel mehr bestand, daß es einen Zweifrontenkrieg gegen Preußen und Italien zu führen galt, und die Mobilisierung angeordnet war, ernannte der Kaiser die Oberbefehlshaber für die beiden Kriegsschauplätze. Er hatte keine große Auswahl, denn es kamen dafür nur zwei Namen in Betracht: der des Erzherzogs Albrecht sowie des Feldzeugmeisters Ludwig August von Benedek. Unter den fähigsten Beurteilern herrschte Einverständnis darüber, daß der erstere, Sohn des berühmtesten Feldherrn Österreichs in den napoleonischen Kriegen, nachweisbar eher die Eigenschaften besaß, die für das Oberkommando benötigt wurden. Er hatte sein Leben lang Strategie nach allen Gesichtspunkten studiert und hätte daher mit dem Oberbefehl an der kritischen Front in Böhmen betraut werden sollen. Doch sah man auch ein, daß dies eine unpopuläre und, vom dynastischen Gesichtspunkt aus, vielleicht sogar gefährliche Wahl sein würde. Man erinnerte sich des Erzherzogs vor allem als des Mannes, der die kaiserlichen Truppen bei der Niederwerfung der Revolution vom März 1848 befehligt hatte, und dann seiner Rolle als Reichsverweser von Ungarn, 1860. In keiner dieser Positionen hatte er sich die Gunst der Massen erworben. Die meisten verstanden und schätzten weder seine großen militärischen Fähigkeiten noch die Dienste, die er dem Staat 1859 und 1864 erwiesen hatte. Seine Ernennung zum Oberkommandierenden an der Nordfront wäre 1866 als der krasseste Akt der Günstlingswirtschaft erschienen. Im Fall einer schweren österreichischen Niederlage hätte das gefährliche Rückwirkungen auf die Urheber dieser Ernennung gehabt. So gut wie sicher hätte man den Kaiser der Einmischung in rein militärische Fragen bezichtigt, und das hätte die Dynastie geschwächt, wenn nicht ihren Sturz herbeigeführt.

Benedek hingegen war seit Feldmarschall Josef von Radetzky der volkstümlichste österreichische Befehlshaber. Als Sohn eines protestantischen Arztes in Ödenburg, Ungarn, geboren, war er bereits mit vierzehn Jahren in die Wiener-Neustädter Militärakademie eingetreten. Vier Jahre später begann er seinen aktiven Dienst beim 27. Regiment in Capua. Bei der Unterdrückung von Unruhen in Galizien zeichnete er sich 1846 aus, und durch seine Unternehmungen während der italienischen Feldzüge in den Jahren 1848 und 1849 lenkte er die allgemeine Aufmerksamkeit in einem Maße auf sich, daß sein Name bald regelmäßig in den Spalten der Wiener Zeitungen erschien. Meist erhielt er schmeichelhafte Bezeichnungen wie „der rastlose und unermüdliche Benedek", der „vergötterte Held der Armee", „der Bayard der Armee" und — in einem Gedicht, das 1849 publiziert wurde — „Radetzky der Zweite". 1859 steigerten sich die Lobeshymnen zu förmlicher Verehrung. Wenngleich die Schlacht von Solferino für Österreich eine Niederlage bedeutet hatte — für Benedek war sie ein persönlicher Triumph. Sie stellte den Höhepunkt seiner militärischen Laufbahn dar. Unter seinem Kommando hielt der rechte Flügel der österreichischen Schlachtordnung nicht nur stand, sondern an seinem Mut scheiterte der feindliche Angriff, ja er hätte das Schlachtfeld vom Gegner geräumt, wäre nicht der Befehlshaber auf dem linken Flügel, Feldzeugmeister Graf Wimpffen, unfähig gewesen und wäre das Zentrum nicht zusammengebrochen [27].

Benedek war daher nicht der Mann, den man 1866 hätte übergehen können. Zu der Unterstützung, die er von der Presse und in der Bevölkerung genoß, kam die Zuneigung der Soldaten, die ihn wegen seiner persönlichen Tapferkeit und seiner Schlichtheit vergötterten. Seine Fähigkeit, eine Sprache zu sprechen, die auch der einfachste Soldat verstand, sein rauher und stets bereiter Humor, der sie in Augenblicken der Gefahr aufrichtete, und seine unerschöpfliche Großzügigkeit alten und in Not geratenen Soldaten gegenüber — was ihn oft selbst in Geldschwierigkeiten brachte — machten ihn beliebt. Manche seiner Offizierskollegen merkten, daß er dazu neigte, sich bei der Masse in Gunst zu setzen, doch auch diese Kritiker bewunderten seine Tüchtigkeit auf dem Schlachtfeld, seine Anständigkeit zu seinen Untergebenen; seine Unerschrockenheit, Mißbräuche ohne Rücksicht auf deren Urheber aufzudecken, und seinen festen Widerstand gegen Unfähigkeit und Ungerechtigkeit. Weder sie noch der einfache Soldat oder Zeitungsleser hätten es verstanden, wäre Benedek bei der Wahl des Kommandos für den nördlichen Kriegsschauplatz übergangen worden.

Es gab noch andere Umstände, die seine Ernennung ratsam erscheinen ließen. Er war Ungar, und seine Beförderung mochte gerade aus diesem Grund die Ergebenheit seines Heimatlandes stärken. Überdies hoffte man, der Glanz seines Ansehens könnte die kleineren deutschen Staaten ermutigen, sich an einem militärischen Zusammenschluß mit Österreich etwas interessierter zu zeigen, als dies einige von ihnen offensichtlich taten. Der bayrische Minister von der Pfordten gab einem österreichischen Diplomaten die Versicherung, Benedek an der Spitze der Armee wiege 40.000 Mann auf [28]. Es wäre töricht gewesen, einer solchen Meinung ins Gesicht zu schlagen.

Der einzige, der sich der Ernennung Benedeks zum Oberbefehlshaber der Nordarmee offen widersetzte, war General Benedek selbst. Benedek war ein Freund und Bewunderer des Erzherzogs Albrecht und wollte nicht den Anschein erwecken, als liefe er ihm den Rang ab. Überdies war er, obgleich erst zweiundsechzig Jahre alt, eine Zeitlang leidend gewesen und ehrlich genug, es nicht für ratsam zu halten, wenn der Kaiser eine Waffe wählte, die ihm in der Hand zerbrechen konnte. Der wichtigste Grund aber war der, daß ihm die Aussicht unbehaglich war, außerhalb Italiens kämpfen zu müssen, wo er sein Leben lang als Soldat gedient hatte. Als er zum erstenmal hörte, was man mit ihm vorhatte, brummte er: „Jetzt soll ich die Geographie Preußens studieren! Was weiß ich von einer Schwarzen Elster und einer Spree! Wie soll ich mir das nun auf meine alten Tage merken[29]!" Als ihm der Oberbefehl angetragen wurde, versuchte er zuerst abzulehnen. Erst als der Kaiser an sein Pflichtbewußtsein und seine Treue zum Haus Habsburg appellierte, gab er nach. Nun packte er seine Koffer und sagte dem Erzherzog, der den Oberbefehl auf dem südlichen Kriegsschauplatz übernahm, ein bedrücktes Lebewohl.

Zu diesem Zeitpunkt bekam die Frage nach dem Stab höchste Wichtigkeit. Trotz all seiner guten Eigenschaften traute sich Benedek selbst nicht zu, sämtliche Anforderungen seines Auftrages zu erfüllen. Nicht nur, daß man von ihm verlangte, er solle sich auf ihm unbekannten Boden schlagen; bedeutsamer war, daß er zwar einen guten Korpskommandanten abgab, aber keine Ahnung davon hatte, wie eine Armee von 230.000 Mann zu führen sei. 1849 sagte er in einem Augenblick richtiger Selbsteinschätzung: „Bin zu wenig wissenschaftlich arroganter Stratege, treibe das Kriegshandwerk nach ganz einfachen Grundsätzen, bin kein Freund von komplizierten Kombinationen[30]." Unvermeidlich ist die Führung von Armeen jedoch eine komplizierte Sache. Benedek hatte, im Gegensatz zu Erzherzog Albrecht, den Fehler begangen, seine militärischen Studien nicht weiterzupflegen. Selbst in den Jahren 1860 bis 1864, die er gezwungenermaßen als Chef des Generalstabs zu verbringen hatte, war er vor dem Studium operativer und strategischer Fragen zurückgeschreckt und hatte Zuflucht bei Verwaltungsarbeit und Truppeninspektionen gesucht. Was er jetzt brauchte, war ein Mann, der seine eigenen Fähigkeiten ergänzte, einer, der ihm das sein konnte, was Gneisenau für Blücher und Heß für Radetzky gewesen waren.

Solche Persönlichkeiten sind aber rar, und man kann Benedek nicht dafür tadeln, daß es ihm nicht gelang, den geeigneten Mann zu entdecken. Immerhin hätte er durch Beschäftigung mit den wichtigen Problemen des Stabs ein besseres Urteilsvermögen erwerben können. Bei der Wahl des Chefs des Generalstabs befolgte er den Rat des Erzherzogs Albrecht und ernannte den ehemaligen Chef des Topographischen Büros, Generalmajor Gideon Ritter von Krismanić, offenbar deshalb, weil dieser eine gewisse Kenntnis der Geographie von Böhmen und Süddeutschland besaß. Dies reichte jedoch kaum aus, um einen Mann für die operative Leitung der Armee zu qualifizieren. Unglücklicherweise kannte man die strategischen Ansichten Krismanić' viel zu wenig, denn er war starr konservativ und außerdem vorsichtig bis zur Furchtsamkeit [31]. Nach dieser Ernennung brachte Benedek die Verhältnisse im Hauptquartier noch dadurch unnötigerweise in Verwirrung, daß er dem Ersuchen des damaligen Generalstabschefs in Wien, Feldmarschalleutnant von Henikstein, nachgab, und ihm gleichfalls gestattete, sich seinem Stab anzuschließen. Obgleich Henikstein versprach, sich aller Einmischungen in Operationsangelegenheiten zu enthalten, mußte die Anwesenheit von zwei Stabschefs im Armeehauptquartier unbedingt Verwirrung stiften; in Wien befand sich ja keine Instanz, die die Bewegungen der Nord- und Südarmee koordiniert hätte [32]. Nicht zuletzt war auch die Befehlsübermittlung an die Korpsstäbe davon in Mitleidenschaft gezogen. Außerdem war Henikstein, der eine zynische Lebensanschauung mit Sarkasmus und verletzendem Spott verband, und der zu jener Art negativer Kritiker gehörte, die in den Plänen anderer stets nur die Mängel sehen, für sich persönlich davon überzeugt, daß Österreich den Krieg nicht gewinnen könne [33]. So ging Benedek, sonst ein wagemutiger und einsatzbereiter Befehlshaber, mit zwei Ratgebern an die Front, von denen der eine übervorsichtig war, während der andere die Niederlage bereits als feststehende Tatsache hinnahm. Diese Zusammenstellung war schwerlich geeignet, seinen Mut zu stärken, als Schwierigkeiten auftraten.

Die Mängel in der Zusammensetzung des Hauptquartiers traten vor Ausbruch des Krieges ebensowenig zutage wie die schwachen Punkte in der Organisation und Bewaffnung des Heeres. Auch gab es kaum einen Offizier oder Gemeinen, der wie Henikstein dachte. Im Gegenteil — als der Konflikt herannahte, herrschte im allgemeinen eine zuversichtliche Stimmung. Schließlich, welche Siege hatten die Preußen im letzten halben Jahrhundert denn schon erfochten?

Als die preußischen Herbstmanöver des Jahres 1861 zu Ende gingen, ließ sich ein französischer Gast mürrisch vernehmen: „Sie kompromittieren den ganzen Stand [34]!" Diese Ansicht stand nicht vereinzelt da. Weitverbreitet war der Eindruck, daß die Armee Friedrichs des Großen und Blüchers trotz aller Reformen, die König Wilhelm I. und sein Kriegsminister, General Albrecht von Roon, so energisch vorantrieben, zu Beginn der sechziger Jahre unter keinem guten Stern stand. Wie man annahm, war das Gelingen der Reformen durch verfassungsbedingte Schwierigkeiten behindert [35]; auf jeden Fall konnte die Schlagkraft der militärischen Kampfmittel durch nichts anderes aufrechterhalten werden als durch ständigen Drill. Im *Manchester Guardian* vom 20. Juni 1866 schrieb Friedrich Engels: „Preußen hat seit fünfzig Jahren keinen Krieg mehr geführt. Seine Armee ist im großen und ganzen eine Friedensarmee, mit all der Pedanterie und Schikane, die jeder Friedensarmee anhaftet. Zweifellos ist in letzter Zeit, besonders seit 1859, viel getan worden, um sich davon zu befreien. Doch die Gewohnheiten von vierzig Jahren schafft man nicht so leicht ab [36]."

Die im Vergleich zur österreichischen Armee geringe Kriegserfahrung bekümmerte auch manch preußischen Offizier. Einige Tage vor der Mobilmachung speiste der Artilleriekommandant Oberst Prinz Kraft zu Hohenlohe-Ingelfingen mit seinem Vetter, dem Herzog von Ujest, bei Hiller Unter den Linden. Bei ihnen befand sich auch der zum Stabschef des Kronprinzen ausersehene Generalmajor Karl Leonhard Graf von Blumenthal. Das Gespräch drehte sich um den drohenden Kriegsausbruch, und Ujest äußerte einige Besorgnis hinsichtlich der Überlegenheit der österreichischen Infanterie, vor allem der Jägerbataillone, in bewaldetem Gelände. „Im kupierten Terrain", erwiderte Blumenthal tröstend, „sind wir ihnen überlegen, denn unsere Offiziere sind besser instruiert als die österreichischen." „Aber in der Ebene?" fragte der Herzog ängstlich. „Da tun sie mir nun ganz leid", sagte Blumenthal, indem er ein Glas Rotwein schlürfte, „da schießen wir die armen Kerle tot [37]."

General Blumenthal stand mit seiner Zuversicht der Wirklichkeit näher als die ausländischen Militärsachverständigen. Die durch König Wilhelm I. erneuerte Armee war besser, als ihr mattes Auftreten 1864 in Dänemark vermuten ließ. Ihre Stärke lag gerade dort, wo die Österreicher am schwächsten waren: in der militärischen Organisation und im praktischen Verhalten.

Trotz aller Schwierigkeiten, die das Abgeordnetenhaus bei der Bewilligung von Budgetmitteln machte, hatte die preußische Regierung seit 1860 eine Reihe von Reformen durchgeführt. Diese sollten dazu dienen, jene Art von Beurlaubungen auszumerzen, die im österreichischen Heer die aktive Ausbildung der Rekruten unterbrachen; sie sollten die Ausbildung der Reservisten verbessern und die Einberufung von Reserven in Kriegszeiten erleichtern; schließlich sollten die Aufgaben der älteren Landsturmjahrgänge im Krieg festgelegt und ein zusammenhängendes Kommando in allen Bereichen errichtet werden[38]. Zum Teil war es das Ergebnis dieser Reformen, zum Teil entsprach es einer lang befolgten Praxis, daß das preußische Heer bereits im Frieden in die Verbände (Armeekorps, Divisionen und Regimenter) gegliedert war, in denen es in den Krieg treten sollte. Mit Ausnahme des Gardekorps, das aus dem ganzen Land rekrutierte, waren die einzelnen Armeekorps in den Bezirken stationiert, aus denen sie ihre Kriegsreserven zogen. Das erleichterte eine rasche und vollständige Mobilisierung. 1866 benötigte die preußische Armee dazu halb so viel Zeit wie die österreichische, und die meisten Korps hatten ihre Reserven in vierzehn Tagen beisammen. Überdies war die kämpfende Truppe Preußens zahlenmäßig ungefähr gleich stark wie jene der Österreicher, obgleich die Einwohnerzahl des Königreiches Preußen nur 18 Millionen gegenüber 35 Millionen der habsburgischen Monarchie ausmachte. Damals konnten bei einer Gesamtstärke von 355.000 Mann 254.000 gegen Benedek in Böhmen aufgestellt werden. Anders als sein Gegner, besaß Preußen immer noch Reserven, die im Notfall herangezogen werden konnten [39].

Am Vorabend des Krieges war die preußische Armee ebenso wie die österreichische auf Korpsbasis organisiert. Es gab acht Armeekorps, von denen jedes zwei Infanteriedivisionen, die Reserveartillerie sowie Hilfstruppen (Pioniere, Sanitätseinheiten, Troßfuhrwerk, Feldpolizei usw.) enthielt. Für den Kriegsfall war den einzelnen Divisionen größere Selbständigkeit gegeben, und im Krieg von 1866 war die Korpsstruktur bei einem Großteil der Armee völlig aufgehoben. Jede kriegsstarke preußische Infanteriedivision umfaßte vier Infanterieregimenter, vier Reiterschwadronen, vier Batterien zu je sechs Geschützen und eine oder zwei Pionierkompanien. Normalerweise war die Division 15.000 Mann, 700 Pferde und 24 Geschütze stark.

Von den drei Truppengattungen der Armee waren die Kavallerie und die Artillerie 1866 noch nicht zu ihrer vollen Wirksamkeit gelangt; so kam es, daß sich keine der beiden während des Feldzugs in Böhmen besonders hervortun konnte. Die Kunst, die Reiterei richtig einzusetzen, war in den verflossenen Jahren von den preußischen Militärtheoretikern vernachlässigt worden. Clausewitz hatte ihr wenig Bedeutung zugemessen, ungeachtet der Art, wie sein Vorbild Napoleon seine Reiter eingesetzt hatte. Von den moderner denkenden Befehlshabern war Prinz Friedrich Karl von Preußen der einzige, der sich ernstlich für die Funktionen der Kavallerie im Krieg interessierte, dabei scheint er aber vornehmlich an eine Schlachtenkavallerie gedacht zu haben, die bis zum entscheidenden Augenblick in Reserve gehalten wurde, um erst dann zur Zersprengung und Verfolgung des Gegners herangezogen zu werden. Um dieses Ziel zu verwirklichen, forderte er beständig die Schaffung eines straff organisierten Kavalleriekorps. Sein Rat wurde jedoch nicht befolgt und die preußische Reiterei auf die Infanteriedivisionen aufgeteilt, wo sie weder für die von Friedrich Karl angestrebten Zwecke noch zu anderen für die Kavallerie wichtigen Aufgaben wirksam verwendet werden konnte — wie der Aufklärung und Fühlungnahme mit dem Feind [40].

Die Mängel der Artillerie rührten größtenteils aus der Rückständigkeit und Knickrigkeit der Staatsverwaltung, doch auch die herrschende Kriegslehre trug das Ihre dazu bei. Während der Amtszeit des Generalinspekteurs der Artillerie, General von Hahn (1854 bis 1864), wurde jede Neuerung mit Argwohn betrachtet und, wenn überhaupt, nur mit großer Verzögerung bewilligt. Hahns Vorurteil gegen die gezogenen Geschütze war der Hauptgrund für die Beibehaltung des kurzen, glatten Zwölfpfünders zu einer Zeit, da man längst hätte einsehen müssen, daß dieses Geschütz mit seiner maximalen Reichweite von 1500 m (weniger als die Hälfte der Reichweite preußischer und österreichischer gezogener Geschütze) im Krieg praktisch unverwendbar war. Hahns Widerstand gegen jeden Wechsel und seine Zurückhaltung in der Waffenentwicklung waren auch daran schuld, daß die preußischen Geschütze zwar sowohl Stückblei und Kartätschen als auch Geschosse mit Aufschlagzündern, nicht aber, wie die österreichischen, Schrapnells abfeuern konnten, die in der Luft detonierten und eine Streuwirkung entfalteten [41]. Schließlich kam es infolge der langwierigen und umständlichen Prüfungsprozeduren der Abteilung für Artillerie im Kriegsministerium nur dahin, daß die Gelegenheit verabsäumt wurde, die Armee rechtzeitig mit haltbaren Gußstahlgeschützrohren anstatt der bronzenen auszurüsten.

Bereits 1843 bemühte sich Alfred Krupp, die Armee an seinen in Essen hergestellten Gußstahlrohren zu interessieren; er hatte jedoch keinen Erfolg damit, obgleich sie sich bei der Erprobung als vorzüglich erwiesen. So verkaufte er seine Erzeugnisse schon längst nach Ägypten und Rußland, ehe es ihm gelang, die Gleichgültigkeit der preußischen Behörde zu überwinden. Den ersten Auftrag für die preußische Armee hatte Krupp 1859 der Intervention des Prinzen (späteren Königs) Wilhelm zu verdanken: es handelte sich um 300 gezogene Gußstahlrohre. Bei seinen Bemühungen, das Ministerium in der Folge davon zu überzeugen, daß seine Geschützläufe viel besser ausgenutzt werden konnten, wenn man sie mit Ladevorrichtungen seiner eigenen Konstruktion verband, hatte er freilich keinen wie immer gearteten Erfolg. Erst Hahns Nachfolger, Generalleutnant Gustav Eduard von Hindersin, zeigte sich der Modernisierung der preußischen Artillerie gegenüber aufgeschlossener und betrieb sie mit mehr Eifer. Doch das Versäumte war nicht nachzuholen, und so zog 1866 ein Drittel der Batterien mit glatten Zwölfpfündern bewaffnet in den Krieg. Der Rest besaß gezogene vier- und sechspfündige Hinterladergeschütze, unter denen sich 160 mit Gußstahlrohren befanden. Die letzteren waren jedoch mit unvollkommenen Ladevorrichtungen versehen, so daß fünf von ihnen während des Feldzuges durch Rohrkrepierer ausfielen. Dies wirkte sich auch auf die Kampfmoral der Bedienungsmannschaften nachteiliger aus, als durch die Zahl der Unfälle gerechtfertigt gewesen wäre [42].

Die Artillerie war in ihrer Beweglichkeit durch höchst umständliche Dienstvorschriften behindert. Der Verlust eines Geschützes an den Feind wurde als Kardinalverbrechen angesehen. Um beim Vormarsch der Armee kein Risiko einzugehen, pflegte man die Artillerie am Schluß marschieren zu lassen. Wenn Prinz Hohenlohe befürchtete, man beginne die Artillerie als eine Art Ballast zu betrachten, so war seine Sorge nicht übertrieben [43]. Die Folge davon war, daß die preußische Artillerie im Feldzug 1866 nur beschränkt zur Geltung kam.

Ganz anders sah es bei der wichtigsten Waffengattung, der Infanterie, aus. Diese war, was Menschenmaterial, Ausrüstung und Ausbildung anlangte, wohl die beste von ganz Europa. Teils verdankte sie ihre Vorzüge der Tatsache, daß der Grundsatz der allgemeinen Militärdienstpflicht in Preußen unerbittlich befolgt wurde [44], wodurch in der Armee alle Bevölkerungsteile in ihrem wahren Verhältnis vertreten waren; teils trug auch das vorzügliche staatliche Erziehungssystem dazu bei. Vielleicht war die Behauptung übertrieben, der preußische Schulmeister habe die Schlacht bei Königgrätz gewonnen, aber zweifellos bestand zwischen dem verhältnismäßig hohen Bildungsniveau der Masse und ihrer Disziplin, Anpassungsfähigkeit und Tapferkeit im Kampf sowie ihrer Vaterlandsliebe ein unmittelbarer Zusammenhang. Was diese letztere Eigenschaft anlangte, trug auch die einheitliche Nationalität zur Stärkung bei, denn im Königreich Preußen gab es außer den Polen keine nationale Minderheit. Wenngleich sich auch Rheinländer, Berliner und Pommern dem Temperament und anderen Eigenheiten nach unterschieden, so bedeutete das doch nichts im Vergleich zu dem Problem, welches das österreichische Oberkommando bewältigen mußte.

Die Infanterie war zur Gänze mit Hinterladern ausgerüstet. Das war keine neue Waffe, wie man zuweilen vermutete. Gewehre mit verschließbarem unterem Laufende, durch das die Geschosse eingeschoben werden konnten, ohne die Mündung zu berühren, hatte man schon seit mehr als 200 Jahren erprobt; im Jagdsport waren sie zur Fasanen- und Rebhuhnjagd verwendet worden [45]. Im neunzehnten Jahrhundert waren der Coltrevolver wie auch die in Schweden und Norwegen eingeführten Infanteriewaffen auf dem Hinterladersystem aufgebaut [46]. Wie Engels fünf Jahre vor Ausbruch des Preußisch-Österreichischen Krieges ausführte, bestand die Schwierigkeit, die sich der weiteren Verbreitung des Hinterladers in den Weg stellte, darin, ein Gewehr zu konstruieren, bei dem der Verschluß so am Lauf angebracht war, daß er der Entzündung der Ladung standhielt. Als dieses Problem einmal gelöst war, traten die Vorzüge des Hinterladers für die militärische Verwendung offen zutage. Ungleich dem Vorderlader, der seinen Schützen dem feindlichen Feuer aussetzte, konnte er in jeder Stellung geladen werden; es war möglich, ihn wesentlich schneller zu laden und abzufeuern; er besaß größere Reichweite, denn er konnte Geschosse aufnehmen, deren Durchmesser größer als das Kaliber des Laufes war. Durch die Ladung vorwärtsgetrieben, „füllte das Geschoß die Züge mit Blei aus, erhielt den Drall", beschrieb nach Verlassen des Laufes eine flachere Bahn und zeigte weniger Neigung zur Abweichung als bei anderen Gewehren; auch konnte der Hinterlader leicht gereinigt werden. Schließlich bestand eine bessere Zielmöglichkeit, da das Gewicht des Verschlusses den Schwerpunkt der Waffe näher an die Schulter des Schützen verlagerte [47].

Alle diese Vorteile besaß das Zündnadelgewehr, das Johann Nikolaus von Dreyse aus Sömmerda in Thüringen bereits im Jahre 1835 erfunden hatte. Die Waffe hatte ihren Namen daher, daß sie, anders als der schwedische Hinterlader, mittels eines Schlagbolzens abgefeuert wurde, der eine lange, scharfe, nadelähnliche Spitze besaß. Der Bolzen wurde durch eine Feder vorgeschnellt, die sich beim Abdrücken entspannte, und durchbohrte mit seiner Spitze die Explosivladung in der Patrone. Das Gewehr war einfach in der Konstruktion und stark genug, dem erforderlichen Explosionsdruck standzuhalten; seine einzigen Mängel bestanden in der Empfindlichkeit der Zündnadel (weshalb jeder Soldat einen Ersatzbolzen bei sich tragen mußte) und dem großen Kraftaufwand, der zum Schließen des Verschlusses gehörte. Das brachte Soldaten mit zarten Händen in Versuchung, zu diesem Zweck Steine zu benützen, wodurch die Waffen natürlich ruiniert wurden[48]. Diese Nachteile wurden dadurch aufgewogen, daß man pro Minute fünf gezielte Schüsse abgeben konnte, wobei auf Einzelziele in 300 Schritt (225 m) Entfernung 65 Prozent und auf Massenziele in 700 Schritt (525 m) Entfernung 43 Prozent Treffsicherheit kamen. Die hohe Feuergeschwindigkeit war an sich dazu angetan, das Interesse der preußischen Armee zu erregen. Dreyse erhielt 1841 die ersten Aufträge, und acht Jahre später stand das Zündnadelgewehr bei den Füsiliereinheiten in Verwendung, die bei der Unterdrückung der Aufstände in Dresden und Baden eingesetzt waren. Man war mit seinen Eigenschaften allgemein zufrieden, und sobald es das Militärbudget erlaubte, wurde es bei der ganzen Armee eingeführt. 1866 besaßen alle Linien-Infanterie-Regimenter Dreyse-Gewehre neuer Bauart; man hatte begonnen, auch Landwehreinheiten, die für den Fronteinsatz vorgesehen waren, damit auszurüsten, und die Bewaffnung der Leichten Kavallerie mit Dreyse-Karabinern war in Angriff genommen.

Nach anfänglichem Schwanken gründete sich die Taktik nun fest auf diese Infanteriewaffe. Zwar hatte der Erfolg der französischen Taktik im italienischen Krieg eine gewisse Unsicherheit zur Folge, und Prinz Friedrich Karl warnte seine Offizierskollegen vor zu großer Abhängigkeit von der Feuerkraft. Besonders wandte er sich gegen die Auffassung, daß Kriege allein durch Defensivtaktik gewonnen werden könnten. Doch die Erfahrungen in Dänemark, wo die preußischen Verluste ein Viertel bis ein Zehntel der dänischen betrugen und beträchtlich geringer als die der Österreicher im Kampf mit dem gleichen Gegner waren [49], genügten, um in Preußen das Aufkommen einer Richtung, die die Stoßtaktik begünstigte, zu verhindern. Wie es seit den Tagen von Scharnhorst und Gneisenau bei den preußischen Taktikern stets der Fall gewesen war, betonte auch jetzt die anerkannte Lehre die Wichtigkeit des Angriffs, doch forderte sie ein Vorgehen in offener Ordnung und mit gezieltem Feuer. Das Infanterie-Reglement aus dem Jahr 1847, das theoretisch noch in Kraft war, und das den Aufmarsch und die Entwicklung in geschlossenen Bataillonskolonnen vorsah, wurde allgemein ignoriert. Die Grundeinheit in der neuen Taktik war die Kompanie; Bataillone gingen zum Angriff in parallelen Kompaniekolonnen vor, wobei die vordersten Kompanien in Züge auffächerten und die Plänklerlinie in der Vorhut unterstützten [50]. Diese elastische offene Ordnung war gegen massierte Einheiten beim Angriff und bei der Verteidigung gleich nützlich, vorausgesetzt, daß annehmbare Schußdisziplin bewahrt wurde. Die Bequemlichkeit des Ladens brachte stets die Möglichkeit mit sich, die Truppen „schießfreudig“ zu machen und sie so zu einem raschen Verbrauch ihres Munitionsvorrates zu verleiten. Dem preußischen Kommandosystem gebührt das Verdienst, daß dies nicht sehr häufig geschehen konnte.

Die Führung der Infanterie — wie übrigens auch die der anderen Waffengattungen, lag in den Händen fähiger Unteroffiziere [51] und eines Offizierskorps, das seit den Tagen König Friedrich Wilhelms I. treue Waffenbrüderschaft mit dem Herrscher verband; es war durch die Gleichheit aller seiner Glieder dem Ansehen — wenn auch nicht dem Rang nach — sowie durch Hingabe an das Staatsinteresse gekennzeichnet. Die Heeresreform der napoleonischen Zeit hatte die feudalen Gesichtspunkte des Offizierskorps korrigiert, wenn auch nicht völlig beseitigt. Jene Reformer waren bestrebt gewesen, das Monopol der Aristokraten auf ein Offizierspatent zu brechen und den Bildungsstand des Korps in seiner Gesamtheit zu heben. Als 1819 der letzte dieser Reformer aus dem Amt schied, wurden die Privilegien des Adels weitgehend wiederhergestellt, vor allem bei den Linienregimentern. Die Neuerungen, die Scharnhorst, Boyen, Grolman und ihre Gefährten in die Ausbildung gebracht hatten, verschwanden zusehends wieder. Aber die Erinnerung an die Niederlage von Jena reichte hin, den Kastengeist und die Vernachlässigung der Bildung, die dazu geführt hatten, nicht ganz wiederkehren zu lassen. Begabte Soldaten aus dem Mittelstand mochten Schwierigkeiten haben, ein Offizierspatent zu erwerben und zu höheren Befehlsstellen zu gelangen, doch das Beispiel des einstigen Generalstabschefs von Reyher und anderer bewies, daß dies immerhin möglich war [52]. Wenn Truppenoffizieren auch zuweilen die Erfüllung der gesetzlich vorgeschriebenen Bildungsnorm erlassen wurde, so blieb das allgemeine Niveau dennoch höher als unter dem früheren Regime. Dies galt vor allem von den Lehrplänen der Schulen zur Heranbildung für den technischen Dienst und von der „Allgemeinen Kriegsschule", die dem Generalstab diente [53].

Als die dauerhafteste Leistung der Reform von 1807 erwies sich das System des Generalstabs. Von den von Scharnhorst und Grolman niedergelegten Grundsätzen ließen sich auch ihre Nachfolger Müffling, Krauseneck und Reyher leiten. Diese führten die Systematisierung der Vorschriften für die Stabsoffiziere weiter, bildeten eine topographische und eine kriegsgeschichtliche Abteilung und machten die jährlichen Generalstabsreisen zu einem festen Bestandteil der Stabsausbildung. Ebenso verbesserten sie die jährliche Manöverkritik und förderten die Sammlung von Informationen über ausländische Armeen. Bereits 1830 wurde eine Kommission zum Studium der militärischen Bedeutung der Eisenbahnen errichtet. Der wichtigste Dienst, den sie leisteten, war der, daß sie die ganze Armee an den regelmäßigen Austausch von Offizieren zwischen dem Generalstab in Berlin und den Stäben der Armeekorps und Divisionen gewöhnten. So verringerten sie das Mißtrauen, das einst gegen die Intellektuellen mit den roten Streifen an den Hosen geherrscht hatte [54].

Die Stellung des Chefs des Generalstabes im Kommandoaufbau der Armee war freilich bis zum Dänischen Krieg ebenso unklar wie in Österreich. Der Generalstab war lediglich eine untergeordnete Abteilung des Kriegsministeriums; zum König gelangte der Chef des Generalstabes nur über den Minister, zu den kommandierenden

Generälen hatte er weder im Frieden noch im Krieg eine unmittelbare Verbindung. Erst das Durcheinander, das im Dänischen Krieg im Hauptquartier des Feldmarschalls Friedrich von Wrangel herrschte, führte zu einer Änderung der Situation. Der König ersetzte nämlich, in der Hoffnung, die Lage zu verbessern, den Stabschef Wrangels, General Vogel von Falckenstein, durch Helmuth von Moltke, der 1857 Reyher als Chef des Generalstabes abgelöst hatte.

Der Entschluß des Königs bezeichnete den Beginn der eigentlichen Laufbahn eines der besten Strategen der Neuzeit und, was den deutschen Generalstab anlangt, sicherlich des erfolgreichsten. Helmuth von Moltke, gebürtig aus Mecklenburg, hatte wie sein Vater die Militärlaufbahn als Leutnant in der dänischen Armee begonnen. 1822 war er in preußische Dienste getreten. Im folgenden Jahr wurde er an die Kriegsakademie geschickt, seit 1833 gehörte er dem Generalstab an. In den Jahren 1835—1839 hielt er sich als Spezialberater für Militärangelegenheiten des Sultans in der Türkei auf und mußte mitansehen, wie die Armee, die er zu reformieren gesucht hatte, durch Mehemet Ali von Ägypten vernichtet wurde. Außer dieser enttäuschenden Pflichttour besaß er keine unmittelbare Erfahrung in der Truppenführung oder im tatsächlichen Kriegsdienst. Viel mehr beschäftigte er sich mit Stabsfunktionen und theoretischen Studien, wobei er seine besondere Aufmerksamkeit auf jene Probleme richtete, die damals wachsende Bedeutung erhielten: die Auswirkungen der Modernisierung in der Bewaffnung auf die Infanterietaktik, die Rolle der Eisenbahnen im modernen Krieg und die andersgearteten Bedingungen für die Mobilisierung im Industriezeitalter.

Alle, die seine Aufsätze lasen, waren einer Meinung, daß hier eine hohe geistige Begabung vorlag; zweifellos war dies mit ein Grund für seine Beförderung zum Chef des Generalstabes im Jahr 1857. Doch, was niemand von Moltke erwartet hatte — zumindest ehe er, dem Ruf des Königs folgend, 1864 nach Jütland abging —, war der Umstand, daß Moltke neben diesen Gaben auch noch andere besaß, vor allem jene eigentümliche Genialität, die große Führergestalten der Vergangenheit, wie Gustav Adolf von Schweden, Friedrich den Großen und Napoleon auszeichnete. Erstmals im Dänischen Krieg kündigte sich jene schöpferische Phantasie an, die mitten im Kampfgetümmel alle Möglichkeiten einer gegebenen Situation unmittelbar erfaßt. Es stellte sich heraus, daß er zudem die Fähigkeit besaß, ohne Zögern zu entscheiden, in welcher Richtung nun am zweckmäßigsten vorzugehen sei, und überdies auch die Willensstärke, auf der Ausführung seiner Entschlüsse zu bestehen. Bismarck sagte einmal von ihm, er sei „unbedingt zuverlässig, dabei kühl bis ans Herz hinan ..." Damit gestand er Moltke eine Sicherheit des Urteils zu, eine Immunität gegen zweifelndes Zaudern, sobald er sich einmal zum Handeln entschlossen und die Befehle zur Operation ausgegeben hatte [55].

Dieser Zug an Moltke machte auf alle, die während der letzten Stadien des Dänischen Krieges mit ihm zu tun hatten, einen tiefen Eindruck. Als er in Jütland ankam, verschwand mit einem Schlag der Wirrwarr, der die Tätigkeit seines Vorgängers gekennzeichnet hatte, und bei den preußischen Unternehmungen trat in jeder Hinsicht ein neuer Schwung und neue Zuversicht zutage. Moltkes sicherer Blick machte sich besonders bei der Leitung des erfolgreichen Angriffs auf Alsen bemerkbar, der den Krieg beendete. Seine dort gezeigte Haltung scheint ihm die Bewunderung und das beständige Vertrauen seines Herrschers eingetragen zu haben. In den spannungsreichen Jahren nach dem Krieg pflegte König Wilhelm Moltke in den Kreis jener einzubeziehen, die an den Sitzungen des Kronrates teilnahmen. Hier wurden die Beziehungen zu Österreich behandelt. Dies galt als persönliche Ehrung und zeigte die wachsende Autorität des Stabschefs. Als es sich herausstellte, daß der Krieg unvermeidlich sei, trat dies noch deutlicher zutage. Durch Allerhöchste Order vom 2. Juni 1866 wurde festgelegt, daß die Befehle über die operativen Bewegungen fortan durch den Chef des Generalstabes der Armee direkt mitgeteilt werden sollten [56].

Diese Order verlieh Moltke einen Grad von Autorität, den der Chef des österreichischen Generalstabs nicht besaß. Sie machte ihn vorübergehend zum ersten militärischen Berater des Königs. Während der Mobilisierung und des Aufmarsches konnte er als Bevollmächtigter des Königs selbst die Bewegungen der Armee leiten; sobald die Feindseligkeiten ihre erste kritische Phase erreichten, würde er den König an die Front begleiten, er würde an seiner Seite stehen und Gewähr dafür bieten, daß die großen strategischen Ziele in der Hitze des Gefechts nicht aus den Augen verloren wurden. Dies entsprach den Ansichten, die Moltke in seinem Essay über den italienischen Krieg von 1859 hinsichtlich der Kommandoeinrichtungen dargelegt hatte. In dieser Monographie, die 1862 erschien, hatte er die verworrenen Zustände kritisiert, die im österreichischen Hauptquartier während des Krieges herrschten; er hatte gefordert, daß ein Oberbefehlshaber nicht von einem Beratungskomitee abhängen, sondern sich auf einen einzigen Berater stützen solle, auf den er sich voll und ganz verlassen und von dem er eine unabhängige Meinung erwarten könne, wenn er dies wünsche [57]. Als Moltke 1866 diese Befugnisse selbst erhielt, brachte er in die Befehlsverhältnisse der preußischen Armee jene Ordnung und jenes Zusammenspiel, die dem österreichischen Generalstab 1866 in derselben verhängnisvollen Weise fehlten wie 1859.

Nicht alle Preußen wurden von dieser Maßnahme mit Zuversicht erfüllt. Im März 1866 sagte der Leibadjutant des Königs, Generalleutnant Leopold Hermann von Boyen, zu einem Freund: „Der König im siebzigsten Jahr, an der Spitze; Moltke ihm zur Seite: der Abgelebte. Was soll daraus werden [58]?“ Als Sohn eines der Mitarbeiter Scharnhorsts war er berechtigt, diese Frage zu stellen; zweifellos regte ihn dazu die Erinnerung an die Art an, wie bejahrte Kommandeure im Jahr 1806 zur Niederlage Preußens durch Napoleon beigetragen hatten. Doch Boyens Niedergeschlagenheit war unnötig. Moltke war zwar 66 Jahre alt, doch er war im Vollbesitz seiner Kräfte. Das sollte nun der von ihm geleitete Aufmarsch der preußischen Armee beweisen.

II

DIE KRIEGSVORBEREITUNGEN

Wohlan, die Zeit ist gekommen,
Mein Pferd, das muß gesattelt sein;
Ich hab' mir's vorgenommen,
Geritten muß es sein [1].

Volkslied aus Nassau

Wir ziehn! Die Trommel schlägt! Die Fahne weht!
Nicht weiß ich, welchen Weg die Heerfahrt geht.
Genug, daß ihn der Herr des Krieges weiß —
Sein Plan und Losung! Unser Kampf und Schweiß [2]!

C. F. Meyer, Huttens letzte Tage

Bismarck und Moltke hatten in ihrem Zusammenwirken, das sich über dreißig Jahre erstreckte, manche Meinungsverschiedenheit. In einem Punkt jedoch fanden sie sich leicht: daß nämlich die Strategie, ob in der Politik oder im Krieg angewandt, keine exakte Wissenschaft ist. Wissenschaften haben es mit berechenbaren Faktoren zu tun; die Strategie muß mit Unwägbarkeiten und mit dem Zufall rechnen. Natürlich ist es richtig, daß Bismarck seine diplomatischen Feldzüge vorher plante, aber er war sich dabei voll bewußt, daß das Auftauchen unvorhergesehener Zwischenfälle die genaue Befolgung seiner Pläne undurchführbar machen konnte. Für ihn war Politik eine Kunst des Möglichen. Ein erfolgreicher Staatsmann war der, der imstande war, umzudisponieren, wenn es galt, geänderten Verhältnissen Rechnung zu tragen und jähen Wendungen des Glücksrades zu begegnen.

Vom gleichen Standpunkt aus betrachtete Moltke die militärische Strategie. Er brachte nicht jene Ehrfurcht vor dem „Plan" auf, von der im späteren Verlauf des Jahrhunderts die Schüler des Grafen Alfred von Schlieffen erfüllt waren. Strategie sei, so sagte er einmal, nichts als der Gebrauch der Mittel, deren sich ein Feldherr bediene, um mitten im Getümmel des Krieges seine Operationsziele zu erreichen. Es sei gefährlich, in ihr mehr sehen zu wollen, vor allem nach Beginn der Feindseligkeiten. „Nur der Laie glaubt in dem Verlauf eines Feldzuges die konsequente Durchführung eines im voraus gefaßten, in allen Einzelheiten überlegten und bis ans Ende festgehaltenen, ursprünglichen Gedankens zu erblicken. Gewiß wird der Feldherr seine großen Ziele stetig im Auge behalten, unbeirrt darin durch die Wechselfälle der Begebenheiten, aber die Wege, auf welchen er sie zu erreichen hofft, lassen sich auf weit hinaus nie mit Sicherheit feststellen [3]." Der Versuch, den Verlauf eines Feldzuges auf der Karte vorzuzeichnen und die Truppenkommandanten unter starre Vorschriften zu zwingen, hieße, Initiative und Anpassungsfähigkeit zu zerstören, mit der man Schlachten gewinnt.

Das eigentliche Sachgebiet der Planung sei der Zeitraum vor Eröffnung der Feindseligkeiten. Hier habe der Stratege den höheren Befehlshabern einen Plan vorzulegen, der die Armee weitgehend geschützt sich entfalten läßt und die Streitkräfte überdies auf jenen Punkt des Kriegsschauplatzes leitet, wo für sie in den folgenden Kämpfen die größten Aussichten auf Sieg bestehen. Doch selbst dieser Operationsplan habe elastisch zu sein und müsse den Gegebenheiten angepaßt werden können, um Schwierigkeiten, die durch feindliche Bewegungen oder andere Umstände entstehen, zu begegnen.

Es war nur gut, daß Moltke in dieser Richtung dachte. Der Frühling des Jahres 1866 brachte den preußischen Planern eine Fülle von Problemen, die einen anderen Stabschef unmutig machen und zu übereilten Entscheidungen hätten veranlassen können.

Für den Fall eines österreichisch-preußischen Krieges hatte eine zum Angriff entschlossene Armee der Habsburgermonarchie zwei Möglichkeiten: sie konnte entweder in die reiche Provinz Schlesien einmarschieren, die Friedrich der Große im Ersten Schlesischen Krieg (1740—1742) Österreich entrissen hatte; oder sie konnte über das böhmische Randgebirge hinweg direkt auf Berlin vorstoßen. Die Aufgabe der preußischen Strategen bestand darin, dieser doppelten Gefahr durch einen wirksamen Aufmarsch zu begegnen, und Moltke hatte sich, seit er Chef des Generalstabes geworden war, damit beschäftigt.

In seinem ersten, 1860 verfaßten Memorandum über dieses Problem, ging Moltke von der Annahme aus, die Österreicher würden sich nicht mit einem limitierten Krieg begnügen, sondern versuchen, das Königtum Preußen zu zerstören. Demzufolge würden ihre Streitkräfte in der Hauptsache auf Berlin marschieren, da der Fall der Hauptstadt die preußischen Verbindungslinien unterbrechen und die Kampfmoral ernstlich erschüttern würde. Für Preußen bestünde in diesem Fall die Notwendigkeit, in Schlesien verhältnismäßig geringe Kräfte — „kaum mehr als ein Armeekorps“ — zu belassen und die Hauptarmee weiter westlich zu konzentrieren. Indessen sollte dem österreichischen Vormarsch auf Berlin nicht frontal, sondern aus der Flanke entgegengetreten werden: von den

Brückenköpfen Torgau und Wittenberg an der Elbe operierend, sollten die preußischen Streitkräfte die Verbindungslinien des Feindes bedrohen und ihn, wenn das Glück ihnen hold war, von seiner nordwärts gerichteten Vormarschstraße zurück nach Schlesien abdrängen. Wenn der Flankenangriff noch weiter elbaufwärts erfolgen könne, sei ein noch größerer Erfolg zu erwarten. Eine starke, bei Kriegsausbruch in Dresden stationierte preußische Streitmacht würde den Feind in diesem Fall wahrscheinlich hindern, den Elbdurchbruch im Erzgebirge zu benützen; den feindlichen Kolonnen, die versuchen sollten, durch die Pässe in die Lausitz vorzurücken, könnte man schwere Verluste zufügen [4].

Dieses Memorandum von 1860 enthält eine ganze Reihe interessanter und wichtiger Punkte. Es ging davon aus, daß eine gewisse Teilung der preußischen Kräfte infolge des Unsicherheitsfaktors der österreichischen Angriffsrichtung erforderlich sein werde, wiewohl es einer Konzentration der Hauptmasse gegen einen Vorstoß aus Nordböhmen den Vorzug gab. Es zeigte ferner eine Abneigung dagegen, den Krieg von festen Verteidigungsstellungen aus zu führen, und gab einer klugen Berücksichtigung des Raums und der Bewegung den Vorrang, um so den Feind besser unter Kontrolle zu halten. Das Memorandum war von Angriffsgeist inspiriert, was um so bemerkenswerter war, als Moltke stets von der Annahme ausging, die österreichische Armee sei stärker als die preußische. Schließlich bewies es, daß Moltke es für ausgemacht hielt, Preußen werde nicht zögern, schon bei Kriegsausbruch zur Verbesserung seiner Angriffschancen Sachsen zu überrennen. Er schrieb: „Können wir Dresden früher als die Österreicher besetzen und uns dort einrichten, so würden wir Sachsen zwingen, mit uns zu gehen. Geschähe letzteres dennoch nicht, so müßte das sächsische Heer entweder nach Böhmen zurückweichen oder sich abermals in ein festes Lager bei Pirna einschließen; in beiden Fällen bemächtigen wir uns der reichen Hilfsquellen des Landes [5]."

In späteren Schriftstücken traten die hervorstechenden Merkmale dieser ersten Abhandlung stärker hervor, und die Angriffsabsicht wurde noch deutlicher. So schrieb Moltke in einem Memorandum aus dem Jahr 1862, worin die Probleme eines Krieges gegen Österreich und die süddeutschen Staaten behandelt wurden: „Der Vorteil Preußens besteht in der Initiative. Wir können unsere Streitkräfte schneller aufstellen als alle unsere deutschen Gegner. Der Erfolg beruht ganz allein in dem sofortigen und rücksichtslosesten Gebrauch derselben." Wieder sprach er von einem raschen Überfall auf Dresden und fügte hinzu, daß sich daran eine mit 160.000 Mann unternommene Offensive gegen den österreichischen Hauptstützpunkt Prag schließen müsse [6]. Dieselben Ideen zeigten sich in einer längeren Denkschrift aus dem Winter 1865/66. Hier wurde vorgeschlagen, die preußischen Streitkräfte zwischen der Lausitz und Schlesien im Verhältnis dreieinhalb zu eins aufzuteilen, und der Grundsatz ausgesprochen, „der erste Mobilmachungstag muß zugleich der der Kriegserklärung sein ... sobald einer unserer Nachbarn zu rüsten anfängt, (müssen) wir gleichzeitig den Krieg erklären und die Mobilmachung aussprechen, denn auf keinen Fall dürfen wir uns die Initiative entgehen lassen [7]."

Der Nachdruck, den Moltke in diesen frühen strategischen Schriften gerade auf den Angriff legte, erwies sich im Frühjahr 1866 als völlig gerechtfertigt. Es war klar, daß die Sympathien der meisten bedeutenderen deutschen

Staaten — vorab Sachsen, Kurhessen, Hannover, Bayern, Württemberg und Baden — auf seiten Österreichs waren und daß sich somit bei ihrer Bereitwilligkeit zu militärischer Unterstützung die österreichische Armee, die jene Preußens schon übertraf, um weitere 150.000 Mann verstärken würde. Trotz des am 8. April unterzeichneten Bündnisses mit Piemont, das Österreich zwang, für einen Zweifrontenkrieg zu rüsten, befand sich Preußen, was die Truppenstärken anlangte, möglicherweise in einer mißlichen Lage. Ein starker österreichischer Angriff, der zu einer Vereinigung mit den Truppen der süddeutschen Staaten führte, konnte, wenn auch nicht die sofortige Niederlage, so doch einen Krieg zur Folge haben, der durch seine Länge die preußischen Reserven erschöpfte. Ein durch die preußische Armee vorgetragener Angriff mochte andererseits diese Gefahr beseitigen, ehe sie aktuell wurde.

Als Moltke einmal davon überzeugt war, daß der Krieg unvermeidlich sei, was etwa im Februar 1866 der Fall gewesen sein dürfte, trachtete er danach, ihn zu eröffnen, ehe Österreich die Kriegsvorbereitungen beendet hatte und während die deutschen Staaten noch über das zweckmäßigste Vorgehen debattierten [8]. Doch dazu bedurfte er der Zustimmung seines Herrschers. König Wilhelm aber zögerte trotz seiner häufigen Verärgerung über die Politik der Regierung in Wien doch, sich an einem Konflikt zu beteiligen, den er als Bruderkrieg betrachtete und von dem er fürchtete, er werde ihm später immer zur Last gelegt werden. Sein Widerstand versteifte sich in den Frühlingsmonaten des Jahres 1866. Mit Unbehagen betrachtete er Bismarcks Verhandlungen mit Napoleon III. und im folgenden mit den Italienern. Das Bündnis mit Piemont billigte er schließlich nur deshalb, weil ihm versichert wurde, dies sei eine notwendige Verteidigungsmaßnahme. Unmöglich hätte man ihn dazu überreden können, die Offensive zu ergreifen, also einen Präventivkrieg zu eröffnen. Seine Erlaubnis für eine Teilmobilisierung zu erlangen, war schon schwer genug.

Die ersten preußischen Mobilisierungsmaßnahmen fanden nicht vor dem 3. Mai statt, obgleich Österreich das Aufgebot am 21. April begonnen und am 27. April beschleunigt fortgesetzt hatte. Am 12. Mai gab Wilhelm zögernd die Ermächtigung zu einer Art von Generalmobilmachung. Nun wurden die Armeekorps angewiesen, ihre Reservisten einzuberufen, Pferde zu kaufen, die Gepäcks- und Munitionsfahrzeuge bereitzustellen und andere nötige Vorbereitungen zu treffen. Gleichzeitig wurden zur Vervollständigung des Befehlsschemas zwei Armeehauptquartiere gebildet. Die in der Lausitz formierte Erste Armee sollte zunächst versuchsweise aus dem III. und IV. Armeekorps sowie dem Kavalleriekorps des Prinzen Albrecht von Preußen bestehen. Zu ihrem Oberbefehlshaber ernannte der König seinen Neffen, Prinz Friedrich Karl, der sich wie Wilhelm selbst seit seiner Jugend mit dem Studium der Kriegswissenschaft beschäftigt und Abhandlungen über Fragen des Kommandos, des Einsatzes der Kavallerie und andere Probleme geschrieben hatte. Er war als Truppenkommandeur umsichtig und ging streng nach der Methode vor, wobei seine Kleinlichkeit oft seine mehr draufgängerischen Untergeordneten verärgerte. Im Dänischen Krieg hatte er das Königliche Preußische kombinierte Armee-Korps befehligt. Seine umständlichen Vorbereitungen für den Angriff auf Düppel hatten damals den Chef des Militärkabinetts, Edwin von Manteuffel, veranlaßt, ihm warnend vorzuhalten, sein Vorgehen lasse die Leute bereits an seiner Entschlußkraft zweifeln [9]. Dieser Argwohn war jedoch unbegründet. Sowohl vor Düppel als auch im Krieg von 1866 bewies Friedrich Karl, daß er, sobald einmal alle Vorbereitungen getroffen waren, ein energischer, zielbewußter und beherrschter Kommandeur war, den auch ein Fehlschlag nicht zu beugen vermochte [10]. Sein Stabschef wurde Generalleutnant Konstantin Bernhard von Voigts-Rhetz, ein von sich eingenommener Offizier, der in einer Art Kritik an Moltke übte, die bereits an Eifersucht grenzte. Er besaß jedoch zweifellos Scharfsinn, Auffassungsgabe sowie großen persönlichen Mut [11]. Als Generalquartiermeister erhielt der Prinz den Generalmajor Wolf von Stülpnagel, der, zum Unterschied von Voigts-Rhetz, mit Moltke im allerbesten Einvernehmen stand. Stülpnagel hatte für einen großen Stab zu sorgen, dem unter anderen der nachmalige Feldmarschall Graf Haeseler und der spätere Oberkommandierende der Admiralität und Reichskanzler Caprivi angehörten.

Die Zweite Armee, die ihr Hauptquartier in Schlesien hatte, sollte ursprünglich aus dem V. und VI. Armeekorps bestehen. Ihr Oberbefehlshaber war Kronprinz Friedrich Wilhelm (später Kaiser Friedrich III.), ein kräftiger, gutaussehender, bärtiger Mann von 35 Jahren. Er hatte in Dänemark im Stab Feldmarschall Wrangels gedient und mit der Zeit viele Funktionen jenes unfähigen Greises übernommen. Als Stabschef wurde ihm Generalmajor von Blumenthal zugeteilt, der ehemalige Stabschef des Prinzen Friedrich Karl im Dänischen Krieg. Dieser war ein selbstbewußter, heißblütiger Offizier und hegte nur Verachtung für die Schreibtischgenerale und Schlachtenbummler, die sich im Hauptquartier bei den Stäben herumtrieben. Seine Qualitäten als Soldat waren allgemein anerkannt und geschätzt [12]. Blumenthal war über seine Ernennung sehr erfreut und notierte in seinem Tagebuch: „Die Stellung ist ganz die, die ich mir gewünscht habe. Der jugendlich frische und fröhliche Sinn des Kronprinzen paßt mehr zu mir, wie der Ernst des Prinzen Friedrich Carl. Leichtes Blut gehört zum Kriege [13]." Generalquartiermeister war Generalmajor Albrecht von Stosch, kurz angebunden und von derben Manieren. Seine geistigen Fähigkeiten straften indessen sein äußeres Auftreten Lügen: als anonymer Mitarbeiter der von Gustav Freytag herausgegebenen Zeitschrift *Die Grenzboten* hegte er in politischen Dingen ausgesprochen liberale Ansichten. Infolge seiner Vielseitigkeit machte er zweimal Karriere, zunächst als Soldat und später als Chef der Admiralität. Dem Kronprinzen war er besonders ans Herz gewachsen, da dieser seine politischen Meinungen teilte; er genoß 1866 und bis zum Tod des Kaisers dessen vollstes Vertrauen [14]. Im Hauptquartier der Zweiten Armee waren somit, ebenso wie in dem der Ersten, Intelligenz und Tatkraft vereinigt. Dem Stab gehörte neben anderen auch der spätere Kriegsminister Julius von Verdy du Vernois als Major an, dessen Lebenserinnerungen einen der genauesten Berichte über die Operationen der Zweiten Armee im Krieg von 1866 enthalten.

Moltke war mit dem Aufbau der Kommandos und der Stäbe recht zufrieden. Weniger behagte ihm die Untätigkeit, zu der die zögernde Haltung seines Herrschers all diese Talente verurteilte. Dieses Zögern drohte auch seine früheren Pläne in Nichts zerfließen zu lassen. Als Chef des Generalstabs sah er sich gezwungen, in einer Weise zu experimentieren, die manche Beobachter in seinem Konzept Formlosigkeit sehen und gefährliche Folgen befürchten ließ. Moltke nahm wahr, daß die österreichische Mobilmachung nur langsam vonstatten ging; er trachtete daher, den Vorsprung aufzuholen und seinen Staat durch möglichst rasche Entsendung aller verfügbaren Truppen auf den voraussichtlichen Kriegsschauplatz entsprechend zu sichern. Dazu bediente er sich in kluger Weise des hochentwickelten preußischen Eisenbahnsystems, mit dessen Hilfe er eine Aufstellung erzielte, die in einem 440 Kilometer langen Bogen von der sächsisch-böhmischen Grenze bis nach Schlesien reichte [15]. Auf Grund schon früher gegebener Befehle sammelten sich die der Ersten Armee angehörigen Korps Nr. III und IV in der Lausitz zwischen Torgau und Cottbus. Am 16. Mai verfügte Moltke eine zusätzliche Unterstützung durch das II. Korps, das im Bahntransport von Pommern über Berlin nach Herzberg in Marsch gesetzt wurde. Am gleichen Tag erhielt das Korpskommando des I. Korps den Befehl, die Einheiten an die Eisenbahnlinie Königsberg—Kreuz heranzuschieben, worauf sie nach Görlitz, nahe der sächsischen Grenze, befördert wurden. Hier sollte das I. Korps als Bindeglied zwischen der Ersten und der Zweiten Armee dienen, die sich — mit dem V. Korps in Schweidnitz und dem VI. in Neiße-Frankenstein — in Schlesien sammelte. Schließlich befahl der Chef des Generalstabs den Marsch des Gardekorps von Berlin nach Cottbus; auch auf die Gefahr hin, Westdeutschland von preußischen Truppen zu entblößen [16], ordnete er die Verlegung des VIII. Korps und der 14. Division des VII. Korps nach Halle an, wo er sie für den Schlag auf Dresden oder nötigenfalls gegen eine aufmarschierende bayrische Armee zur Verfügung haben wollte. Nur der Rest des VII. Armeekorps verblieb in Minden, wo er sich im Notfall mit der von Altona her vorrückenden Division Manteuffels zu einer Aktion gegen das Königreich Hannover vereinigen konnte.

Die eingefleischten Konservativen, die daran festhielten, die Armeen vor Beginn der Kampfhandlungen möglichst nahe beisammen zu halten, übten herbe Kritik an der Aufteilung der preußischen Armee auf so weite Strecken. Viele sahen in Moltkes anfänglichen Dispositionen eine Rückkehr zu jenem Stützpunktsystem, das eine Niederlage geradezu herausforderte, weil es zu schwach schien, um an irgendeinem Punkt massiertem Druck standzuhalten; nicht wenige hatten einfach das Gefühl, Moltke beweise damit nur, daß er seiner Aufgabe nicht gewachsen sei.

Dies kam jedoch daher, daß man weder die Absichten des Generalstabschefs verstand noch die Beschränkungen, unter denen er zu operieren hatte. Im Mai 1866 war es müßig, von Konzentration zu reden. Wo hätte sie stattfinden sollen? Hätte man, wie einige Kritiker beabsichtigten, die Armee in Schlesien massiert, so hätte das nach der Mobilmachung noch sechs Wochen in Anspruch genommen und den Österreichern die Chance geboten, ohne ernstlichen Widerstand in Nordböhmen aufzumarschieren. Die Konzentration der Armee in der Lausitz hätte andererseits an die Nachschubmöglichkeiten dieses Gebietes zu hohe Anforderungen gestellt und überdies Schlesien dem Feind überlassen; dies durfte aber, wie der König Moltke gegenüber ausdrücklich erklärte, nicht zugelassen werden [17]. Eine Teilung der Armee war infolgedessen unvermeidbar, und Moltke hatte sie auch von jeher als gegebene Tatsache hingenommen.

Wenn diese Aufteilung nun über frühere Pläne hinauszugehen schien, so deshalb, weil sich eben keine bessere Möglichkeit bot, die Armee mobil zu machen. Man wollte durch eine solche Maßnahme jeder denkbaren Bedrohung durch den Feind wenigstens einigermaßen begegnen. Dies übersahen Moltkes Kritiker ebenso wie die Schnelligkeit und Zweckmäßigkeit, mit der die Operation durchgeführt wurde.

Sie vermochten auch nicht zu begreifen, daß der Bahntransport in Moltkes Augen nicht das Ende, sondern den Beginn des Aufmarsches darstellte. Moltke schrieb nämlich an General von Steinmetz, die erwünschte Versammlung der Streitkräfte werde vorschriftsmäßig verlaufen, sobald der König die Erlaubnis zum Vormarsch erteilt habe; sie würde dann mit einer konzentrischen Bewegung auf den Feind zu vor sich gehen[18]. Sicherlich hoffte Moltke, der König werde Österreich den Krieg erklären, sobald die Bahntransporte beendet wären, also etwa am 5. Juni. Die dringende Aufforderung des Kriegsministers von Roon an Wilhelm im Kronrat vom 25. Mai, die Feindseligkeiten mit jenem Datum zu eröffnen, geschah offensichtlich mit Wissen und Billigung Moltkes. Aber der König weigerte sich nicht nur, diesen Vorschlag anzunehmen, sondern verwarf auch Bismarcks Rat, ein Ultimatum an Dresden zu richten, das der sächsischen Regierung nur die Wahl zwischen Neutralität und Besetzung ließ[19].

Da der König den allgemeinen Vormarsch, der die augenblickliche Zersplitterung der Armee beendet hätte, ablehnte, sah sich Moltke nach einigem Zögern zu einem riskanten Manöver gezwungen. Um die Schlagkraft der Armee zu verstärken, ließ er die Aufmarschlinie verkürzen, was durch einen Flankenmarsch entlang der Grenze geschah. Obgleich er wußte, daß sich ein österreichischer Angriff im Verlauf dieses Unternehmens verhängnisvoll ausgewirkt hätte, befahl er eine Verschiebung aller Kräfte nach links sowie die Verlegung des I. Korps von Görlitz nach Hirschberg in Schlesien. Am 10. Juni näherte sich diese schwierige Operation ihrem Ende. Da erfuhr Moltke durch den Stabschef der Zweiten Armee, daß der Feind anscheinend keinen Vormarsch durch Böhmen plane, sondern seine Kräfte bei Olmütz in Mähren konzentriere, was auf einen Vorstoß gegen Schlesiens Hauptstadt Breslau hindeutete. Moltke gab den dringenden Bitten Blumenthals nach und erteilte die Erlaubnis, die Zweite Armee weiter nach Osten, zur Neiße hin, zu verschieben, während das Gardekorps nach Brieg in Marsch gesetzt wurde, um dort, östlich von Breslau, als Armeereserve zu dienen [20]. Gleichzeitig wurde angeordnet, daß die Erste Armee ihre Bewegung nach Osten, in Richtung auf Görlitz, fortsetzen solle [21].

Dies bedeutete indessen ein bemerkenswertes Abgehen von den Dispositionen, die Moltke in seinen früheren Abhandlungen hinsichtlich eines Krieges mit Österreich getroffen hatte. Die Folgen waren unangenehm. Denn durch die Verlegung des I. Korps und des Gardekorps nach Schlesien wurde die Zweite Armee ebenso groß wie die Erste [22], während Moltkes Memoranden aus den Jahren 1860, 1862 und 1865/66 für eine ungleiche Teilung gesprochen hatten. Die stärkeren Kräfte sollten sich danach hinter dem Lausitzer Bergland konzentrieren. Die Linksverschiebung hatte überdies die preußischen Linien in ungünstiger Weise geschwächt; die einzelnen Korps waren noch auseinandergezogen, die Lücke zwischen

Erster und Zweiter Armee war gefährlich breit, und die Entfernung zwischen der Ersten Armee und der aus der 14., 15. und 16. Division bestehenden sogenannten Elbarmee, die in der vorangegangenen Woche aus dem Rheinland und Westfalen an die sächsische Grenze verlegt worden war, hatte sich noch vergrößert. Viele preußische Offiziere, selbst solche aus Moltkes Stab [23], waren darüber beunruhigt.

Diese Umstellungen hatten sich jedoch zwangsläufig aus zweierlei Gründen ergeben: zunächst rechnete Moltke fest mit Benedeks Kampfbereitschaft und erwartete daher einen österreichischen Vorstoß durch Böhmen; als dieser ausblieb, schienen Blumenthals Befürchtungen doch begründet. Weiters legte ihm die geographische Beschaffenheit des Landes, solange er feindliches Gebiet nicht betreten durfte, Beschränkungen auf.

Tatsächlich aber wäre Moltkes Beunruhigung wegen eines drohenden österreichischen Angriffs nicht notwendig gewesen. Die Planlosigkeit, mit der die Mobilisierung in Österreich vonstatten ging, und das unzureichende Eisenbahnnetz machten die Vorteile, die durch die frühzeitige Mobilmachung entstanden waren, zunichte. Moltke hatte fünf Eisenbahnlinien zur Verfügung, die Österreicher mußten ihren Aufmarsch in Mähren mit Hilfe einer einzigen bewältigen. Die dadurch hervorgerufene Verzögerung wurde noch durch das ängstliche Vorgehen von Benedeks Stab und die Bereitwilligkeit, mit der Benedek dies tolerierte, verstärkt. Sein Operationschef Krismanić schien von dem Glauben beherrscht, eine Armee dürfe sich nur *en masse* fortbewegen; allen Bitten, den Vormarsch zu beschleunigen, begegnete er mit dem Hinweis, man könne gar nichts tun, solange die Reserven sich nicht der Haupttruppe angeschlossen hätten. Zwar hatte sich Benedek bereits am 26. Mai ins Hauptquartier der Nordarmee nach Olmütz begeben, doch stand er zwei Wochen später mit seinen Truppen noch dort, ohne die Absicht erkennen zu lassen, nach Norden zu marschieren.

Am 6. Juni traf Oberstleutnant Friedrich von Beck von der Generaladjutantur des Kaisers im Hauptquartier Benedeks ein. Er war ein tatkräftiger und intelligenter Offizier, und seine strategische Begabung ließ ihn später an die höchste Stelle in der Armee aufrücken. An die Möglichkeit eines deutschen Krieges hatte er beinahe ebenso lange wie Moltke gedacht und war zu dem Schluß gekommen, daß die beste Strategie für Österreich darin bestehe, sich so rasch wie möglich in Nordböhmen mit den süddeutschen Verbündeten zu vereinigen und dann einen gemeinsamen Vorstoß gegen Berlin zu unternehmen. Um dies vorzubereiten, befürwortete er den Abschluß von Militärpakten mit den Regierungen der deutschen Staaten; als er jedoch keine Unterstützung vom österreichischen Außenministerium erhielt, unternahm er, in der Hoffnung, Bayern für eine Vereinigung mit den Österreichern in Nordböhmen zu gewinnen, einen diplomatischen Vorstoß. Auch darin erfolglos [24], gab er die Absicht dennoch nicht auf. Er hatte das Gefühl, ein energischer Vormarsch nach Norden könne die Ansichten der süddeutschen Regierungen ändern, und er trug dies nach seiner Ankunft in Olmütz auch Benedek vor. Der Feldzeugmeister aber teilte ihm mit, er sei mit den Plänen seines Stabsquartiers einverstanden, auch sei die Armee noch keinesfalls marschbereit. Dem Argument, ein weiterer Verzug würde die Trennung Österreichs von allen seinen deutschen Verbündeten durch Preußen bedeuten, verhielten sich Benedek und Krismanić unzugänglich. Letzterer erklärte kühl, dem könne im weiteren Verlauf abgeholfen werden; in der Zwischenzeit aber müsse die Versammlung der Truppen in Mähren beendet werden. In einem weiteren Gespräch schnitt Krismanić die Anregungen Becks dadurch ab, daß er ihm vorwarf, ein Agent des zurückgetretenen Feldmarschalls Heß zu sein. Er verlangte, Benedek solle ihn vor Intrigen aus dieser Richtung schützen. Da erkannte Beck, daß weitere Erörterungen zwecklos seien und kehrte nach Wien zurück, um dem Kaiser Bericht zu erstatten [25].

Im Gegensatz zu seinem Verhalten im italienischen Krieg war Franz Joseph diesmal entschlossen, sich von jeder direkten Einflußnahme auf die Kriegführung so weit als möglich zurückzuhalten. Dennoch dürfte er von der Untätigkeit im Hauptquartier der Nordarmee überrascht und befremdet gewesen sein; möglicherweise beauftragte er Beck auch, Benedek einen Wink in dieser Hinsicht zu geben. Jedenfalls machte Beck wenige Tage später auf seiner Reise nach Dresden in Olmütz nochmals halt und hatte eine weitere Aussprache mit dem Feldzeugmeister. Diesmal willigte Benedek ein, das von General Eduard Graf von Clam-Gallas befehligte I. Armeekorps in Prag zu beauftragen, gemeinsam mit der 1. leichten Kavalleriedivision des Generalmajors Baron von Edelsheim an die Iser in Nordböhmen abzurücken. Benedek ermächtigte Beck auch, mit Clam-Gallas Maßnahmen zur Vereinigung seiner Truppen mit der sächsischen Armee zu besprechen, wenn es ihm gelingen sollte, in Dresden die Zusicherung für den Beitritt Sachsens zum Krieg zu erreichen.

Dadurch etwas ermutigt, reiste Beck nach Dresden weiter, wo er zu seiner Enttäuschung feststellen mußte, daß die Sachsen in ihren Absichten ebenso uneins waren wie zuvor die Bayern. Kronprinz Albert von Sachsen, ein sehr tüchtiger Soldat, ein Freund und Jagdgefährte Kaiser Franz Josephs, stimmte mit Beck völlig darin überein, daß sich die sächsische Armee so schnell wie möglich an die Iser begeben müsse, und war dankbar für die Aufforderung, das Kommando über die vereinigten Streitkräfte zu übernehmen; der sächsische Generalstabschef, Generalmajor von Fabrice, hingegen wollte seiner Armee Handlungsfreiheit bewahren, und so konnte der Ministerrat bezüglich der Stellung Sachsens in einem Krieg zu keinem klaren Entschluß gelangen. Das Ergebnis der Gespräche bestand in einem stillschweigenden Übereinkommen, die preußische Aktion abzuwarten und davon den weiteren Verlauf der Ereignisse abhängig zu machen [26].

In Benedeks Zögern, von Olmütz abzumarschieren, und in der unentschlossenen Haltung der Freunde Österreichs in Deutschland offenbarte sich die erste einer ganzen Reihe versäumter Gelegenheiten. Hätten die Österreicher und Deutschen begonnen, ihre Truppen in Böhmen zu konzentrieren, während die preußische Armee noch auf eigenem Boden stand und Moltke, zum Schutz gegen einen von Österreich nie geplanten Angriff auf Preußisch-Schlesien, Truppenverlegungen durchführte, so hätte der kommende Krieg einen anderen Verlauf genommen.

Es war eine Ironie des Schicksals, daß gerade jene Umstände, die den Österreichern eine solche Gelegenheit boten, dazu beitrugen, sie an deren Ausnützung zu hindern. Die österreichischen Agenten in Schlesien bedienten sich eines Kunstgriffes, der erstmalig im amerikanischen

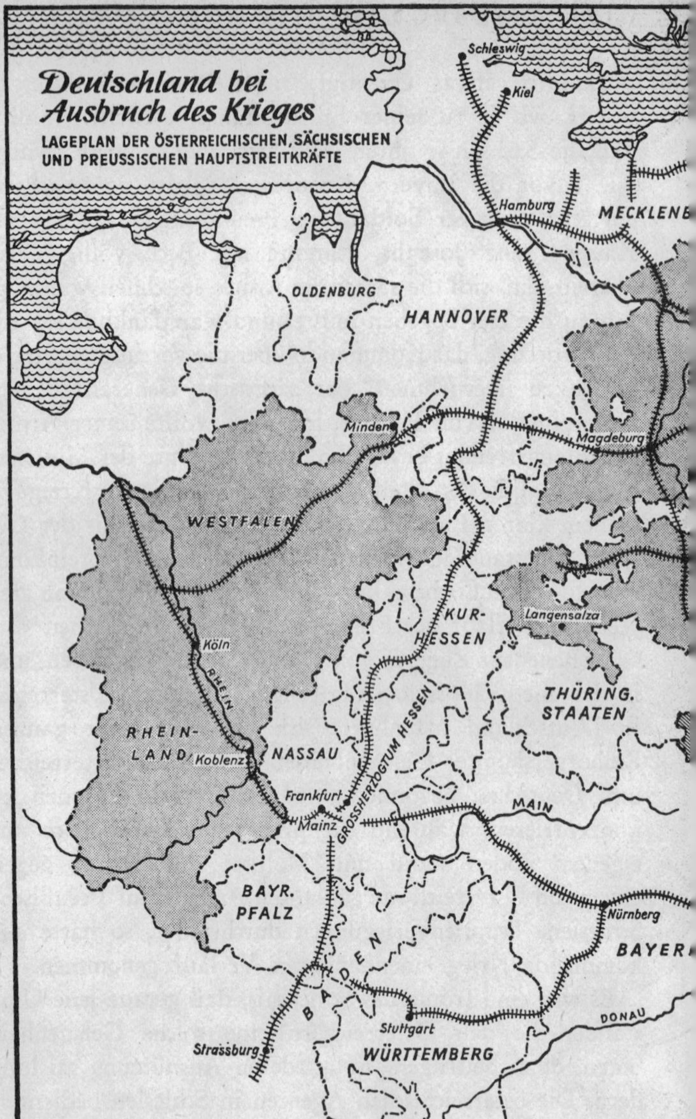
Deutschland bei Ausbruch des Krieges
LAGEPLAN DER ÖSTERREICHISCHEN, SÄCHSISCHEN UND PREUSSISCHEN HAUPTSTREITKRÄFTE
Schleswig
Kiel
Hamburg
MECKLENB
OLDENBURG
HANNOVER
Minden
Magdeburg
WESTFALEN
KUR-HESSEN
Langensalza
Köln
RHEIN
THÜRING. STAATEN
RHEIN-LAND
Koblenz
NASSAU
GROSSHERZOGTUM HESSEN
Frankfurt
Mainz
MAIN
BAYR. PFALZ
Nürnberg
BAYER
BADEN
Stuttgart
DONAU
Strassburg
WÜRTTEMBERG

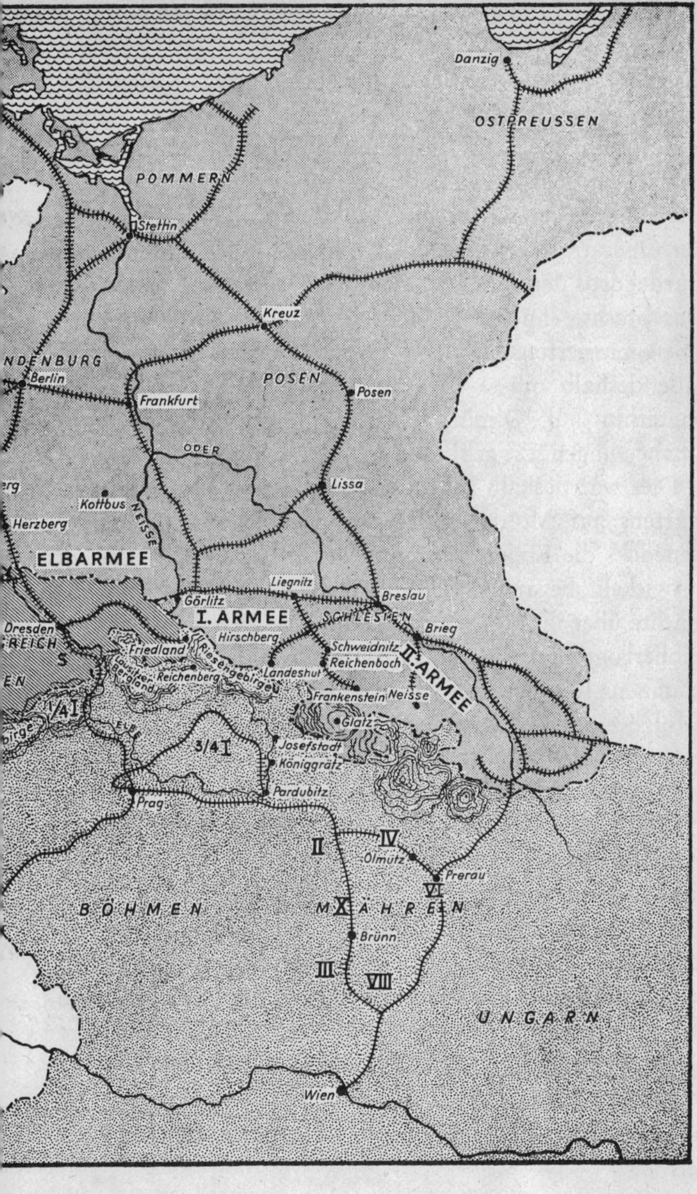

Danzig
OSTPREUSSEN
POMMERN
Stettin
Kreuz
NDENBURG
Berlin
POSEN
Posen
Frankfurt
ODER
Lissa
Kottbus
NEISSE
Herzberg
ELBARMEE
Liegnitz
Breslau
Görlitz
I. ARMEE
SCHLESIEN
Brieg
Dresden
REICH
Hirschberg
Friedland
Riesengebirge
Schweidnitz
II. ARMEE
Reichenbach
Lausitzer Bergland
Reichenberg
Landeshut
Frankenstein
Neisse
1/4 I
Glatz
ELBE
Josefstadt
3/4 I
Königgrätz
Pardubitz
Prag
II
IV
Olmütz
Prerau
VI
BÖHMEN
MÄHREN
X
Brünn
III
VIII
UNGARN
Wien

Bürgerkrieg angewandt worden war: sie zapften den Draht zwischen dem Hauptquartier der Zweiten Armee und Berlin an, worauf der Geheimdienst des Obersten von Tegetthoff die aufgefangenen Nachrichten auswertete und sie an Krismanić weiterleitete. Dadurch erfuhr der Operationschef Benedeks von Moltkes Entschluß, das Gardekorps der Zweiten Armee zur Verfügung zu stellen. Das brachte ihn zu der Überzeugung, daß die Preußen einen massierten Angriff von Schlesien her planten. Gerade deshalb müsse sich die österreichische Armee aber weiterhin auf Olmütz stützen[27]. So war Österreichs Chance ungenützt geblieben.

Dies war deshalb fatal, weil sich nach der Zeit des Abwartens auf Moltkes Seite und des Zögerns auf seiten Benedeks die Ereignisse nun in erschreckendem Tempo zu entwickeln begannen. Die Zänkereien der beiden Großmächte über ihre jeweiligen Rechte und Privilegien in den Elbherzogtümern waren mittlerweile nicht zur Ruhe gekommen. Jetzt widerrief die österreichische Regierung, die infolge einer Reihe von Provokationen an den Grenzen Holsteins die Geduld verlor, die im Jahr 1865 vereinbarte vorläufige Teilung; sie brachte die Frage Schleswig-Holstein nun vor den Bundestag. Als Antwort besetzte Preußen am 12. Juni mit seinen Truppen Holstein, wobei sich die Österreicher ohne Widerstand zurückzogen. Nun erhob Österreich beim Bundestag Beschwerde und verlangte die Mobilmachung aller Bundestruppen unter Ausschluß des preußischen Kontingents. Am 14. Juni stimmte die Mehrheit des Bundestages für diesen Beschluß. Sofort teilte Bismarck mit, daß dies einen Bruch der Bundesverfassung darstelle. Daraufhin erklärte Preußen am 15. Juni unter Bezug auf Moltkes Memorandum von

1865/66 an Hannover, Sachsen und Kurhessen den Krieg. Unverzüglich begannen preußische Truppen in jene Gebiete einzumarschieren.

Die Besetzung Sachsens und Kurhessens bot keine großen Schwierigkeiten. Am 16. Juni um 3 Uhr nachmittags überschritt die aus drei Infanteriedivisionen, 26 Reiterschwadronen und 144 Geschützen bestehende Elbarmee unter Führung des Generals Herwarth von Bittenfeld die sächsische Grenze und rückte auf Dresden zu [28]. Erst als diese Entscheidung gefallen war, tat die sächsische Armee das, was ihr Beck schon längst geraten hatte. In einer Stärke von 32.000 Mann und unter dem Oberbefehl des Königs (die eigentliche Führung lag in den Händen des Kronprinzen Albert) zog sie sich an die böhmische Grenze zurück, die sie in den Morgenstunden des 18. Juni erreichte. Bei der Überschreitung der Grenze musterte der König seine Soldaten, die ihre Gewehre mit Eichenlaub aus den heimatlichen Wäldern geschmückt hatten, und folgte ihnen mit den Worten: „Nun denn, mit Gott, meine Herren!“ So begann der Marsch an die Iser [29].

Der Kurfürst von Hessen hatte keine Zeit mehr, seine Truppen zu mobilisieren. Eine einzige, in Wetzlar stationierte preußische Division unter Führung des Generalmajors Friedrich Gustav von Beyer überrannte sein Land und machte innerhalb von drei Tagen jedem Widerstand ein Ende. In Hannover gestaltete sich die Lage etwas schwieriger; es besteht jedoch Grund zur Vermutung, daß dies hauptsächlich der Untüchtigkeit des kommandierenden Generals in Westdeutschland, Vogel von Falckenstein, zuzuschreiben war, demselben Mann, den Moltke zwei Jahre zuvor in Dänemark abgelöst hatte. Ihm standen die Divisionen Manteuffel und Goeben aus Altona beziehungsweise Minden zur Verfügung, und dies hätte genügt, um mit den Hannoveranern fertig zu werden, wäre er nur rasch und entschlossen vorgegangen. Da er dies unterließ und auch die Notwendigkeit nicht erkannte, eine Fühlungnahme der hannoverschen Armee mit der bayrischen nach Süden zu verhindern, mußte Moltke, sehr gegen seinen Willen, unmittelbar in die Leitung der Operationen eingreifen. Moltkes feste Überzeugung, daß es ratsam sei, den örtlichen Befehlshabern weitgehend die Initiative zu überlassen, wurde dadurch erschüttert. Sein Eingreifen aber war so erfolgreich, daß den hannoverschen Truppen der Fluchtweg nach Süden abgeschnitten wurde. Der König von Hannover, dessen Ehre durch ein mit knapper Not gewonnenes Gefecht bei Langensalza gerettet war, sah sich gezwungen, am 29. Juni die Waffen zu strecken [30].

Diese Begebenheiten stellten freilich nur ein Vorspiel zu dem großen Zusammenstoß im Osten dar, doch bedeuteten sie einen beachtlichen strategischen Erfolg für Preußen. Mit nur wenigen Truppen und ohne viel Blutvergießen hatte man die Lage in ganz Norddeutschland bereinigt, die Verbindung zwischen den auseinanderliegenden Bestandteilen des Königreiches hergestellt und Staaten mit reichen Hilfsquellen und einer Bevölkerung von insgesamt sechs Millionen aus dem Bündnis mit Habsburg herausgebrochen. Man hatte sich Sachsens bemächtigt, beherrschte die Pässe des Erzgebirges und hatte damit eine Waffe von unschätzbarem Wert für den Angriff wie für die Verteidigung in die Hand bekommen [31]. Nun brauchte Moltke, da er sich gegen Österreich wandte, im Westen keine Komplikationen mehr zu befürchten. Nach der Kapitulation Hannovers verloren die im Westen noch übrigen Bundestruppen — das VIII. Bundeskorps und die

Bayern — jede Lust am Krieg, die sie vielleicht früher besessen hatten. Verhältnismäßig leicht gelang es Falkensteins Einheiten, die nun den Namen „Mainarmee" trugen, sie zu isolieren und zu schlagen.

Durch diese Ereignisse wurde auch weiter im Osten der tote Punkt überwunden, wo die beiden Armeen ungeduldig auf den Beginn der Kampfhandlungen in Schlesien warteten. Am selben Tag, an dem die preußischen Truppen die sächsische Grenze überschritten, telegraphierte Kaiser Franz Joseph an Benedek: „Die Ereignisse in Deutschland machen den Beginn der Operationen dringend erwünscht. Da aber die militärischen Interessen die entscheidenden sind, so überlasse ich Ihnen, den Zeitpunkt zum Beginn des Vormarsches zu bestimmen und erwarte telegraphischen Bericht über Ihren Entschluß [32]." Daraus und aus einem feurigen Aufruf an die Völker der Monarchie, der am 17. Juni erschien, ging klar hervor, daß der Kaiser nicht die Absicht hatte, die Verbündeten Österreichs im Stich zu lassen. Wenn er von Vormarsch sprach, so dachte er an die Offensive in Richtung auf die Iser und noch weiter.

Auch Benedek dachte an eine solche Offensive, wenngleich aus anderen Ursachen. Auf Grund von Agentenberichten hatte er eine grobe Schätzung des Kräfteverhältnisses angestellt und war zu dem Ergebnis gekommen, daß er beim derzeitigen Stand der Dinge in Gefahr schwebte, zahlenmäßig in der Minderheit zu sein. Wenn er jetzt nicht Olmütz verließ und die Vereinigung mit den Sachsen und hoffentlich auch den Bayern bewerkstelligte, konnte er nicht erwarten, dem Feind in gleicher Stärke zu begegnen [33]. So beschleunigte er die Vorbereitungen mit einer Dringlichkeit, die sein bisheriges Verhalten hatte vermissen lassen. Am 18. Juni, einem heißen Sommertag, brach die Nordarmee in einer Stärke von 180.000 Mann, zu denen noch Trosse und Verwaltungseinheiten kamen, in drei parallelen Kolonnen zum Marsch nach der Festung Josefstadt an der oberen Elbe auf. Am gleichen Tag kam aus München die Nachricht, daß Benedek nicht erwarten solle, die bayrische Armee am verabredeten Ort vorzufinden; denn die bayrische Regierung hatte beschlossen, die Verteidigung der Mainlinie, aber darüber hinaus keine weiteren Aufgaben zu übernehmen. Dies war zwar eine Enttäuschung, aber sie vermochte den Kampfgeist der Truppen nicht zu dämpfen, die nach ihrer Befreiung aus langer Untätigkeit in Hochstimmung waren, wußten sie doch, daß es endlich gegen den Feind ging.

In Preußen hatte der österreichische Vormarsch zwei Auswirkungen. Er überzeugte den immer noch zögernden König, daß es nun an der Zeit sei, die Verbote aufzuheben, die bisher die Bewegungsfreiheit seiner Soldaten, zumindest im Hinblick auf Österreich, behindert hatten. Der Vormarsch klärte auch Moltke über die Absichten Österreichs auf. In einem Schreiben vom 18. Juni an Generalmajor Stülpnagel, der im Hauptquartier der Ersten Armee weilte, gab er seiner Dankbarkeit über den Verlauf der Ereignisse in Sachsen Ausdruck, stellte jedoch gleichzeitig fest, daß dies an sich noch nichts bedeute: die Entscheidung würde im Osten fallen. Wo — dies herauszufinden, war noch ein Problem. „Es ist sehr schwer, schon jetzt zu entscheiden, ob die I. Armee die II. oder die II. die I. direkt verstärken soll. Das hängt davon ab, ob die Österreicher ihre Hauptkräfte gegen Schlesien oder die Lausitz wenden ... Man kann also leicht etwas anordnen, was nachher nicht paßt, und notwendig muß mehr Licht abgewartet werden... Mir liegt nur Tag und Nacht in Gedanken, wie wir diejenige der beiden Armeen möglichst stark machen, welche die österreichische Hauptarmee angreifen wird. Glücklicherweise ist jede von ihnen 130.000 bis 150.000 Mann stark, und eine solche Armee läßt sich nicht überrennen. Ist nur erst General von Herwarth verfügbar, dann denke ich, rücken wir in Gottes Namen in Böhmen ein [34]."

Am nächsten Tag erbrachten Berichte des Nachrichtendienstes den Beweis, daß sich Benedek nach Nordböhmen gewandt hatte. Moltkes Zweifel begannen zu schwinden. Es gab natürlich immer noch die Möglichkeit, daß man die Berichte mißverstanden hatte oder daß die Bewegung der Österreicher eine Finte war. Daher zeigten Moltkes erste Befehle an die getrennten Armeeen, als er den allgemeinen Vormarsch nach Böhmen anordnete, noch Zurückhaltung; vor allem die Weisung an die Zweite Armee enthielt Vorbehalte [35]. Am 22. Juni jedoch stand die Marschrichtung des Feindes über alle Zweifel fest, und am Mittag dieses Tages sandte der Chef des Generalstabes eine kurze Depesche an den Kronprinzen und Prinz Friedrich Karl: „Seine Majestät befehlen, daß beide Armeen in Böhmen einrücken und die Vereinigung auf Gitschin aufsuchen. Das VI. Korps bleibt an der Neiße zur Verfügung [36]."

Das Drama, zu dem sich mit dem Feldzug im Westen der Vorhang gehoben hatte, konnte beginnen.

III

DER FELDZUG IN BÖHMEN:

Die ersten Treffen

Nun adjö, Lowise, wisch ab das Gesicht,
Eine jede Kugel, die trifft ja nicht,
Denn träf jede Kugel apart ihren Mann,
Wo kriegten die Könige ihre Soldaten dann!

Die Musketenkugel macht ein kleines Loch,
Die Kanonenkugel ein weit größeres noch;
Die Kugeln sind alle von Eisen und Blei,
Und manche Kugel geht manchem vorbei [1].

Willibald Alexis, Fridericus Rex

Böhmen ist seit jeher Schlachtfeld gewesen. Einst waren seine Hügel Zeugen, wie Feldmarschall Traun den Großen Friedrich die Kunst des Manövrierens lehrte. Wie eine Bastion stößt das Land mit seinen Randgebirgen in die südliche Flanke Sachsens und Schlesiens. In Sachsen betete der Alte Dessauer: „Herr, wenn Du schon mir nicht helfen willst, hilf doch wenigstens diesen Schurken dort drüben nicht[2]!" Eine unregelmäßige Gebirgskette schreibt die Grenzen dieses Landes vor und erstreckt sich weit über 480 Kilometer von Nordbayern nach Osten hin, bis in die Nähe von Krakau in Galizien. Hinter den „verzauberten Einöden und bergigen Wäldern", wie Carlyle sie nannte, fällt das Land in weitgeschwungenen Hügelketten nach Süden ab. Steile Vorberge werden von tiefen Flußtälern durchschnitten. Es ist ein Land der Wasser und der

Berge. Bei Libau im Riesengebirge entspringt die Elbe aus elf sagenumwobenen Quellen und fließt südwärts nach Pardubitz. In ihrem Lauf nimmt sie die Gewässer des Glatzer Berglands und die ansehnlicheren Flüsse Aupa, Mettau und Adler auf. Bei Pardubitz biegt sie scharf nach Westen, wobei sich in ihr die Wasser der Cidlina, der Bistritz und der Iser vereinen, die gleichfalls an den Hängen des Riesengebirges entspringen. Nach dem Zusammenfluß mit der Moldau in der Gegend von Prag dreht sie wieder nach Norden, durchströmt eine Pforte des Erzgebirges und fließt an der Stadt Dresden vorbei.

An diesem schönen Strom und seinen Nebenflüssen liegen die wichtigsten Städte Nordostböhmens: an der oberen Elbe die Festungen Josefstadt und Königgrätz; an der Bistritz Miletin, Sadowa und Nechanitz; an der Cidlina Gitschin (Jičin), Smidar und Chlumetz; an der Iser Turnau, Münchengrätz und Jungbunzlau — all diesen Namen werden wir in unserem Bericht begegnen. Im Jahr 1866 setzte sich die Bevölkerung dieser Städte wie auch die des flachen Landes aus Tschechen und Deutschen zusammen, die gemäß der Volkszählung von 1857 in einem Verhältnis von drei zu zwei standen. Diese Volksgruppen waren jedoch so gemischt, daß es zwischen ihnen keine erkennbare Sprachgrenze gab, was Grenzkommissionen auch noch in den Jahren 1919 beziehungsweise 1938/39 feststellen sollten. Vorwiegend deutsch besiedelte Städte wie Reichenberg und Trautenau waren von tschechischen Dörfern umgeben, während sich mitten in geschlossen deutschsprachigen Gebieten tschechische Gemeinden fanden. Die Städter waren Beamte der kaiserlichen Regierung oder des Verwaltungsdienstes, Kaufleute, Ladenbesitzer, Handwerker und Arbeiter in Kleinbetrieben wie Ziegeleien, Brauereien und Glasfabriken. Mit Ausnahme von Prag gab es kaum Spuren einer entwickelten Industrie, das sichtbarste Anzeichen der neuen Zeit war die Eisenbahn. Die Hauptstrecke von Wien verlief über Olmütz nach Pardubitz, von dort in westlicher Richtung nach Prag und in nordwestlicher nach Dresden. Von Pardubitz führte eine andere Linie gegen Norden nach Josefstadt und gegen Nordwesten nach Turnau, wo es Anschlüsse nach dem südwestlich gelegenen Prag, nach Zittau und Lobau in Sachsen gab. Doch der Rauch aus den gelegentlich vorbeiratternden Lokomotiven hing nicht lange am blauen Himmel oder über den grünen Feldern zwischen den verstreuten Dörfern. Noch war die Landwirtschaft der wichtigste Erwerbszweig. Von alters her war Böhmen wegen seines fruchtbaren Bodens bekannt, böhmisches Obst und böhmischer Hopfen waren vielgerühmte und begehrte Produkte. Alles in allem glich das Land mit seinen gepflegten Obstbäumen und wogenden Getreidefeldern einem herrlichen, fruchtbaren Park. Hier sollte nun der Krieg ausgetragen werden.

Theodor Fontane führt in seiner fesselnd geschriebenen Geschichte des Preußisch-Österreichischen Krieges aus, daß der Kriegsschauplatz Böhmen in drei Teile zerfiel [3]. Die Elbe, die Iser und das Lausitzer Bergland begrenzten den westlichen Teil. Der Mittelteil lag östlich der Iser zwischen dem Riesengebirge im Norden und der mittleren Elbe im Süden. Der zwischen der oberen Elbe und der Adler befindliche Ostteil war gleichfalls im Norden vom Riesengebirge abgeschlossen.

Moltkes Plan sah die Besetzung dieser drei Gebiete durch preußische Armeen vor; in oder bei Gitschin an der Cidlina sollten sich die getrennt marschierenden Streitkräfte vereinigen. Die Elbarmee des Generals Herwarth von Bittenfeld sollte nach Beendigung der Operationen in Sachsen bei Rumburg den Gebirgspaß überschreiten, in den Westteil eindringen und sich Münchengrätz an der Iser zuwenden. Der Ersten Armee war die Aufgabe gestellt, unter Benützung der Übergänge bei Zittau und Friedland im Lausitzer Bergland den Mittelteil zu erreichen. Nach Erkämpfung der Iserübergänge bei Turnau und Podol war ihr Marschziel Gitschin. Östlich von Friedland gab es auf einer Strecke von 40 Meilen keinen brauchbaren Übergang über das Riesengebirge. Erst am Ende dieser hinderlichen Barriere befand sich der von den Kriegen Friedrich des Großen her bekannte Paß von Landeshut und weiter östlich die Übergänge, die von Braunau und Reinerz in der Grafschaft Glatz zu den Tälern der Aupa und der oberen Elbe führten [4]. Diese Engpässe waren für die Armee des Kronprinzen bestimmt, er sollte sie überschreiten und versuchen, sich mit der Ersten Armee zu vereinigen.

Dieser Plan erschien verschiedenen militärischen Sachverständigen äußerst gefahrvoll. Geradezu belustigt darüber zeigte sich Friedrich Engels, dem seine politischen Anhänger den Namen „General" beigelegt hatten. In einem erst am 3. Juli erschienenen Artikel schrieb er, daß ein Leutnant, der so etwas bei der Prüfung an der Kriegsakademie vorzubringen wagte, mit seiner Entlassung zu rechnen hätte. Unter Anwendung eines seiner Lieblingsgedanken führte er aus: „Es wäre völlig unerklärlich, wie ein solcher Plan auch nur diskutiert, geschweige denn von so fähigen Offizieren, wie sie im preußischen Generalstab vertreten sind, angenommen werden konnte, wenn nicht eine Tatsache in Rechnung gestellt wird: daß nämlich

König Wilhelm selbst das Oberkommando führt. Doch konnte niemand erwarten, daß die Folgen, die aus der Übernahme des Kommandos durch Könige und Prinzen entstanden, so rasch und augenfällig bemerkbar werden [5]."

Sehen wir von Engels' starrer Überzeugung ab, Preußen müsse den Krieg verlieren, weil sein Herrscher nicht wie sein Kollege in Wien [6] zu Hause geblieben war, so bestand seine grundlegende Kritik darin: der preußische Vormarschplan setzte die Erste und die Zweite Armee der Gefahr aus, daß Benedek seine Streitkräfte zwischen sie schieben und sie, unter Benutzung des Vorteils der inneren Linien, einzeln schlagen werde, ehe sie überhaupt zum Zusammenwirken kamen. Doch diesen Plan hatte ja nicht ein ehrgeiziger Monarch einem zögernden Stab aufgezwungen. Er war von Moltke ohne Dazwischentreten des Königs entworfen worden und schätzte die Situation in Böhmen ebenso realistisch ein wie dies die kritisierenden Amateure taten. Bei den gegebenen Geländeschwierigkeiten schien es wirklich mehr als wahrscheinlich, daß Benedek seinen Truppen eine zentrale Stellung zuwies; was aber dann? Die antiquierte Überlieferung vom Vorteil der inneren Linie beeindruckte Moltke viel weniger als manche seiner Zeitgenossen. Eine Armee kann den Vorteil einer Mittelstellung nur dann ausnützen, wenn die getrennten Abteilungen des Gegners jeweils mehr als einen Tagesmarsch voneinander entfernt sind. Je mehr sie sich einander nähern, um so schlechter wird diese Stellung, und der Moment tritt ein, daß die Armee in der Mitte sich nicht mehr gegen einen der feindlichen Teile wenden kann, ohne fürchten zu müssen, vom anderen in der Flanke oder im Rücken angegriffen zu werden.

Den Erwartungen seiner Kritiker, die damit rechneten, die preußische Armee werde zu einer frontalen Begegnung mit dem Feind gesammelt, gedachte Moltke niemals zu entsprechen. Der Vormarsch hatte von jeher das Ziel, Benedek, wo dieser auch immer sei, aus mindestens zwei Richtungen zu treffen; zu keinem Zeitpunkt ließ Moltke die Möglichkeit außer acht, die österreichische Armee einzuschließen, obgleich dies bis zum Tag von Königgrätz nie geschah und auch da beinahe verpaßt worden wäre [7]. Für Moltkes Plan war die Wahl der Stadt Gitschin zum Treffpunkt der preußischen Armeen absolut bedeutungslos. Er hatte lediglich damit gerechnet, daß Benedek bei einigermaßen energischem Vorgehen von Olmütz aus etwa bis zu diesem Punkt gelangen könne, bevor ihn die preußischen Truppen eingeholt hätten. Aber Moltke hatte Friedrich Karl geraten, sich bereitzuhalten, den Kampf um den Sieg nach gänzlich neuen Ordern durchzuführen, die allein von der Entwicklung der Verhältnisse abhingen [8]. Der Stabschef wollte der Ersten Armee keine unabänderlichen Marschdirektiven geben; in diesem Sinn schrieb er seinem Freund Stülpnagel, daß man sich eine Gelegenheit zu taktischem Erfolg nicht entgehen lassen dürfe, wenn sie sich anbiete. Er schrieb: „Ich denke, Sie werden auf Kolonnentêten stoßen und Gelegenheit zu schönen Gefechten haben [9].“ Wichtig war allein, den Vormarsch der Ersten Armee mit dem kritischen Übergang der Zweiten Armee über die Pässe östlich von Landeshut zu koordinieren.

Es war daher angezeigt, daß die Zweite Armee die zu gewärtigenden Gefahren richtig einschätzte und sie nicht durch einen unklugen Marschplan noch vermehrte. Am 24. Juni schrieb Moltke an Blumenthal: „Sorgen Sie nur für die richtige und korrekte Führung!" Der Armeestab hatte darauf zu achten, daß alle verfügbaren Straßen über das Gebirge genützt wurden, um den Übergang nicht durch eine Verzögerung zu gefährden. Der Zeitplan war so zu erstellen, daß keine Marschkolonne zu weit nach vorn geriet und sich dabei dem Angriff überlegener Feindkräfte aussetzte, ohne auf Unterstützung rechnen zu können. Beim Empfang von Moltkes Befehlen war Blumenthal sofort im Bild und zollte ihnen im allgemeinen mehr Anerkennung als Engels dies getan hatte. Seine strategische Begabung erfaßte die Möglichkeiten, die in den geplanten konzentrischen Operationen lagen, und in seinem Tagebuch bezeichnete er es als gutes Omen, daß Moltke und er weitgehend zu harmonieren schienen. „Ich verkenne nicht", fügte er hinzu, „daß unser Marsch übers Gebirge eine recht gefährliche Operation ist, die wohl mißglücken kann; sie ist aber durchaus notwendig, wenn wir nicht Zeit verlieren wollen [10]."

Zeit! Moltkes ganzer Plan hing davon ab, daß die Bedeutung der Zeit richtig eingeschätzt, die Befehle zügig ausgeführt, daß überhaupt so rasch wie möglich gehandelt wurde, sollte jenes Zusammenwirken erreicht werden, das die einzelnen Armeen in den ersten schwierigen Tagen des Vormarsches gegen eine Katastrophe sicherte. Blumenthal zumindest sah dies ein. Die Frage war, ob Prinz Friedrich Karl auch so dachte.

Am 22. Juni überschritten die ersten preußischen Truppen auf der Straße Dresden—Rumburg die Grenze nach Böhmen. Es waren dies das 7. Regiment Königshusaren, das 8. Bataillon Rheinische Jäger, vier Bataillone Füsiliere und vier Batterien. Sie bildeten die Vorhut der Elbarmee Herwarths. Ohne Verzug folgte das Gros, bestehend aus der 15. und 16. Division aus dem Rheinland und der 14. westfälischen Division [11].

In der Lausitz standen die Truppen des Prinzen Friedrich Karl: die 3. und 4. Pommersche Division (II. Korps), die 5. und 6. Division aus der Mark Brandenburg (III. Korps) und die 7. und 8. Division aus der Provinz Sachsen (IV. Korps). Für die Dauer des Krieges war die Korpseinteilung bei allen Einheiten mit Ausnahme der Pommern jedoch aufgehoben worden, die Divisionäre unterstanden direkt dem Armeeoberkommando. Der Prinz befahl den Vormarsch für den Morgen des 23. Juni, und die Armee begann sich auf den Straßen, die von Zittau, Seidenberg und Marklissa nach dem böhmischen Reichenberg führten, vorwärtszubewegen, an der Spitze die magdeburgischen und märkischen Divisionen. Mit klingendem Spiel und unter Hurrarufen überschritten sie die Grenze. Ein Augenzeuge beschrieb später die Szene beim Übergang der 7. und 8. Division: „Ein Chausseehaus, mit schwarz-gelbem Schlagbaum, bezeichnete die Grenze zwischen Sachsen und Böhmen. Hier hielt der Prinz. Ulanen, die Avantgarde bildeten, überschritten die Grenze zuerst; dann folgte Infanterie. Sooft die vorderen Reihen der Bataillone des Schlagbaumes und der österreichischen Farben ansichtig wurden, erhoben sie einen Freudenruf, der sogleich von den hinteren Reihen aufgenommen und immer aufs neue wiederholt wurde, bis die Leute das Chausseehaus erreichten und ihren ‚Soldatenprinzen' auf der Grenzscheide stehen sahen. Bei seinem Anblick ging das Hurrarufen in jubelndes Entzücken über, dessen laute Demonstrationen endlich nur aufhörten, um durch den

Gesang eines Kriegsliedes ersetzt zu werden, das von jedem einzelnen Bataillon aufgegriffen und wiederholt wurde, sowie es den böhmischen Boden betrat. Der Befehlshaber selbst hielt ruhig an der Landstraße; mit stillem Stolz sah er auf die vorüberziehenden Regimenter. Und wohl durfte er diesen Stolz empfinden, denn noch nie überschritt eine Armee die Grenze eines feindlichen Landes besser ausgerüstet, besser verpflegt und von höherem Mut beseelt, als diejenige, welche heute aus Sachsen in Böhmen einmarschierte [12]."

Wie so viele andere Berichte über jenen Tag erregt diese Schilderung mehr wegen ihres patriotischen Überschwanges als durch wahrheitsgetreue Kritik unsere Aufmerksamkeit. In einem Punkt entfernte sie sich sogar weit von den Tatsachen. Die Armee war keineswegs so gut verpflegt, wie es bei der Überschreitung der Grenze den Anschein hatte, und dies war ein Grund dafür, warum die Erste Armee und auch die Elbarmee bald darauf wesentlich langsamer vorrücken konnten, als es Moltke lieb war.

Vor Ausbruch der Feindseligkeiten war das Problem der Truppenversorgung während des Feldzugs nie gründlich durchdacht worden. Die Beamten des Kriegsministeriums hatten sich in wirklichkeitsfremden Vorstellungen gewiegt, wie die Ergänzungsbezirke ihre Truppenkörper per Bahn versorgen könnten (anscheinend erwartete man, die Bäckereien in Königsberg und Köln würden ihr Brot geradewegs an die böhmische Grenze senden); ein System von Provianttrossen oder eine Liste von Verpflegungsstationen aufzustellen, hatte man sich keine Zeit genommen. Gleichzeitig schien das Ministerium auch zu glauben, die Armee werde sofort nach Eröffnung der Kämpfe imstande sein, sich aus dem Lande selbst zu verpflegen. So wurden, wohl aus Sparsamkeit, Anforderungen der Armee und der Korps nach Fahrzeugen zum Transport von Verpflegung und Pferdefutter über die Kopfbahnhöfe hinaus abgewiesen. So vermochte beispielsweise die Erste Armee erst am 13. Juni das Ministerium zu überzeugen, daß es unbedingt notwendig sei, Eisenbahnwaggons für die Versorgung der vorrückenden Truppen zur Verfügung zu stellen; die Elbarmee hingegen erhielt diese Erlaubnis niemals. Aber auch für den Armeestab der Ersten Armee kam die Genehmigung zu spät, um einen voll wirksamen Versorgungsdienst einzurichten. Der erzielte Fortschritt wurde großteils noch durch den Entscheid beeinträchtigt, Zivilisten als Fahrer für die Versorgungsfahrzeuge anzuwerben, anstatt zu diesem Zweck militärisches Personal heranzuziehen. Die Ergebnisse waren unbefriedigend, denn die Fahrer neigten im Augenblick der Gefahr dazu, die Flucht zu ergreifen oder sich zu betrinken.

Nach dem Passieren der Grenze nahm die Unordnung bei der Elbarmee wie auch bei der Ersten Armee noch zu. Die erstere, der man weder Verpflegungsmagazine noch Versorgungstrosse bewilligt hatte, ging daran, sich aus dem Land selbst zu ernähren, was sich als unmöglich erwies. Am Ende des zweiten Marschtages schrieb der Führer der Vorausabteilung: „Trotz besten Willens ist es den Einwohnern unmöglich, Verpflegung für 6000 Mann zu liefern.“ Der Kommandeur der 16. Infanteriedivision sagte einen raschen Zusammenbruch der Moral voraus, wenn es nicht gelänge, Verpflegung heranzubringen und Verwaltungsbeamte einzusetzen, die die Lieferung gerecht verteilten. Bald befand sich die Erste Armee in einer noch ungünstigeren Verfassung, weil sich die Verpflegungstrosse völlig undiszipliniert verhielten und die Straßen hinter der Armee verstopften. Auch dachten die Bewohner des Berglandes gar nicht an eine Zusammenarbeit mit dem Feind, sondern verschütteten die Brunnen und flohen mit ihren Vorräten und dem Vieh in die Wälder. Man konnte daher nicht requirieren. Am 28. Juni telegraphierte Prinz Friedrich Karl an den König: „Nichts zu leben, wenn wir nichts mitführen", und zwei Tage später: „Erste Armee gänzlich erschöpft, bedarf mehrtägiger Ruhe [13]."

Fraglos trug die fortwährende Sorge um das Nachschubproblem zu dem langsamen Vorrücken der Elbarmee und der Ersten Armee bei. Daß die beiden, nun unter Friedrich Karls Oberkommando vereinigten Armeen den Erwartungen Moltkes so schlecht entsprachen, war jedoch nicht auf diese Schwierigkeiten allein zurückzuführen. Wie wir bereits ausführten, war der Prinz ein besonnener Feldherr, der sich zur Rechtfertigung seines vorsichtigen Verhaltens stets auf Clausewitz berief. Einmal sagte er: „Die beste Strategie ist: Immer recht stark sein, zuerst überhaupt und demnächst auf dem entscheidenden Punkt. Es gibt kein höheres und einfacheres Gesetz in der Strategie, als seine Kräfte zusammenzuhalten [14]." Diesen Grundsatz trieb er während des Vormarsches nach Böhmen bis zum Äußersten, denn er war davon überzeugt, daß der Feind ihn bei Reichenberg oder weiter, an der Iser, in voller Stärke erwarte. Infolgedessen ließ er seine Truppen dicht aufschließen, so daß sie Reichenberg mit recht geringer Frontbreite, dagegen einem Tagesmarsch Tiefe erreichten. Das trug aber nicht nur zur Verlangsamung des Vormarsches bei, sondern erschwerte auch die Verproviantierung. Der Prinz war nicht eher gewillt, vorzurücken, als bis Herwarths Truppen zu seiner Rechten eingefallen waren oder er mit dem I. Korps des Generals von Bonin, das den rechten Flügel der Vorausabteilung bei der Zweiten Armee bildete, Fühlung aufgenommen hatte. Das versprach jedoch eine langwierige Angelegenheit zu werden, da Herwarth ebenso methodisch wie Friedrich Karl war und Bonin sich noch jenseits des Passes von Landeshut befand [15].

Hätte Friedrich Karl seine Reiterei zur Erkundung eingesetzt, dann wären seine Befürchtungen hinsichtlich der Feindlage zerstreut worden. Doch sein Hauptquartier hatte entschieden, daß die Kavallerie in diesem schwierigen Berggelände nicht zum Einsatz gelangen konnte, und nach einem Armeebefehl bildete sie die Nachhut. Dort verblieb sie auch, als das Gebirge längst überschritten war [16]. Da Friedrich Karl nun keine Patrouillen aussenden konnte, blieb es ihm verborgen, daß sich in Reichenberg gar keine Feindkräfte befanden und daß die Iserlinie nur von 50.000 bis 60.000 Mann gehalten wurde, während das Hauptquartier der Ersten Armee 135.000 Mann bei Jungbunzlau versammelt glaubte [17]. Denn das Gros der österreichischen Armee befand sich tatsächlich noch bei der Festung Josefstadt, wo Krismanić wieder einmal darauf bestanden hatte, vor dem Aufschließen der hinteren Einheiten keinerlei Vorstoß zu unternehmen. Erst am 28. Juni war das möglich [18]. Verspätete und einander widersprechende Nachrichten aus Benedeks Hauptquartier hatten überdies einige Verwirrung bei der österreichischen Iserstellung gestiftet, und die Kommandanten waren sich über die Möglichkeit eines wirksamen Widerstandes westlich von Josefstadt noch nicht schlüssig [19].

Nur langsam wurden Friedrich Karl die tatsächlichen Verhältnisse vollkommen klar. Am 24. Juni erreichte die

Erste Armee Reichenberg und fand es unbesetzt, lediglich eine Abteilung österreichischer Husaren setzte sich zur Wehr, wobei fünf Pferde verwundet oder getötet wurden [20]. Der Befehlshaber der Ersten Armee ließ jedoch nicht vorstoßen, sondern beschloß zu warten, bis er ein klareres Bild über Herwarths Bewegungen erlangt habe. Die Erste Armee erhielt daher am 25. Juni einen Rasttag, und für die meisten Einheiten wurde die Marschpause bis zum 26. verlängert. Ein dringendes Telegramm Moltkes brachte den Prinzen jedoch etwas aus der Ruhe. Das Telegramm war drei Tage vorher abgefaßt und nicht weitergeleitet worden. Es wies darauf hin, daß die Absicht, das Vorrücken der Ersten Armee von dem Zusammenschluß mit Herwarth abhängig zu machen, so weit führen könne, daß die Truppen des Kronprinzen in den Gebirgspässen gefangen würden. Nachdrücklich wurde hinzugefügt: „Nur ein kräftiges Vorgehen der Ersten Armee kann die Zweite degagieren [21].“ Aller Wahrscheinlichkeit nach bewog diese Depesche Friedrich Karl zu dem Schritt, der den ersten bedeutsamen Sieg des Feldzuges herbeiführte. Der Prinz gab am 26. Juni der 8. Division, die von Generalleutnant Heinrich von Horn geführt wurde, den Befehl zu einem Erkundungsvorstoß gegen Turnau an der Iser [22].

Bei Sichrow traf Horns Vorausabteilung auf die Österreicher, und zwar auf die Kavalleriedivision des Barons von Edelsheim, des Helden von Solferino. Dieser tüchtige, energische Offizier gab den Preußen eine Lehre, wie Kavallerie und Artillerie richtig zusammenarbeiten sollten. Er setzte seine Batterien mit solchem Erfolg ein, daß Horn tatsächlich nichts anderes übrigblieb, als seine ganze Division gegen die an Zahl unterlegenen Österreicher antreten zu lassen. Selbst da rückte Edelsheim erst ab, als

Friedrich Karl die 7. Division unter Generalleutnant Eduard Friedrich Karl von Fransecky zur Unterstützung herangeführt hatte. Daraufhin zogen sich die Österreicher mit geringen Verlusten an die Iser zurück [23].

Diese Bravourleistung hatte eine für die Österreicher ungünstige Folge: Friedrich Karl legte nun seine bisherigen Hemmungen ab. Das Ereignis hatte ihn völlig aufgerüttelt, und er befahl den zwei Divisionen der Vorhut, die abziehenden Österreicher in Richtung auf die Iserbrückenköpfe zu verfolgen. Horns etwas durcheinandergeratene Truppen gönnten sich noch eine Abendmahlzeit und stießen dann nach Podol vor. Franseckys Leute jedoch stürmten ohne Verzögerung nach Turnau weiter, das sie zu ihrer Überraschung unbesetzt fanden, nur die Holzbrücke über den Fluß war zerstört. Sie besetzten die Stadt, und die Pioniere begannen auf der Stelle mit dem Bau einer Pontonbrücke [24].

Dieser unverhoffte Erfolg Preußens war auf die Nachlässigkeit der österreichisch-sächsischen Truppen an der Iser zurückzuführen. Das sächsische Korps hatte erst am 25. Juni mit dem I. österreichischen Korps Fühlung genommen, weil die entsprechenden Befehle aus Benedeks Hauptquartier verspätet weitergeleitet worden waren. Der Oberbefehl über die vereinigten Streitkräfte war dem Kronprinzen Albert von Sachsen übertragen worden, der sich jedoch entschloß, die Verantwortung für die Flußübergänge nördlich von Münchengrätz dem österreichischen Korpskommandeur, Graf Clam-Gallas, zu überlassen, während er selbst die Verteidigung des Oberlaufs der Iser übernahm. Dieses Teilen der Verantwortung war nicht vom Glück begünstigt. Nach dem letzten, etwas unbestimmten Befehl Benedeks wurde erwartet, daß die

Österreicher und Sachsen die Iserlinie hielten, bis die dabei in Kauf zu nehmenden Verluste zu groß zu werden drohten. In einem solchen Fall sollten sie sich nach Miletin, westlich von Josefstadt, zurückziehen. Clam-Gallas, als Kommandeur weder energisch noch rasch von Entschluß, war daher nicht der Mann, dem man nun eine solche Freiheit der Wahl überlassen sollte. Den Vorschlag, am 25. Juni eine starke Verteidigung am Westufer aufzubauen, wobei Clam-Gallas Edelsheim bei Sichrow durch Infanterieeinheiten hätte unterstützen müssen, lehnte ersterer ab. Dieses Verhalten beweist, daß er sich nicht zutraute, die Iserlinie mit allen Mitteln zu halten. Seiner Einstellung und vor allem der ihm eigenen Laxheit verdankten die Preußen die Einnahme von Turnau am 26. Juni [25].

Doch damit war es noch nicht getan. Um zwei Uhr nachmittags erhielt der Kronprinz von Sachsen ein Telegramm Benedeks, wonach dieser beabsichtigte, sich mit seiner ganzen Armee gegen die preußische Erste Armee zu wenden, und daß deshalb die Iserlinie um jeden Preis zu halten sei. Sofort begab sich der Kronprinz zu Clam-Gallas und spornte ihn zu ungewohnter Aktivität an. Die beiden Befehlshaber beschlossen, den Feind unbedingt aus Turnau zu werfen. Zu diesem Zweck mußte Podol gesichert werden, wo Edelsheim am selben Morgen gekämpft hatte. Der Vormarsch auf Sichrow würde die Verbindungslinien der Preußen bedrohen und sie dadurch zwingen, Turnau zu räumen. Die Inbesitznahme der dortigen Höhe würde den Brückenkopf schützen. Das Nahziel war also Podol, wohin die „Eiserne Brigade" des Generalmajors Ferdinand Poschacher von Poschach, die wegen ihrer Heldentaten im Dänischen Krieg so genannt wurde, vorzurücken hatte.

Was Friedrich Karl und die österreichisch-sächsischen Verbündeten jedoch erst volle vierundvierzig Stunden später erfahren sollten, war die Tatsache, daß bereits vor diesem Zeitpunkt bei Hühnerwasser ein Feuergefecht zwischen der Vorausabteilung von Herwarths Elbarmee und einer österreichischen Brigade unter Führung des Generalmajors Leopold Graf von Gondrecourt stattgefunden hatte. Die Österreicher unternahmen dabei gegen die im Wald in Deckung stehende Infanterie einen Bajonettangriff und erlitten einen Verlust von 270 Mann, während die preußischen Verluste sich nur auf 50 Mann beliefen [26]. Zum erstenmal wurde hier die Feuerkraft des Zündnadelgewehrs unter Beweis gestellt. In größerem Ausmaß wiederholte sich der Vorgang bei Podol, einem malerischen Dorf, das aus einer einzigen, von blockhausartigen Gehöften gesäumten Straße bestand, die nun Zeuge eines harten und blutigen Gefechts wurde.

Um halb neun Uhr abends begann der österreichische Angriff. In Vertretung Generalmajors von Poschacher, der sich in Clam-Gallas' Hauptquartier aufhielt, hatte Oberst von Bergou das Kommando über die Brigade übernommen. Zwei Infanteriebataillone, von der Brigadeartillerie unterstützt, sandte er nach Laukow, einem Übergang flußabwärts von Podol. (Dort verharrten die Einheiten seltsamerweise während des ganzen folgenden Kampfes.) Die übrigen Truppen führte Bergou auf der Chaussee gegen die steinerne Brücke zum Angriff. Bereits eine Stunde früher waren in Podol die angreifenden Magdeburger Jäger von Horns Division und zwei österreichische Kompanien, die dort als Brückenwache stationiert waren, miteinander ins Gefecht geraten. Als Bergou den Angriff eröffnen wollte, hatten die Magdeburger die Österreicher bereits dadurch zum Rückzug gezwungen, daß sie die Untiefen des Flusses durchwateten und ihnen den Rückzug abzuschneiden drohten. Fast zwei Stunden lang bemühte sich Bergou, die Lage zu bereinigen. Seine Truppen, geführt vom 18. Jägerbataillon, stürmten den Ort und vertrieben die Preußen, um gleich darauf von den jenseits gelegenen Höhen unter mörderisches Feuer genommen zu werden. Ein preußischer Füsilier schrieb später, seine Kompanie habe in einer Phase dieses Kampfes während 33 Minuten 5700 Patronen abgefeuert, das entspricht einer Durchschnittszahl von 22 Patronen pro Mann [27]. Furchtbar war die Wirkung dieses Feuers auf die dichtgedrängten Reihen der Österreicher. Sie trachteten kurz nach zehn Uhr, wenigstens den Übergang zu halten, und Clam-Gallas gab Befehl, daß zwei weitere Brigaden vorrücken und Poschacher unterstützen sollten. Die ersten Kompanien, die sich der Brücke näherten, erlitten jedoch so schwere Verluste, daß Clam-Gallas bald nach elf Uhr den allgemeinen Rückzug anordnete. Um den Preis von 12 Offizieren und 118 Mann hatten die Preußen den Brückenkopf erobert. Die Österreicher setzten 17½ Kompanien ein, und wie die Aufzeichnungen des österreichischen Generalstabes berichten, verloren sie 33 Offiziere und 1015 Mann [28].

Dieser Rückschlag bei Podol machte den Verbündeten die Wiedereinnahme von Turnau unmöglich, wenn nicht rasch Verstärkungen von der Hauptarmee eintrafen. Doch am 27. Juni erhielt Kronprinz Albert in seinem Hauptquartier in Münchengrätz die niederschmetternde Nachricht, daß keine Hoffnung für eine solche Wendung bestand. Aus einem Telegramm Benedeks ging nämlich hervor, daß dieser zwar damit rechnete, am 30. Juni in

Gitschin einzutreffen, aber jetzt, am 27. Juni, noch immer in Josefstadt festsaß. Unter diesen Umständen entschloß sich der sächsische Kronprinz, die schon durchbrochene Iserlinie aufzugeben. Er gab seinen untergeordneten Dienststellen die Order, sich für den Morgen des 28. zum Abmarsch nach Gitschin bereitzuhalten [29].

Nun hätte man annehmen können, daß auch Prinz Friedrich Karl nach Gitschin unterwegs war. Nicht nur deshalb, weil Moltke ausdrücklich auf die notwendige Verringerung des Abstandes zwischen Erster und Zweiter Armee hingewiesen hatte, sondern weil es ein rascher Vormarsch noch ermöglicht hätte, den Verbündeten den Weg abzuschneiden, ehe sie sich mit Benedeks Armee vereinigten. Doch Friedrich Karl hatte sich offensichtlich zur Ansicht entschlossen, daß die österreichisch-sächsischen Verbündeten Münchengrätz halten wollten. Jeder preußische Vormarsch nach Osten sei deshalb einem Flankenangriff von dorther ausgesetzt. Daher sei es zwar richtig, die Einheiten des Kronprinzen Albert dort zu schlagen, wo sie standen, doch unklug, diesen Versuch zu wagen, ehe die Reserven der Ersten Armee und Herwarths Divisionen, die sich nur einen Tagesmarsch nordwestlich befanden, die Iser erreicht hätten. Dem Oberbefehlshaber kam es anscheinend nicht in den Sinn, daß der Feind in Münchengrätz vielleicht gar nicht auf ihn warten wollte. Denn wie gewöhnlich hatte er es versäumt, die Reiterei zur Erkundung einzusetzen. So blieb ihm verborgen, welche Fortschritte die Vorbereitungen Kronprinz Alberts zum Abrücken nach Gitschin gemacht hatten. Methodisch wie stets, verbrachte Friedrich Karl den 27. Juni damit, einen massiven Angriff gegen etwas zu planen, das sich als offene Tür herausstellen sollte. Während er dieser Tätigkeit oblag, entwickelte sich die Lage in den Bergen weiter im Osten explosiv [30].

Hätte das Oberkommando der Zweiten Armee ebenso gezaudert wie jenes der Ersten und ebenso unter gröblicher Mißachtung des Moltkeschen Angriffsplanes gehandelt, dann hätte Benedek dem Dilemma ausweichen können, das ihm unmittelbar bevorstehen sollte. Doch das Hauptquartier Friedrich Wilhelms bewies Energie und das Geschick, mit den Schwierigkeiten, die Friedrich Karls Truppen plagten, fertig zu werden. So war zum Beispiel die Nachschubfrage niemals so akut wie an der westlichen Front, vor allem deshalb, weil die Kommandeure der einzelnen Einheiten die Anschauung ablehnten, wonach eine Armee gleichzeitig kämpfen und sich verpflegen könne. Sie bestanden darauf, daß Mannschaftsverpflegung und Pferdefutter aus dem Hinterland nachzuschaffen sei [31]. Die ungeschickte Verteilung der Streitkräfte, die durch Blumenthals Forderung nach Verstärkung im Gebiet von Neiße entstanden war, wurde rasch korrigiert, und zwar auf eine Weise, die zeigte, daß man im bezeichnenden Gegensatz zu der zögernden Haltung Friedrich Karls sehr wohl bereit war, angemessene Risken auf sich zu nehmen. Moltkes Befehl vom 23. Juni hatte das VI. Korps zur Sicherung gegen eine eventuelle Änderung des österreichischen Aufmarschweges bei Neiße belassen. Der Kronprinz schlug statt dessen vor, das VI. Korps nach der Grafschaft Glatz zu dirigieren. Dort sei es imstande, wenn nötig, die Provinz Schlesien zu schützen, konnte andererseits

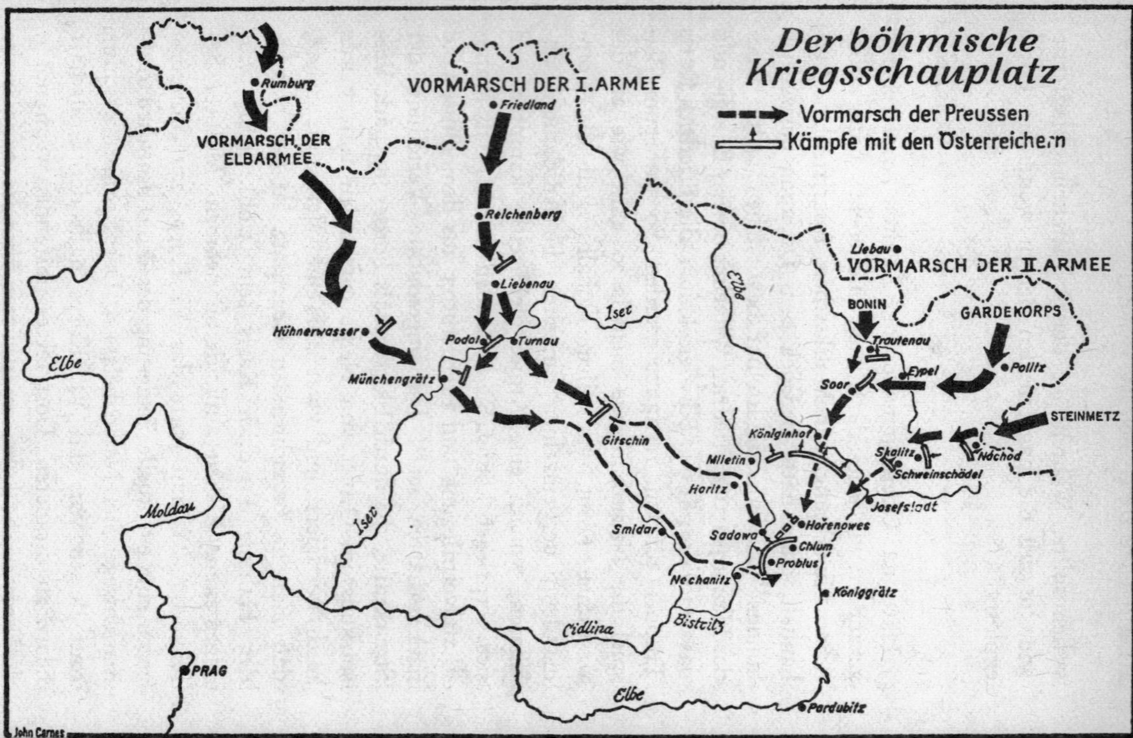
Der böhmische Kriegsschauplatz
Vormarsch der Preussen
Kämpfe mit den Österreichern
VORMARSCH DER ELBARMEE
VORMARSCH DER I. ARMEE
VORMARSCH DER II. ARMEE
Rumburg
Friedland
Reichenberg
Liebenau
Hühnerwasser
Podol
Turnau
Münchengrätz
Gitschin
Iser
Elbe
Moldau
PRAG
Cidlina
Bistritz
Smidar
Nechanitz
Sadowa
Horitz
Miletin
Königinhof
Horenowes
Chlum
Problus
Königgrätz
Pardubitz
Josefstadt
Skalitz
Schweinschädel
Nachod
STEINMETZ
GARDEKORPS
Politz
Eypel
Soor
Trautenau
BONIN
Liebau
John Carnes

aber auch den Rest der Zweiten Armee bei den Operationen in Böhmen unterstützen. Diese von Moltke gebilligte Änderung im Aufmarschplan sollte sich im weiteren Verlauf des Feldzuges noch als bedeutsam erweisen [32]. Bis zum 24. Juni waren folgende Dispositionen für das Überschreiten der Gebirge an die Korpskommandos ergangen: das I. Korps unter Bonin stand bei Landeshut; das Gardekorps im Eulengebirge hinter Silberberg; das V. Korps zog von Glatz in Richtung der Chaussee Reinerz—Náchod, und das VI. Korps von der Neiße nach Westen. Zwei Tage später war alles zum Vormarsch bereit.

Natürlich waren diese Vorbereitungen in Benedeks Hauptquartier zu Josefstadt nicht unbemerkt geblieben, denn eifrige österreichische Reiterspähtrupps brachten am 25. Juni genaue Berichte über die Truppenmassierungen der Preußen am Nordausgang der Übergänge. Unter anderen Umständen hätte dies genügt, Benedek zu einem Schlag gegen den Gegner zu veranlassen. Vielleicht hätte er, wie später eine preußische Generalstabsstudie mutmaßte, die Truppen des Kronprinzen bis an die obere Elbe herankommen lassen, sie dann frontal mit drei seiner Korps angreifen und mit zwei weiteren von der Linie Josefstadt—Náchod her in der Flanke fassen können. In diesem Fall hätten sich die preußischen Korps, die sich beim Überschreiten der Pässe voneinander getrennt und noch nicht wieder vereinigt hatten, in einer höchst mißlichen Lage befunden. Außerdem hätte das Beharren Friedrich Karls an Münchengrätz seine Armee wahrscheinlich daran gehindert, vor dem 28. oder vielleicht sogar 29. Juni zur Entlastung des Kronprinzen aufzubrechen. Dann wäre es aber wohl zu spät gewesen [33].

Benedeks Operationschef jedoch widersetzte sich einem

solchen Angriffsplan. Seine Absicht, die in dem Telegramm Benedeks an Kronprinz Albert von Sachsen vom Morgen des 26. Juni zutage trat, bestand darin, in Gewaltmärschen nach Westen gegen Friedrich Karl und die preußische Erste Armee zu rücken. Eine Änderung dieses Planes würde seiner Ansicht nach jetzt nur weitere Verwirrung anrichten. Um Kronprinz Friedrich Wilhelm und die Zweite Armee unter Beobachtung zu halten, genüge etwa ein Korps. Dank seinem Eigensinn und Benedeks offensichtlich unerschütterlichem Vertrauen in seine Tüchtigkeit, setzte Krismanić sich auch diesmal durch. Alle Korpskommandeure und Befehlshaber der Kavalleriedivisionen empfingen am Abend des 26. Juni detaillierte Befehle für den Marsch nach Westen. Sie wurden angewiesen, die Konzentration ihrer Truppen bei Josefstadt eiligst zu vollziehen. Die Korps von Gablenz und Feldmarschalleutnant Wilhelm Freiherr von Ramming erhielten Befehl, gegen das Gebirge vorzurücken, um den Angriff der Nordarmee gegen Friedrich Karl abzuschirmen [34]. Für den Angriff wurde jedoch andererseits kein genaues Datum genannt. Noch am selben Abend schien Benedek sich über diesen Punkt gar nicht sicher, denn er sandte an den Leibadjutanten des Kaisers, Feldmarschalleutnant Graf Franz Folliot de Crenneville, eine Depesche des Inhalts, er werde „binnen weniger Tage [35]“ angreifen.

Diese wenigen Tage waren Benedek nicht mehr vergönnt. Er hatte zu lange gezögert, und die preußischen Streitkräfte an seiner rechten Flanke waren näher und stärker, als der vertrauensselige Krismanić meinte. Dies sollte schon am nächsten Tag Ramming deutlich zu spüren bekommen, als das V. preußische Korps sich durch das Gebirge Bahn brach und bei Náchod zuschlug.

General Karl Friedrich von Steinmetz, Befehlshaber des V. Korps, hatte als Leutnant im Befreiungskrieg 1814 gekämpft, 1848 in Dänemark den Orden *pour le mérite* erworben und 1850 an Kämpfen in Baden und Hessen teilgenommen. Seit 1864 stand er als Kommandeur an der Spitze des V. Korps. Sein stets offener Charakter — 1848 nannte ihn sein Divisionär einen wirklich hervorragenden Stabsoffizier, der jedoch einer festen Hand bedurfte, um ihn unter Kontrolle zu halten — hatte seit dem Jahr 1854, in dem er seine einzige Tochter durch den Tod verlor, in zunehmendem Maß einen gewaltsamen und unsteten Zug angenommen. Jahre danach litt er an Visionen, in denen die Verstorbene an seinen Tisch trat, und dieser Zustand trug wohl zu seiner Schwermut, seinen Wutausbrüchen, den Konflikten mit Vorgesetzten und Behörden, und zu der Eigenwilligkeit bei, die ihm dann im Jahr 1870 seine Stellung kosten sollte. Trotz allem war er ein fähiger Offizier, imstande, eine Situation rasch zu erfassen und seine Entscheidung zu treffen. Nie scheute er davor zurück, Verantwortung zu übernehmen, und er vermochte seine Truppen stets anzufeuern. Im Krieg gegen Österreich sollte er mehr Erfolg als jeder andere Kommandeur erringen [36].

Verdy beschrieb 1866 Steinmetz als kleinen, beweglichen Mann mit einem scharfgeschnittenen Soldatengesicht und vollem weißem Haar, auf dem „eine Feldmütze ruhte, die von einem schwarzen Wachstuch überzogen war, genau ebenso, wie der General sie als sehr jugendlicher Leutnant bereits im Befreiungskrieg getragen hatte [37]“. Freilich war eine solche Kappe gegen das Bekleidungsreglement, doch Steinmetz gestattete sich nun einmal Freiheiten dieser Art. Man gestand sie ihm ebenso zu wie Abwei-

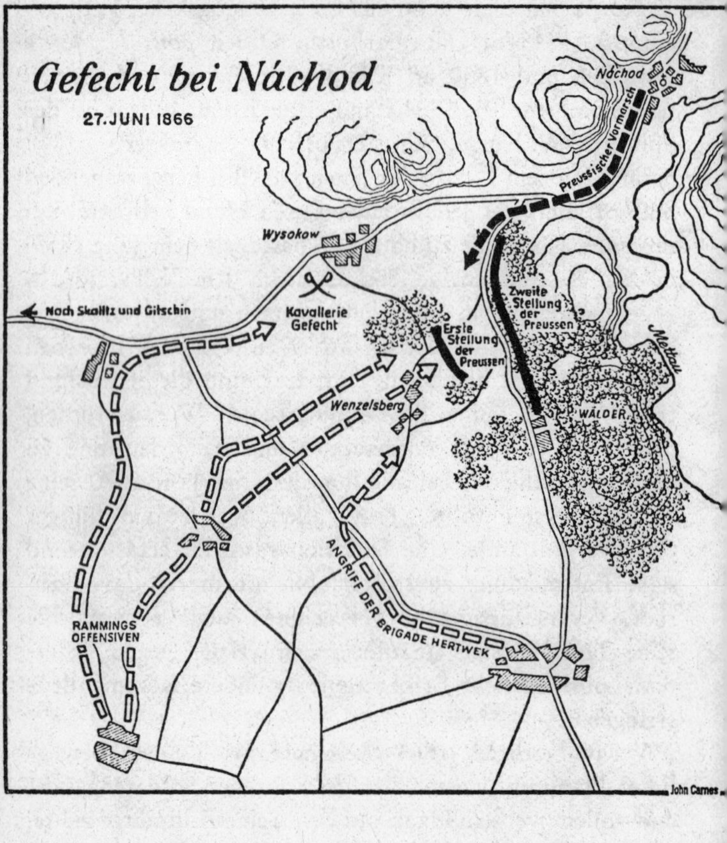

Gefecht bei Náchod
27. JUNI 1866
Náchod
Preussischer Vormarsch
Wysokow
Nach Skalitz und Gitschin
Kavallerie Gefecht
Erste Stellung der Preussen
Zweite Stellung der Preussen
Mettau
Wenzelsberg
WÄLDER
ANGRIFF DER BRIGADE HERTWEK
RAMMINGS OFFENSIVEN
John Carnes

chungen in taktischer Hinsicht, die — zumindest 1866 — gewöhnlich erfolgreich verliefen.

Wie sehr er zum Nonkonformismus neigte, bewies sein saloppes, sorgloses Vorgehen beim ersten Treffen mit den Österreichern. Schlieffen erhob später den Vorwurf gegen ihn, er habe seine Truppen der Gefahr ausgesetzt, weil er, anstatt sie in der vorhergehenden Nacht marschieren zu lassen, wie Napoleon das getan hätte, den Zug über das Gebirge erst am Morgen des 27. Juni antrat [38]. Wenn dies auch ein Fehler war, so hatte Steinmetz keinen Schaden davon.

Von Náchod, einer kleinen Grenzstadt, brach die Vorhut — Bataillone des 37. Westfälischen und des 58. Posenschen Infanterieregiments, vier Jägerkompanien, vier Schwadronen Dragoner und zwei Batterien Vierpfünder — auf und marschierte zügig durch das enge Defilé.

Ehe die ersten Abteilungen des VI. österreichischen Korps unter Ramming in Erscheinung traten, erreichten die Preußen das Plateau oberhalb des Dorfes Wysokow. Die Österreicher mußten daher zunächst das Plateau vom Feind säubern, ehe sie darangehen konnten, Steinmetz' Gros im Defilé zu fassen. Generalmajor von Hertwek, der Befehlshaber von Rammings erster Brigade, versuchte dies mit seiner Artillerie auszuführen. Er gab den Versuch aber bald wieder auf und beging damit denselben Fehler wie Oberst Bergou in Podol. Er ließ die Bataillonskolonnen der Infanterie den Hang hinaufstürmen, wo sie durch das Schnellfeuer vom Plateau aus niedergemäht wurden.

Die Tapferkeit der österreichischen Truppen ließ nichts zu wünschen übrig. Besonders zeichnete sich das 25. Jägerbataillon durch rücksichtlosen Einsatz aus. Nach wiederholten Sturmangriffen erreichte es das in der preußischen

Flanke gelegene Wenzelsberg, doch wurde es von dem in den Obstgärten über dem Dorf in Stellung gegangenen 2. Bataillon des 37. preußischen Infanterieregiments unter Feuer genommen und über den Hang zurückgetrieben. Um zehn Uhr vormittags war Hertweks Brigade aufgerieben.

Die Entscheidung war aber noch nicht gefallen. Nun erschien Feldmarschalleutnant Ramming in Wysokow. Ramming war ein Offizier, der in der österreichischen Armee zu Recht hoch angesehen war. In den Jahren 1848 und 1849 hatte er mit Auszeichnung unter Baron Haynau gedient und war 1859 Mitarbeiter von Heß gewesen[39]. Ramming warf nun bei Wysokow zwei weitere Brigaden in den Kampf, was beinahe die Wendung herbeiführte. Ihre wiederholten Angriffe trieben die Preußen gegen Mittag bis an den jenseitigen Rand des Plateaus, wo sie Gefahr liefen, in die Schlucht hinuntergeworfen zu werden, durch die das Defilé aus Náchod vorbeizog. Wäre dies gelungen, dann hätten die österreichischen Geschütze den Austritt aus dem Gebirge beherrscht, und Steinmetz hätte sich zurückziehen müssen.

Unglücklicherweise litt Ramming gerade in jenen kritischen Tagen an schweren neuralgischen Gesichtsschmerzen, was seine Urteilsfähigkeit getrübt haben mochte. Jedenfalls beging er zu diesem Zeitpunkt den Fehler, das Gefecht als gewonnen anzusehen. Er brach daher den Infanterieangriff ab und wollte die Preußen durch seine Reiterei in die Schlucht treiben lassen. Steinmetz, der jetzt das Gefecht persönlich leitete, traf mit seiner Kavallerie auf die des Feindes. Zwischen dem 8. preußischen Dragonerregiment und westpreußischen Ulanen auf der einen und dreieinhalb Schwadronen Kaiser-Ferdinand-Kürassiere sowie der zweiten Schwadron Hessen-Kürassiere — ein Regiment, das den Anspruch erhob, von den Kürassieren Pappenheims in Wallensteins Armee abzustammen [40] — auf der anderen Seite entspann sich ein hartnäckiger Kampf. Augenzeugen bestätigten überrascht die Bravour und Härte dieses Gefechts, wobei die Einheiten aufeinanderprallten, einander durchdrangen, sich neu formierten und in kleineren Gruppen Mann gegen Mann kämpften [41]. Dennoch war dieser späterhin oft in Liedern und Erzählungen verherrlichte Reiterkampf nicht mehr als eine Episode in der Auseinandersetzung zwischen „Bajonett und Kugel, Klinge und Geschütz", wie Schlieffen sagte. Denn während dieses Gefechtes hatte Steinmetz Gelegenheit, weitere Bataillone auf das Plateau kommen zu lassen. Der Eintritt seiner 10. Division — westpreußische und brandenburgische Grenadiere — in den Kampf brachte das Glück der Österreicher rasch zum Schwinden.

Als das Feuer auf preußischer Seite zunahm, verlor Ramming die Kontrolle über seine Offiziere, von denen einige mit wahrer Berserkerwut ihre Leute gegen die preußischen Linien führten, wobei sie kaum auf Zusammenarbeit achteten und überhaupt keinen Gebrauch von Flankenstößen machten. Schwere Verluste waren das Resultat. Die Bataillone der Ungarn wurden zerschlagen, ergriffen die Flucht, und die ganze Angriffsfront geriet ins Wanken. Dabei wurde sie wiederholt vom 8. Dragonerregiment in der Flanke angegriffen. Beim Versuch, durch eine neue Formation dagegen anzukämpfen, wurde die Front von einer Infanteriesalve nach der anderen getroffen. So zerbröckelte die österreichische Linie. Um ein Uhr mittags war der Kampf entschieden, und die Österreicher zogen sich in Richtung Skalitz zurück [42]. Sie hatten bemerkenswert hohe Verluste erlitten — 232 Offiziere und 5487 Mann (davon 1106 Gefallene, 1178 Verwundete, 2344 Gefangene und 1091 Vermißte). Die preußischen Verluste hingegen betrugen nur 62 Offiziere und 1060 Mann, darunter 19 Offiziere und 264 Mann an Gefallenen. Wieder hatte sich die überlegene Feuerkraft ebenso deutlich ausgewirkt wie die Geschicklichkeit der jüngeren preußischen Offiziere, weil diese ihre Einheiten je nach Bedarf gegen die Front oder Flanken der Österreicher führten und die Reserven zur rechten Zeit und am rechten Ort in den Einsatz brachten [43].

Die Nachricht vom Sieg bei Náchod wurde sofort nach Berlin telegraphiert und dort am 29. Juni veröffentlicht. Mit einem Schlag verschwanden der Mangel an Begeisterung für den Krieg und der Pessimismus, der während der Mobilisierung allgemein geherrscht und neben Blumenthal auch andere erfaßt hatte [44]. In dem darauffolgenden Ausbruch patriotischer Hochstimmung entdeckte Bismarck plötzlich seine Popularität. Wo immer er auch hinkam, sammelten sich — zum erstenmal seit seiner Ernennung zum Ministerpräsidenten — jubelnde Massen. Endlich schwiegen auch die hartnäckigen Befürchtungen König Wilhelms bezüglich der Reaktionen seines Volkes auf die Kriegserklärung. Eine jubelnde Menge drängte sich nun um den Palast, und Bürgerabordnungen bombardierten den König mit Adressen, die von Ergebenheit und Zuneigung sprachen.

War die Begeisterung jedoch nicht verfrüht? Steinmetz' Erfolg war kein endgültiger. Der Feind hatte sich bei Skalitz gesammelt und bereitete sich auf die Wiederaufnahme des Kampfes vor. Die preußischen Verluste waren nicht unbeträchtlich, außerdem bestand keine Aussicht auf zusätzliche Unterstützung. Prinz Friedrich Karl stand noch an der Iser, um das Heranrücken der Elbarmee abzuwarten, denn nur so konnte er die Einschließung von Münchengrätz wagen. Überdies mußte am selben Tag, an dem der Sieg von Náchod errungen wurde, das I. preußische Armeekorps unter Bonin bei Trautenau eine empfindliche Niederlage einstecken, als es gerade das Gebirge überschritt.

Anders als Steinmetz vermochte General Bonin während des böhmischen Feldzuges keine Lorbeeren zu gewinnen. Vielleicht trug der Schock über seinen ersten Mißerfolg Schuld daran. Bei Trautenau stand ihm Feldmarschalleutnant Ludwig von Gablenz gegenüber, der das X. österreichische Korps befehligte. Militärische Begabung, politischer Ehrgeiz und persönliche Eitelkeit gaben seinem Charakter ein eigenartiges Gepräge, auch ließ er sich später in unvorsichtige Spekulationen ein und beendete 1874 seine verpfuschte Karriere, indem er Hand an sich legte. Gablenz stand seit 1833 in österreichischen Diensten, erhielt 1849 bei Kaschau in Ungarn das Ritterkreuz zum Maria-Theresien-Orden und zeichnete sich 1859 bei Magenta und 1864 bei Veile in Dänemark aus. Manche nannten ihn den „Glückspilz aus Sachsen". Zuletzt war er, vor dem Krieg, Gouverneur von Holstein. Kaltblütig und erfinderisch in der Schlacht, von hohem persönlichem Mut, verstand er sich auf die Nutzung des Geländes und den Einsatz der verschiedenen Waffengattungen. Erzherzog Albrecht, dessen Urteil viel wog, schätzte ihn sehr. Seine Schwäche trat in Dänemark zutage und bestand darin, ohne Bedenken auch schwere Verluste zu riskieren, um seine Ziele zu erreichen [45]. Bonin, einem furchtsamen und zaudernden

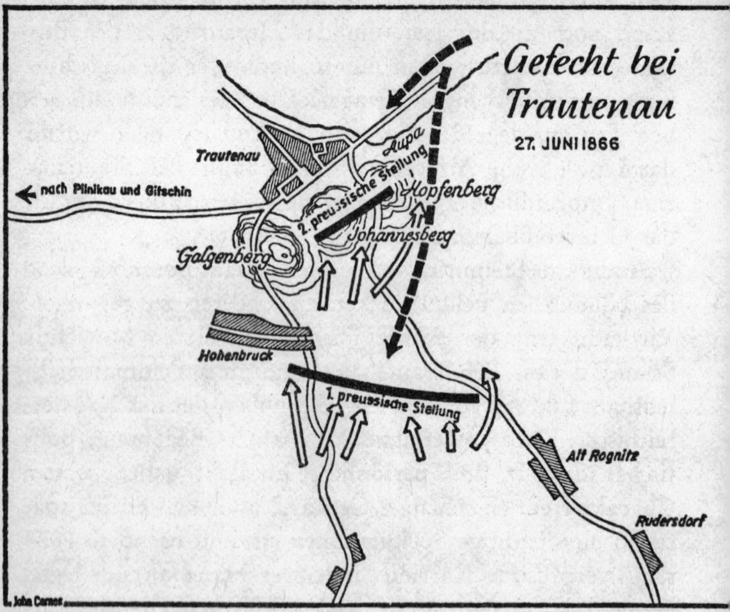

Truppenführer, war er als Soldat in jeder Hinsicht überlegen.

Die Aufgabe Bonins bestand darin, sich der Stadt Trautenau zu bemächtigen und weiter nach Pilnikau vorzustoßen. Dieses Dorf, zwei oder drei Tagesmärsche weit von Gitschin gelegen, schien der Punkt zu sein, von dem aus er mit Vorausabteilungen der Ersten Armee Fühlung nehmen konnte. Ganz darauf bedacht, dieses Ziel zu erreichen, versäumte er den Schutz seiner linken Flanke und die Inbesitznahme der drei sie beherrschenden Hügel: des Galgenberges, des Johannesberges und des Hopfenberges. Als sein Korps durch Trautenau zur Straße nach

Pilnikau marschierte, griff ihn, genau von den drei Hügeln her, Gablenz mit der Vorhut an. Es folgte ein wirres, hitziges Handgemenge, in dem die zahlenmäßige Überlegenheit der Preußen entschied. Die Österreicher wurden von den drei genannten Hügeln vertrieben. Ohne weiter nach Süden aufzuklären, ordnete Bonin an, den Vormarsch fortzusetzen, und einige Einheiten räumten daher die so teuer erkämpften Stellungen. Gablenz ergriff diese Gelegenheit, um mit zwei frisch in den Kampf geführten Brigaden, unter Anwendung einer kombinierten Frontal- und Flankentaktik, die erste preußische Linie bei Hohenbruck zu überrennen, ehe noch Bonin überhaupt wußte, was geschah. Um fünf Uhr nachmittags eroberte er im Sturm den Galgenberg und Johannesberg zurück und stand quer zur preußischen Verbindungslinie. Diese Linie wurde gesprengt und so Bonins verspäteter Versuch vereitelt, eine Lage zu bereinigen, die vor allem durch ungenügende Erkundung entstanden war. Gablenz meisterte die Lage mit großem Geschick. Dennoch erlitten die österreichischen Regimenter, besonders Italiener und Ruthenen, beim Kampf um die Höhenstellungen furchtbare Verluste, und erst als die in Reserve befindliche Brigade Knebel in das Gefecht eingriff, fiel der Hopfenberg, den schlesische und ostpreußische Regimenter erbittert verteidigt hatten. Nun begann die österreichische Brigade Grivičić rund um die Stadt Trautenau ein Flankenmanöver, während ihre erfolgreichen Kampfgefährten gleichzeitig von der Höhe aus angriffen. Die Einkreisung vor Augen, begann Bonin den Rückzug anzutreten. Er machte nicht eher halt, bis seine todmüden Leute auf der anderen Seite des Gebirges waren und zu jenen Lagerplätzen gelangten, die sie tags zuvor verlassen hatten [46].

Bismarck nannte später das Gefecht von Trautenau eine Schlappe, die die gesamte preußische Armee erschütterte. Das war keine Übertreibung. Obwohl Gablenz' Verluste mehr als dreimal so hoch waren als die Bonins — 191 Offiziere und 4596 Mann gegenüber 56 preußischen Offizieren und 1282 Mann [47] —, war Bonins Korps durch seinen Rückzug für mindestens einen Tag *hors de combat,* und Steinmetz befand sich infolgedessen in einer gefahrvoll exponierten Lage. Diese wurde noch dadurch verschärft, daß Kronprinz Friedrich Wilhelm, der ursprünglich beabsichtigt hatte, die Garde zur Verstärkung des V. Korps abzusenden, es nach Trautenau für nötig hielt, seinen Entschluß zu ändern. Da er nicht im entferntesten daran dachte, daß Bonin jede Fühlung mit Gablenz verloren hatte, ordnete er den Vormarsch des Gardekorps durch die dritte Einfallspforte nach Böhmen, den Paß von Eypel, an. Bei seinem Vorstoß nach Trautenau sollte das Korps Gablenz in der Flanke fassen, während Bonin aufs neue an der Front angriff [48]. Durch diesen Entschluß bot sich Benedek am 28. Juni die einzigartige Gelegenheit, Steinmetz zu überwältigen und so den Verlauf des Krieges in andere Bahnen zu lenken.

„Daß ein Feldherr den einmal gefaßten Plan nicht leichthin wieder aufgibt, ist gewiß anerkennenswert, noch höher ist es jedoch zu schätzen, wenn er die Gunst des Augenblicks zu einem entscheidenden Schlage benutzt [49].“ So lautete das Urteil, das Schlieffen, Moltkes bedeutendster Nachfolger, über Benedeks Verhalten in jener Phase des Krieges fällte. Mit verhängnisvollem Eigensinn klammerte sich der österreichische Oberbefehlshaber an seinen Plan und blieb allen Ratschlägen gegenüber taub, wenn sie nicht von Krismanić kamen. Sicherlich blieben die Ereignisse an den Ausgängen der Gebirgspässe nicht ohne Eindruck auf ihn, und so befahl er dem IV. Korps unter Feldmarschalleutnant Tassilo Graf Festetics de Tolna, die Korps von Ramming und Erzherzog Leopold, die bei Skalitz standen, zu unterstützen. Damit bildete er eine Abwehrfront in der Stärke von 70.000 Mann gegen die Zweite preußische Armee. Das IV. Korps war allerdings bereits in westlicher Richtung aufgebrochen, und so entstand einige Verwirrung. Doch als Benedek diese Vorsichtsmaßregeln getroffen hatte, fuhr er in seinen Vorbereitungen zum Marsch nach Westen fort. Offenbar war er der Meinung, er könne noch immer sechs Armeekorps gegen die viereinhalb des Prinzen Friedrich Karl aufbieten und damit die Erste preußische Armee schlagen, ehe Kronprinz Friedrich Wilhelm mit der Zweiten Armee wirksam in Aktion zu treten vermochte. Zwar wandte der Chef seines Nachrichtendienstes, Oberst Karl von Tegetthoff, der dem Gefecht von Náchod beigewohnt hatte, ein, es sei dafür zu spät und verlangte, man solle sich dem näheren und gefährlicheren Gegner zuwenden, Krismanić aber erteilte Tegetthoff die scharfe Warnung, sich um seine eigenen Angelegenheiten zu kümmern [50].

Am Morgen des 28. Juni ritt Benedek mit seinem Stab zu Rammings Hauptquartier. Beim Vorbeireiten wurde er von seinen Truppen freudig begrüßt, die fühlten, daß nun die Zeit zu entscheidenden Aktionen gekommen war und daß „Vater Benedek" da war, um die Niederlage der Preußen mitanzusehen. Benedek besichtigte das VI. Armeekorps Rammings und unterrichtete sich über die Vorschläge des Kommandanten, Steinmetz anzugreifen. Dann überquerte er die Aupa und begab sich nach Skalitz, um die Aufstellung des VIII. Korps unter Erzherzog Leopold zu inspizieren. Auch die Brigaden des Erzherzogs standen, mit ihrer Front nach Osten, auf den Höhen längs des Flusses; sie warteten mit Spannung auf die Gelegenheit Steinmetz anzugreifen, dessen Kolonnen eine Marschstunde weiter östlich zu sehen waren. Die Inspektion schien jedoch Benedek nur in seiner ohnehin schon gefaßten Meinung zu bestärken. Er zog daraus den Schluß, daß die Preußen eine Schlacht vermeiden wollten und nordwärts zogen, um den Anschluß an das Gardekorps herzustellen. Wenn dem so war, schien es ratsam, sich zurückzuziehen. Daher gab er Ramming und dem Erzherzog den Befehl, mit dem Korps Festetics als Nachhut zur Iser aufzubrechen, und ritt dann zurück nach Josefstadt. Damit hatte er die wahrscheinlich günstigste Gelegenheit während des ganzen Feldzuges vertan [51].

Hätten die Kommandeure und Stabsoffiziere der Zweiten preußischen Armee von dieser Entscheidung gewußt, sie wären fassungslos gewesen. Am Morgen des 28. Juni erwachten die Herren vom Stab des Kronprinzen mit dem Gefühl, dies werde ein blutiger und vielleicht sogar unglücklicher Tag sein, und als die Zeit verging, wuchsen ihre Befürchtungen. Der Kronprinz hatte am vorhergehenden Tag bei Náchod vierzehn Stunden im Sattel verbracht, häufig befand er sich dabei in einer sehr gefährlichen Lage. Auch diesen Tag wollte er bei Steinmetz zubringen, doch angesichts der noch im Gang befindlichen Operationen bei Trautenau, wohin er die Gardetruppen entsandt hatte, entschloß er sich, bei Kosteletz Aufstellung zu nehmen, wo er mit allen seinen Korps in Fühlung stehen konnte [52]. Hier fand ihn Hohenlohe am späten Morgen, wie er, gekleidet in die blaue Interimsuniform mit den Schulterstücken eines preußischen Generals, den Stern des Schwarzen Adlerordens auf der Brust, rittlings auf dem Stamm einer gefällten Kastanie saß und — in Friedenszeiten pflegte er selten zu rauchen — eine kurze Pfeife mit verziertem Kopf rauchte. Er sagte zu Hohenlohe: „Sie sehen, dies ist der entscheidende Tag für meine Armee, ob es uns gelingt, auf unseren getrennten Anmarschlinien über das Gebirge zu kommen. Wird einer meiner Flügel geschlagen, dann ist der andere mit verloren, denn er muß auch zurück, und vor einem Rückzug über die Defileen, die wir eben passierten, schaudert mir. Das Unangenehmste für mich ist, daß ich diese Höhe an einem so entscheidenden Tage nicht verlassen darf, denn ich habe alle Meldungen hierher befohlen, und wenn ich hier fortgehe, wird allgemeine Konfusion. Also", dabei paffte er seine Pfeife, „bleibt mir nichts übrig, als einen Nasenwärmer nach dem anderen zu rauchen [53]."

Alles in allem war es ein sehr beunruhigender Tag für das Hauptquartier der Zweiten Armee. Um die Sache noch zu verschlimmern, trafen Telegramme ein, die einerseits einen Rückschlag für die preußische Armee bei Langensalza im westlichen Deutschland andeuteten, andererseits den überwältigenden Sieg des Erzherzogs Albrecht über die Italiener bei Custozza meldeten. Von unmittelbarer Bedeutung für die Lage war jedoch das Ausbleiben von Nachrichten über das Korps Bonin. Daraus ging hervor, daß Bonin den Kontakt mit dem Feind verloren haben mußte und die Garde bei ihrem Eintreffen in Trautenau möglicherweise in ernste Bedrängnis geriet. Schließlich erklang von den Hügeln im Süden her das Donnern einer so heftigen Kanonade, daß man annehmen mußte, Steinmetz werde von nicht weniger als drei österreichischen Korps angegriffen. Alle außer Blumenthal

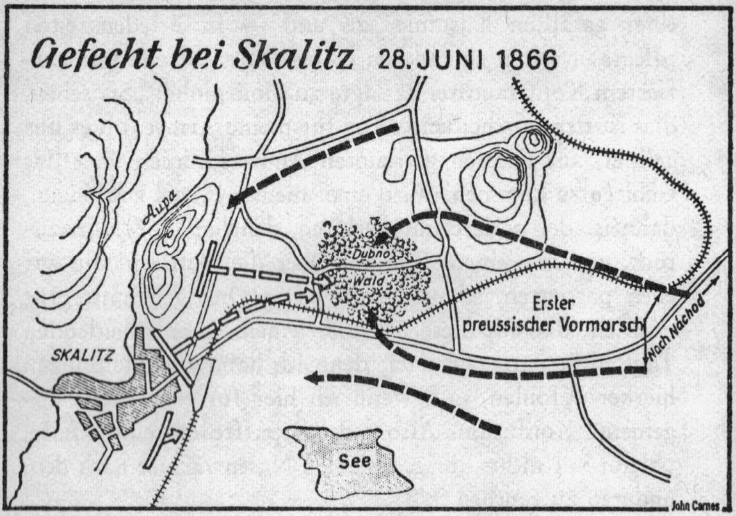

und dem Kronprinzen waren aus diesem Grunde bedrückt. Der Stabschef jedoch meinte: „Wie schade, daß wir nicht bei Steinmetz sein können. Das möchte ich doch mal ansehen, wie der Alte mit ihnen fertig wird." Der Kronprinz war wie gewöhnlich von unerschütterlicher Ruhe. Er fragte, ob jemand auf einen möglichen Fehler hinweisen könne. Als keine Vorschläge kamen, sagte er einfach: „Nun, dann haben wir unsere Pflicht getan; nach allen Richtungen hin ist nach unserem besten Willen erwogen und angeordnet, was nach unserem Verständnis geschehen muß und kann: das übrige steht in Gottes Hand [54]."

Der Schall des Geschützfeuers täuschte. Dies wurde möglicherweise durch ein seltsames Trockengewitter verursacht, das über die Höhen hinzog. Auch Benedek unterlag dieser Täuschung. Er ritt nach Josefstadt zurück, im Glauben, alle seine Befehle seien ausgeführt worden. Von dort aus telegraphierte er an den Kaiser, er breche nun zum Vormarsch an die Iser auf. Dieser Donner, durch den Kanonenlärm verstärkt, gereichte dem Stab des Kronprinzen zum Vorteil, der daraus den Schluß ziehen mußte, Steinmetz stehe einer Übermacht gegenüber. Als dann Staubwolken aufstiegen, die, von Kosteletz aus gesehen, von fliehenden Truppen herzurühren schienen, nahm man an, Steinmetz sei geschlagen [55]. Doch beide, Benedek wie der Stab der Zweiten Armee, befanden sich im Irrtum.

Nur zwei von den drei Korps, denen Benedek befohlen hatte, sich aus der Stellung um Skalitz zurückzuziehen, hatten dies ausgeführt. Erzherzog Leopold aber ließ sich von der Berechtigung dieses Befehls nicht überzeugen. Er eröffnete auf Steinmetz' vorrückende Kolonnen den Angriff, ohne seine Absichten den Hauptquartieren von Ramming und Festetics mitzuteilen, die ihm zu Hilfe hätten kommen können — ein weiterer Beweis für die Mißstände in Verwaltung und Disziplin, die in der österreichischen Armee herrschten. Ebenso unvernünftig wie diese Insubordination war dann auch das Verhalten des Erzherzogs während des folgenden Gefechtes, das sich westlich von Skalitz abspielte. Zunächst erlitten das Regiment Königsgrenadiere und die Brigade Hoffman durch wohlgezieltes Artilleriefeuer von den Höhen östlich der Aupa schwere Verluste. Daraufhin überließ Leopold die Leitung des Gefechtes ganz seinen Brigadekommandanten, die ihre Regimenter Zug um Zug in den Dubnowald hineinführten, wo die Preußen in gedeckten Stellungen standen. Den Erzherzog kostete dieser Angriff über 5500 Mann, die Preußen verloren 1365 Offiziere und

Mannschaften. Die Verluste waren hauptsächlich auf mangelndes Zusammenwirken und das übliche Vertrauen auf das Bajonett zurückzuführen. Als er sich aus dem Kampf zurückzog, waren zwei seiner Brigaden so übel zugerichtet, daß nicht damit gerechnet werden konnte, sie in nächster Zukunft einzusetzen. Um zwei Uhr nachmittags war Steinmetz im Besitz von Skalitz, die Straße nach Gradlitz war frei [56].

Inzwischen führte der Zusammenbruch des Nachrichtenwesens auf österreichischer Seite dazu, daß Benedeks Erwartungen einen weiteren Stoß erhielten. Noch am Abend des 27. Juni mußte Gablenz trotz seines Erfolges über Bonin feststellen, daß die außerordentlichen Verluste die Moral seiner Truppen erschüttert hatten. Er hielt es daher für richtig, Verstärkungen anzufordern, insbesondere weil er durch seinen Nachrichtendienst die Mitteilung erhalten hatte, daß das preußische Gardekorps von Eypel nach Trautenau vorrückte. Das war ein kluger Gedanke. Wahrscheinlich wäre es gelungen, die Garde am Überschreiten des Passes von Eypel zu hindern, wenn frische Truppen bei Staudenz die Verteidigung übernommen hätten. Genau dies fürchtete auch der Befehlshaber des Gardekorps, Prinz August von Württemberg, und er wäre wohl lieber in Eypel geblieben, hätte er nicht vom Kronprinzen den ausdrücklichen Befehl zum Vorrücken erhalten. Benedek entsprach zunächst dem Ersuchen von Gablenz und ordnete die Entsendung einer Abteilung des IV. Korps unter Festetics in die Gegend von Praußnitz—Kaile—Staudenz an. Gablenz wurde von dieser Anordnung in Kenntnis gesetzt. Später jedoch widerrief Benedek seinen eigenen Befehl, ohne Gablenz davon zu benachrichtigen. Gablenz marschierte daher in eine Falle. Er teilte seine Streitkräfte

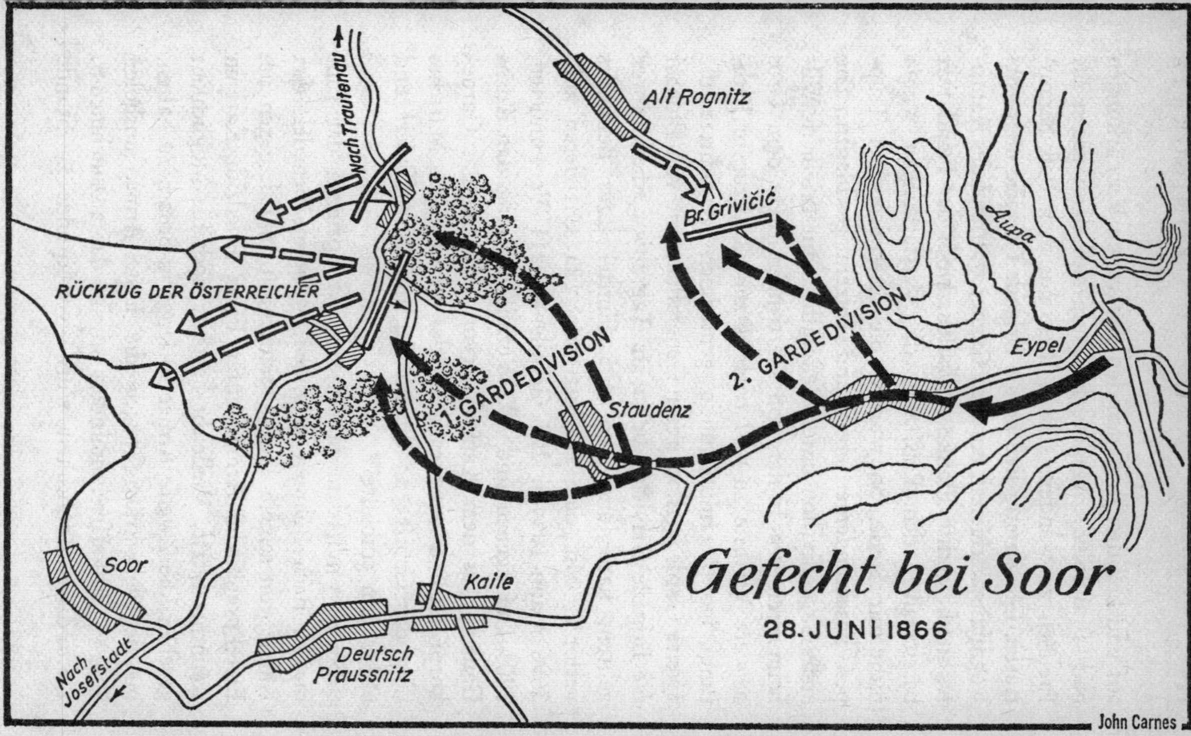
Gefecht bei Soor
28. JUNI 1866
Nach Trautenau
Alt Rognitz
Br. Grivičić
Aupa
Eypel
2. GARDEDIVISION
1. GARDEDIVISION
Staudenz
RÜCKZUG DER ÖSTERREICHER
Soor
Kaile
Deutsch Praussnitz
Nach Josefstadt
John Carnes

auf und ließ drei Brigaden den erwarteten Verstärkungen nach Praußnitz entgegengehen, um sich dann gegen die Preußen zu wenden, sobald diese aus dem Paß heraustraten. Gleichzeitig ließ er die Brigade Grivičić über Alt-Rognitz marschieren, um dem Gegner während des Kampfes in die rechte Flanke zu fallen. Doch der Feind war bereits über den Paß, und die Verstärkungen waren nicht zur Stelle. So wurden die österreichischen Truppen auseinandergetrieben und einzeln geschlagen. Die erste Gardedivision unter Generalleutnant Friedrich Wilhelm Freiherrn Hiller von Gärtringen fügte dem Gros schwere Verluste zu und trieb es zum Rückzug in Richtung Soor[57]. Im Grunde genommen vernichtete die zweite Gardedivision unter Generalleutnant von Plonski die Brigade Grivičić, die ja am Tag zuvor schon schwer gelitten hatte und nun drei Fünftel ihres Bestandes verlor[58]. Mit dem Verlust von 123 Offizieren und 3696 Mann (davon 207 Gefallenen, 311 Verwundeten, 2908 Gefangenen und 393 Vermißten) ging das Korps Gablenz aus dem Kampf hervor, während das Gardekorps nach allen Strapazen des zweitägigen Marsches über das Gebirge an diesem Tag nur 28 Offiziere und 685 Mann einbüßte[59].

So war nun dem preußischen Kronprinzen der Einmarsch nach Böhmen gelungen, während Benedek den Kaiser von seinem lang geplanten Vormarsch gegen die Erste preußische Armee unter Prinz Friedrich Karl in Kenntnis setzte. Vielleicht hätte es noch die Möglichkeit gegeben, die Zweite Armee so lange in Schach zu halten, bis Benedek kräftig gegen die Erste Armee ausholen konnte. Schlieffen zumindest scheint das anzunehmen[60]. Doch diese Möglichkeit wurde von Stunde zu Stunde geringer. Denn an dem Tag, an dem sich Steinmetz und die preußische Garde ihren Weg durch das Gebirge brachen, setzte sich endlich auch Friedrich Karl in Bewegung.

IV

DER FELDZUG IN BÖHMEN:

Am Vorabend der Schlacht

Scharf schießt das preußische Gewehr,
Das an seinem hinteren Ende zu laden ist.
Fünf Schuß auf jeden Schuß des Vorderladers:
Welch furchtbare Waffe ist das Zündnadelgewehr!
Oh, dieses nie fehlende Zündnadelgewehr!
Das todbringende Zündnadelgewehr!
Wie zum Spaß schmettert es die Menschen zu Boden.
Welch furchtbare Waffe ist das Zündnadelgewehr [1]!

(Weise: „The Dog's Meat Man")
Punch, vom 21. Juli 1866

Der Plan, den Prinz Friedrich Karl und sein Stabschef Voigts-Rhetz für ihre Operationen um Münchengrätz ausgearbeitet hatten, war gut. Er sah gleichzeitig den Angriff der Elbarmee, die nun an der Iser angelangt war, gegen die österreichischen Truppen am Westufer dieses Flusses und den Vorstoß der 6., 7. und 8. Division von Norden her gegen Flanke und Rücken der feindlichen Stellungen vor. Wie wiederholt festgestellt wurde, fehlte dem Plan einzig der Gegner, den er hätte treffen sollen. Am Morgen des 28. Juni um vier Uhr waren nämlich die verbündeten österreichisch-sächsischen Truppen auf Befehl des Kronprinzen Albert nach Gitschin aufgebrochen. Die Vorhut bildete Edelsheims Kavallerie. Wie Fontane später schrieb, bot das Gefecht infolgedessen „den Eindruck einer zum Schlage ausgeholten schweren Waffe an einer Stelle, wo eine leichte Rapierklinge genügt hätte [2]".

Als der Angriff um sieben Uhr früh begann, war die Masse der österreichisch-sächsischen Truppen bereits abgezogen. Die Brigade Leiningen, die den Rückzug zu dekken hatte, hielt die Vorhut der Elbarmee bis zehn Uhr — dem Zeitpunkt, zu dem sie selbst befehlsgemäß den Rückzug anzutreten hatte — auf. Doch da trafen neue Anweisungen des Kronprinzen an den Kommandanten ein, in denen die Verlängerung des Widerstandes, wenn möglich, bis Mittag gefordert wurde. Dies erwies sich allerdings als schwierig, da ein Regiment der Brigade, das zum Großteil aus Italienern bestand, zu weichen begann. Die anderen Bataillone — Deutsche, Ungarn und Serben — aber hielten trotz schwerer Verluste stand und zogen sich schließlich in guter Ordnung über den Fluß zurück. Inzwischen hatte die auf dem Muskyberg östlich der Stadt postierte österreichische Artillerie den preußischen Flankenangriff aus dem Norden zum Stehen gebracht. Zuletzt wurden die Batterien durch den Sturmangriff der 7. Division zum Rückzug gezwungen, und die Preußen nahmen die Höhe. Die anderen Divisionen der preußischen Ersten Armee aber hielt die als Nachhut eingesetzte Brigade Abele so lange auf, bis die Truppen des sächsischen Kronprinzen hinter den Hügeln im Osten verschwunden waren [3].

Wenn schon dieses ziemlich enttäuschende Gefecht Prinz Friedrich Karl nicht davon überzeugte, daß man eine Operation auch allzu sorgfältig vorbereiten und dennoch nicht erfolgreich sein kann, dann könnten die folgenden Ereignisse ihn zu dieser Einsicht gebracht haben. Er hatte 100.000 Mann innerhalb einer Quadratmeile zusammengezogen und mußte feststellen, daß eine solche Masse auf so engem Raum weder manövrieren noch sich verpflegen konnte. Am Abend nach dem Gefecht gab es in Münchengrätz viele hungrige Mägen — sogar der Stab des Prinzen, der in einem Schloß einquartiert war, das einst Wallenstein gehört hatte, mußte sich mit Kartoffeln und einigen Flaschen Champagner begnügen. Als sich Friedrich Karl am anderen Morgen zum Weitermarsch nach Gitschin aufmachte, ließ er die Elbarmee an der Iser zurück, bis sie etwas Spielraum gefunden hätte [4].

An jenem Morgen — dem 29. Juni — erhielt der Befehlshaber der Ersten Armee eine Anzahl von Telegrammen, in denen Moltke besorgt auf beschleunigtes Vorrücken nach Osten drängte. Das erste, datiert mit 28. Juni früh, brachte die Nachricht vom Sieg bei Náchod und Bonins Niederlage bei Trautenau. Es besagte ferner: „Das vollständige Debouchieren der Zweiten Armee wird durch Vorrücken der Ersten Armee wesentlich erleichtert werden." Ein zweites, später abgesandtes, lautete kurz und bündig: „Seine Majestät erwarten, daß die Erste Armee durch beschleunigtes Vorrücken die Zweite Armee degagiere, welche trotz einer Reihe siegreicher Gefechte dennoch sich augenblicklich noch in einer schwierigen Lage befindet [5]." Es ist jedoch unwahrscheinlich, daß Friedrich Karl jetzt noch dieses Ansporns bedurfte. Das Treffen vom Vortag hatte ihn enttäuscht, und er brannte auf weitere Verfolgung. Schon am 28. Juni hatte er, in faktischer Vorwegnahme der Befehle Moltkes, die 5. Infanteriedivision und sechs Kavallerieschwadronen nach Gitschin vorausgesandt. Nun brach er am 29. Juni um halb zehn Uhr vormittags mit dem Gros gegen den Feind auf. Den Zug führte die 3. Division unter Generalleutnant August Leopold Graf von Werder an [6].

Gitschin war im Jahre 1866 ein hübsches Städtchen von etwa 6000 Einwohnern, in der freundlichen und fruchtbaren Gegend des „böhmischen Paradieses“ (Ceský Raj) gelegen. Die meisten Bewohner waren Tschechen. Während des Dreißigjährigen Krieges war es die Residenz des Herzogtums Friedland, das Kaiser Ferdinand II. nach der Niederwerfung des böhmischen Aufstandes für seinen Feldherrn Wallenstein 1625 geschaffen hatte. Rings um einen mit Arkaden versehenen Platz ließ Wallenstein ein barokkes Palais, eine Schatzkammer, ein Münzamt und ein reich ausgestattetes Jesuitenkollegium erbauen. Hier entfaltete er eine derartige Pracht, daß der Fürst von Hohenzollern, dessen Haus in jenen Tagen weder Reichtum noch große Macht besaß, zuhöchst erstaunt war [7]. Im Jahr 1813 hielt sich Kaiser Franz I. fünf Wochen lang in Wallensteins Palais auf. Hier führten Metternich, Wilhelm von Humboldt und Nesselrode einige der Verhandlungen, die zur Allianz Österreichs, Preußens und Rußlands im Krieg gegen Napoleon führten [8]. Seither hatte es keine besondere Rolle in der österreichischen Geschichte mehr gespielt. Diesmal war sein Auftritt viel weniger glanzvoll als in früheren Zeiten, denn mit dem Namen „Gitschin“ verband sich nun nicht nur eine Niederlage, sondern auch Unfähigkeit. Heinrich Friedjung hatte in seiner maßgebenden Untersuchung über die Niederlage Österreichs im Krieg von 1866 Vermutungen angestellt, inwieweit der österreichische Nationalcharakter an diesem Debakel beteiligt war. Er zeigte auf, daß Lässigkeit, Ungenauigkeit, Zaudern und Saumseligkeit in den kritischen Augenblicken des Feldzuges zu Fehlern führten, die verhängnisvolle Folgen nach sich zogen. In dem Drama, das nun in Wallensteins einstiger Residenz über die Szene ging, fehlte es nicht an diesen Mängeln.

Früh am Morgen des 29. Juni erreichte Kronprinz Albert von Sachsen Gitschin. Da die letzten Anordnungen Benedeks an ihn dahin gingen, die Nordarmee am folgenden Tag gleichfalls dort ankommen zu lassen, erachtete er es für seine Pflicht, die Stadt zu halten. In dem Bestreben, eine weitere Bestätigung seiner Absicht zu erhalten, telegraphierte er mittags nach Josefstadt und ersuchte um zusätzliche Befehle. Dieses Telegramm dürfte verlorengegangen sein, jedenfalls kam keine Antwort. Um zwei Uhr nachmittag jedoch traf ein Kurier aus Benedeks Hauptquartier mit einer ausführlichen und detaillierten Beschreibung des geplanten Vormarsches auf Gitschin ein. Das Schreiben war mit 27. Juni datiert, obwohl das auch ein Versehen sein konnte, denn es scheint sich hier um eine Kopie des Befehls gehandelt zu haben, den Benedek tags zuvor, ohne über die Ereignisse von Skalitz unterrichtet zu sein, entworfen hatte. Wie dem auch sei, zur Bewältigung einer Entfernung von dreieinhalb Reitstunden zwischen Josefstadt und Gitschin hatte das Schreiben neunzehn Stunden benötigt [9] und gab im Zeitpunkt seiner Überbringung Benedeks Absichten nicht mehr wieder. Das konnte freilich der Kronprinz nicht wissen, und so nahm er die Verteidigung von Gitschin auf, in der Meinung, die Verstärkung sei im Anzug.

Der achtunddreißigjährige Prinz, der seine Feuertaufe im Jahr 1849 bei Düppel erhalten hatte, bewies bei der Leitung des nun ausbrechenden Kampfes, daß er ein militärisches Talent ersten Ranges war. Dieser Eindruck sollte sich bei Königgrätz und 1870 im Deutsch-Französischen Krieg, wo er die preußische Moselarmee befehligte, bestätigen [10]. Aus zwei Richtungen rückten die Preußen gegen Gitschin heran. Von Westen näherte sich die 3. Division unter Generalleutnant von Werder auf der Straße, die über Lochow und Sobotka lief, die 5. Division unter Generalleutnant Ludwig Karl von Tümpling benutzte die von Norden über Knižnitz führende Straße. Kronprinz Albert traf seine Anordnungen so, daß er der Bedrohung, die von zwei Seiten kam, die Stirn bieten und dabei jede Eigenheit des Geländes, die der Verteidigung günstig war, ausnützen konnte. Als sich Werder zwischen Sobotka und Gitschin befand, sah er seinen Weg durch die Brigade Ringelsheim verlegt, die gut postiert auf einem das Dorf Unter-Lochow beherrschenden Plateau stand. Trotz wiederholter Versuche konnten seine Bataillone diese Stellung weder durch Frontal- noch durch Flankenangriffe erschüttern. Nach drei Stunden harten Kampfes standen die Österreicher fest und offenbar ungeschwächt. Da erhielt Ringelsheim gänzlich unerwartet den Befehl, das Gefecht abzubrechen und sich nach Gitschin zurückzuziehen. Den Grund hiefür werden wir noch kennenlernen, doch die unmittelbaren Folgen waren verhängnisvoll. Um für den Rückzug Raum zu gewinnen, gab Ringelsheim dem Regiment Württemberg den Befehl, die aus pommerschen Bataillonen gebildete Hauptkampflinie der Preußen zu stürmen. Sechshundert Gefallene auf dem Schlachtfeld kostete die Württemberger das anschließende Handgemenge. Dieses Opfer gestattete es jedoch Ringelsheim, die Brigade herauszuziehen und hinter einem dichten Feuervorhang der Artillerie nach Gitschin abzurücken [11].

Während dieses Gefecht in den späten Nachmittagsstunden vonstatten ging, sollte die 5. Division für sie Unmögliches leisten, nämlich die Verteidigungslinie nördlich der Stadt durchbrechen. Die Brigade Abele und Poschachers Eiserne Brigade, die schon bei Podol ihren Blutzoll

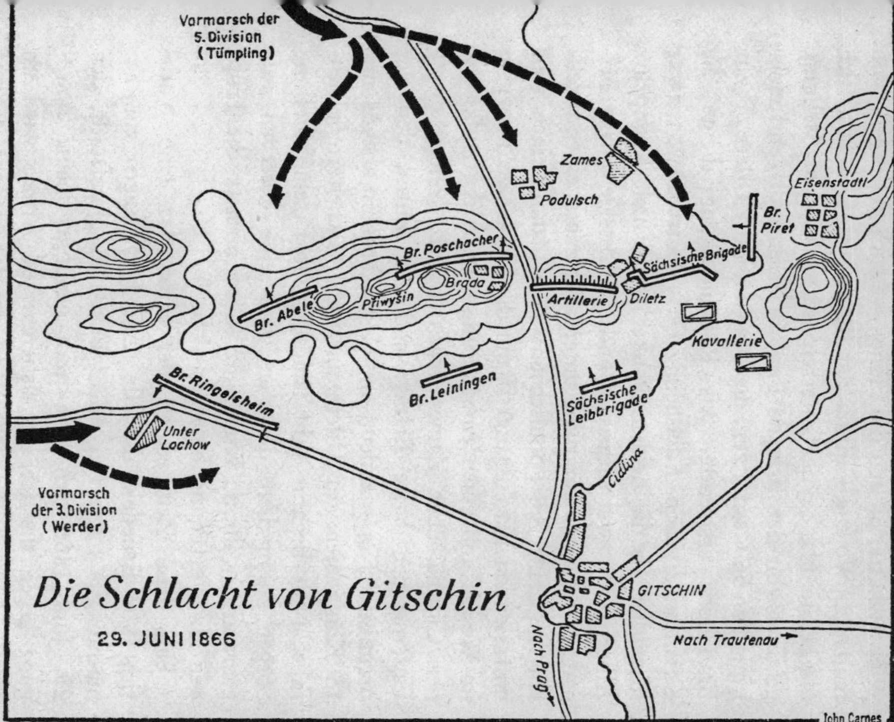

Die Schlacht von Gitschin

29. JUNI 1866

geleistet hatte, hielten die Höhen westlich der Straße von Kniżnitz. Wo die Cidlina der Stadt zufloß, befand sich die rechte Flanke der österreichisch-sächsischen Stellung, gebildet von der Brigade Piret in Eisenstadtl und einer Linie von 56 Geschützen, die sich vom Dorf Diletz bis zur Bradahöhe erstreckte. Als Rückendeckung diente die Kavalleriedivision Edelsheim. Das Zentrum war zwar schwächer als die beiden Flanken, doch hielt Kronprinz Albert noch zwei sächsische und eine österreichische Brigade in Reserve. Tümpling unternahm zuerst einen direkten Angriff gegen Podulsch und Brada, dann einen weit umfassenden Flankenangriff um die Höhe von Přiwyšin im Westen und einen Annäherungsversuch durch das Tal der Cidlina über Zames gegen Diletz. Keines dieser Unternehmen hatte Erfolg, und der Sturm, den der preußische Kommandeur um halb acht Uhr abends mit 15 Kompanien auf Diletz unternahm, scheiterte gleichfalls. Nun begann sich Tümpling über seine Stellung Sorgen zu machen, denn er hatte seine Reserven aufgebraucht, während Kronprinz Albert noch frische Truppen zur Verfügung hatte.

Um diese Zeit erhielt der Kronprinz eine Nachricht von Benedek, die alle seine Hoffnungen zunichte machte. Sie hatte folgenden Wortlaut: „Josefstadt, den 29. Juni 1866. Ich sehe mich genötigt, meine Bewegung gegen die Iser zu sistieren; die Armee wird im Laufe des heutigen Tages die in der Beilage ersichtliche Aufstellung nehmen. Eure Königliche Hoheit wollen Ihre zur Vereinigung mit dem Gros der Armee begonnene Bewegung danach einrichten und fortsetzen, bis die Vereinigung erfolgt ist, jedoch größeren Gefechten ausweichen [12].“

Der Befehlshaber beriet sich mit seinem Kollegen Clam-Gallas, und sie kamen zu dem Ergebnis, daß ihnen nichts übrigbliebe als zu gehorchen. Nichtsdestoweniger standen sie vor einer äußerst unangenehmen Aufgabe. Denn es gibt nichts Schwierigeres, als Truppen aus einem Gefecht herauszuziehen, das in vollem Gange ist. Dabei besteht nämlich immer die Gefahr, daß der Rückzug in Flucht ausartet. Selbst wenn das nicht der Fall ist, hat dieses Unternehmen eine niederdrückende Wirkung auf die Moral der Truppe. Doppelt schwer wurde es, die Besatzung aus Diletz herauszunehmen, wo soeben ein weiterer preußischer Angriff zurückgeschlagen wurde. Ein sächsischer Augenzeuge berichtete später: „Die Räumung von Diletz seitens der 1. Infanteriebrigade (Kronprinz) konnte der Natur der Dorfgefechte nach und bei dem erschöpften Zustande der Truppen nicht in geregelter Ordnung erfolgen. Die Kompanien waren sehr durcheinandergekommen, zum Teil ihrer Führer beraubt und mußten den Rückzug über ein ganz offenes, von Wassergräben und Hohlwegen durchschnittenes Terrain antreten. Der rasch ins Dorf nachdringende Feind bereitete daher den Truppen auf diesem Rückzuge noch große Verluste durch Infanteriefeuer [13]." Wiederholte Ablenkungsmanöver durch Edelsheims Reiterei und ein durch die Brigade Piret von Eisenstadtl aus gegen die Flanke der preußischen Infanterie unternommener Angriff ermöglichten es den Sachsen, den Rückzug gut zu bewerkstelligen. Doch diese Angriffe waren ebenso kostspielig wie jener des Regiments Württemberg bei Unter-Lochow.

Es sollte noch schlimmer kommen. An fast alle Einheiten war der Rückzugsbefehl gelangt, und so fielen sie, aus Norden und Westen, nach Gitschin zurück, wo bald die

Straßen mit Geschützlafetten, Wagenzügen und ermüdeten Truppenabteilungen verstopft waren. Kronprinz Albert und Clam-Gallas stellten die Ordnung wenigstens einigermaßen wieder her, wobei letzterer sich vor die Stadt begab und persönlich eingriff. Beide Befehlshaber beschlossen, Gitschin für den Rest der Nacht zu halten, um den weiteren Rückzug zu sichern. Zur Nachhut wurde die Brigade Ringelsheim bestimmt, doch stellte sich heraus, daß sie durch das Gefecht bei Unter-Lochow zu abgekämpft war, um diese Aufgabe zu erfüllen. So wurde statt dessen die noch verhältnismäßig frische sächsische Leibbrigade eingesetzt.

Bei den Vorbereitungen hatte man die Schnelligkeit nicht in Rechnung gestellt, mit der die preußischen Truppen nun vorwärtsgingen. Ehe noch die Leibbrigade die Stadt erreichte, waren die Preußen, den Sieg vor Augen, da. Pommersche Füsiliere vom Regiment Friedrich Wilhelm IV., die Vorhut von Werders 3. Division, brachen vom Westen her in Gitschin ein. Es war elf Uhr nachts, und der Stabschef von Clam-Gallas gab gerade Marschbefehle an die Truppenführer aus, als man den Lärm preußischer Geschütze vernahm. Panische Verwirrung entstand. Clam-Gallas war als Soldat hervorragend, aber nur, solange alles gut ging. Schon bei Magenta und Solferino zeigte er die Neigung, unter dem Druck der Ereignisse das Feld zu räumen. Diesem Zug gab er auch diesmal nach. Er ließ den Stabschef die Marschbefehle zu Ende verlesen und verließ selbst mit dem Rest des Stabes die Stadt. Danach löste sich alles auf, man floh Hals über Kopf, ohne zu wissen, wohin. Am nächsten Tag tauchten Einheiten seines Korps in weit auseinanderliegenden Orten auf, so in Miletin, Horitz, Smidar, Neu-Bydžow und Josefstadt [14].

Um halb zwölf Uhr nachts rückten die Sachsen in Gitschin ein, griffen die Pommern sofort an und vertrieben sie aus der Stadt. Sie deckten den Abmarsch ihrer Kameraden fast bis ein Uhr, um dann langsam und hartnäckig, unter heftigem Widerstand, vor den ersten Einheiten der preußischen 5. Division zu weichen, die nun von Norden her eindrang [15]. Das sächsische Korps marschierte, zum Unterschied von den Truppen Clam-Gallas', in Gefechtsordnung und ungebrochener Disziplin nach Smidar ab, wo es am Nachmittag des nächsten Tages eintraf. Die Totalverluste betrugen hier 27 Offiziere, 586 Mann und 58 Pferde. Beträchtlich höher waren jene der Österreicher, die 184 Offiziere, 4714 Mann und 222 Pferde verloren. Bei den Preußen lauteten die Zahlen: 71 Offiziere, 1482 Mann, 56 Pferde [16]. Unter den Verwundeten befand sich General von Tümpling, der beim Gefecht um Diletz einen Schuß durch den Arm erhalten hatte. Prinz Friedrich Karl beglückwünschte ihn mit den Worten: „Es ist schön, wenn ein preußischer General blutet, das bringt der Armee Segen [17]." Was Tümpling sich dabei dachte, ist nicht bekannt.

Durch den harterkämpften Sieg erschöpft, machten die Preußen kaum den Versuch, die Geschlagenen zu verfolgen. Sie schlugen ihr Lager in und um Gitschin auf. Am nächsten Morgen machten Friedrich Karl und sein Stab einen Ritt, unter dessen Eindruck Voigts-Rhetz schrieb: „Die Schlachtfelder waren wirklich schrecklich anzusehen, und das schlimmste ist, daß es an Mitteln fehlt, um die Verwundeten so rasch in Lazaretten unterzubringen, als dies erwünscht wäre. Man findet oft noch nach Tagen diese Unglücklichen halb verschmachtet auf den Feldern. Die Bewohner sind geflohen, und selten sind in den Dörfern noch Menschen, die dann aber selbst nichts mehr zum Leben haben; wo soll da etwas für Kranke und Verwundete herkommen [18]?“

Die Niederlage von Gitschin bewirkte in der österreichischen Armee die Vorstellung, der Krieg sei verloren. Niemand war stärker von diesem Gefühl beherrscht als der Oberkommandierende selbst. Die Möglichkeit eines Angriffskrieges, der seinem Temperament entsprochen hätte, war seit Skalitz dahin. Dazu kamen am 29. Juni noch weitere Rückschläge neben dem bei Gitschin: auch an der oberen Elbe, wo die preußische Garde bei Königinhof das Korps Gablenz in einem Artillerieduell arg mitgenommen, und bei Schweinschädel, wo bei einem unbeabsichtigten Treffen zwischen Steinmetz und dem IV. Korps unter Festetics dieses 1440 Mann Ausfälle hatte [19]. Dies alles machte klar, daß Benedek im Begriff stand, von einem stählernen Ring unbarmherzig eingeschlossen zu werden. Sein Elan war durch die von allen Fronten eintreffenden Nachrichten über die Verluste, die das Zündnadelgewehr verursacht hatte, erschüttert [20]. Obgleich er weniger an sich selbst als an die von ihm geführte Armee dachte, muß doch die Erkenntnis, sein eigenes Zaudern und das blinde Vertrauen auf seine unfähigen Ratgeber habe viel zur gegenwärtigen Lage beigetragen, schwer auf ihm gelastet haben. Am 30. Juni schrieb er, unter Anspielung auf seine Ernennung zum Befehlshaber der Nordarmee, an seine Frau: „Habe dem Kaiser in der Konferenz und unter vier Augen ehrlich gesagt, daß ich — wenn Er will — Ihm selbst meine bürgerliche und militärische Ehre zum Opfer bringe; — und das ist nun geschehen. Wie und warum die Armee, von der alle Abteilungen bisher die größte Todesmutigkeit bestätigt haben, in solch verzweifelte Lage gekommen, das wirst Du jedenfalls tausendfältig lesen und hören, wahr und falsch, ich aber verliere darüber kein Wort. Möglich, daß ich Dich noch wiedersehe. Wäre zwar besser, wenn mich eine Kugel träfe, aber ich wollte selbst eine Schmach erleben, wenn ich damit dem Kaiser und der Armee noch einen letzten Dienst erweisen kann [21]."

Am gleichen Tag traf Oberstleutnant Friedrich Ritter von Beck von der Generaladjutantur des Kaisers in Königgrätz ein. Benedek hatte es als zweckmäßig erachtet, sich dorthin zu begeben. Beck fand den Stab tief verdrossen über die von Krismanić angewandten Methoden. Der Oberkommandierende schien ermüdet, mutlos und zur Kapitulation bereit. In Anwesenheit des Besuchers berief Benedek den Kriegsrat ein und stellte fest, daß alle seine Einheiten, außer dem II. Korps, schwere Verluste erlitten hätten und die Armee einer Katastrophe entgegengehe, wenn nicht schnell ein Friedensschluß zustande käme. Dies schien auf Beck Eindruck zu machen. Er meinte, Benedek solle dem Kaiser sofort über die Lage berichten, wenn die Dinge wirklich so schlecht stünden. So entwarf Benedek eine Depesche, die auch abgesandt wurde, und in der es hieß: „Bitte Eure Majestät dringend, um jeden Preis den Frieden zu schließen. Katastrophe der Armee unvermeidlich. Oberstleutnant von Beck geht gleich zurück [22]."

Das war keineswegs die Sprache, in der man mit einem Habsburger sprechen konnte. Franz Joseph erkannte zwar die Gefahr, war aber auch der Auffassung, daß eine Großmacht nicht kapituliert und nicht kapitulieren darf, bis sie dazu gezwungen wird. Das Wissen um die Tatsache, daß Österreich nur durch höhere Gewalt geschlagen werden könne, bis zum Ende kämpfen und einem Feind in jedem Fall große Verluste zufügen müsse, gehörte zu den Voraussetzungen der Machtstellung Habsburgs in Europa. Die Antwort des Kaisers auf Benedeks Ansuchen war daher eine glatte Absage. Er telegraphierte: „Einen Frieden zu schließen unmöglich. Ich befehle — wenn unausweichlich — den Rückzug anzutreten. Hat eine Schlacht stattgefunden [23]?" Tags darauf befahl der Kaiser Benedek, Krismanić, Henikstein und Clam-Gallas ihrer Verpflichtungen zu entbinden und einen neuen Stabschef zu ernennen.

Beck konnte später feststellen, daß Crenneville, der Generaladjutant des Kaisers, den letzten Satz der Antwortdepesche hinzugefügt hatte. Crenneville gab das auch zu und erwiderte auf Becks Bemerkung, diese Worte seien überflüssig gewesen: „Ja, wie kann man denn einen Rückzug antreten ohne eine verlorene Schlacht [24]?" Man hat angenommen, Benedek habe diese fraglichen Worte als Befehl, eine größere Schlacht zu schlagen, aufgefaßt. Daran mag etwas Wahres sein. Ebenso ist es auch möglich, daß der Gedanke eines Rückzuges ihm um so weniger behagte, je länger er sich damit beschäftigte, und er zu dem Schluß kam, er werde in laufenden Gefechten größere Verluste erleiden als in einer Schlacht, die auf einem Gelände stattfand, das er persönlich bestimmte. Schließlich darf man auch die Möglichkeit nicht außer acht lassen, daß Benedeks sanguinisches Temperament bei seinem letzten Entschluß eine Rolle spielte. Das Telegramm an den Kaiser war unter dem Einfluß der Nachricht über den Mißerfolg bei Gitschin abgesandt worden, und zu diesem Zeitpunkt war Benedeks Stimmung an einem Tiefpunkt angelangt. Die folgenden beiden Tage verbrachte er im Sattel, besuchte Truppeneinheiten und besichtigte die Umgebung von Königgrätz. Bei dieser Tätigkeit kehrte sein Glaube an die Möglichkeit eines Sieges wieder zurück. Am 2. Juli hatten die Nachrichten, die nach Wien gingen, einen anderen Ton, und seine Untergebenen bemerkten, er sei dem alten Benedek ähnlicher als während des gesamten Feldzuges.

Aus welchem Grund auch immer, er entschloß sich nun tatsächlich, lieber zu kämpfen als weiter zurückzugehen. Seine Erkundungsritte hatten ihn davon überzeugt, daß der Kampfplatz nicht, wie manche Kritiker später meinten [25], hinter, sondern vor der Elbe zu suchen war — acht Meilen nordwestlich von Königgrätz auf der Hügelkette von Lipa und Chlum.

Am 30. Juni erließ der König von Preußen an die Soldaten seiner Armee einen Tagesbefehl, in dem es hieß: „Soldaten meiner Armee! Ich begebe Mich heute zu Euch, und biete Euch Meinen königlichen Gruß. Durch Eure Tapferkeit und Hingebung sind Resultate erfochten worden, welche sich würdig anreihen an die Großtaten unserer Väter. Mit Stolz blicke Ich auf sämtliche Abteilungen Meines treuen Heeres und sehe den nächsten Kriegsereignissen mit freudiger Zuversicht entgegen. Soldaten! Zahlreiche Feinde stehen gegen uns im Kampfe. Laßt uns indes auf Gott den Herrn, den Lenker aller Schlachten, und auf unsere gerechte Sache bauen. Er wird durch Eure Tapferkeit und Ausdauer die sieggewohnten preußischen Fahnen zu neuen Siegen führen [26].“

Nach dieser Stilübung begab sich der König mit seinem Gefolge per Bahn an die Front. Die Begleitung war so zahlreich, daß sie sechs Eisenbahnzüge füllte, und wenn man die Liste derer kennt, die sich die Gelegenheit nicht entgehen ließen, bei diesem historischen Ereignis in der Umgebung ihres Souveräns zu sein, so ist man darüber nicht erstaunt. Unter den bedeutenderen Mitgliedern des Gefolges befanden sich der Ministerpräsident des Königs, Graf Bismarck, ferner Moltke, der sich nun nicht mehr mit den Operationen in Westdeutschland zu befassen brauchte, Kriegsminister von Roon, der Chef des Militärkabinetts, Generalmajor Henning von Tresckow, Generalfeldzeugmeister Prinz Karl von Preußen, Generalquartiermeister Generalmajor Theophil von Podbielski, die Generalinspekteure der Artillerie und Pioniertruppen von Hindersin und Generalleutnant von Wasserschleben; der Leibadjutant des Königs, Generalleutnant Gustav von Alvensleben, und Moltkes Operationschef, Major Hermann Wilhelm Graf von Wartensleben. Außerdem gab es Beamte des Außenministeriums, ausländische Diplomaten und Militärattachés, den Leibarzt des Königs und weitere Personen aus dessen persönlicher Begleitung, sowie eine größere Anzahl von Freunden und Bekannten. Jeder, der Rang und Namen hatte, brachte seinen Adjutanten oder Leibdiener mit. Dies machte eine stattliche Zahl aus. Kopfzerbrechen bereitete das nur den Verantwortlichen für den Unterhalt und die sonstigen Bedürfnisse [27].

Bismarck war aus einem anderen Grund verärgert, denn er war um die persönliche Sicherheit seines Herrn besorgt. Als das Gefolge des Königs in Reichenberg ankam, bemerkte Bismarck mit raschem Blick, daß diese Stadt an der Grenze des feindlichen Gebietes lag und nur von dreihundert Trainsoldaten geschützt wurde. Als das Gerücht umging, in Leitmeritz, also nur sechs Meilen weit, befänden sich österreichische und sächsische Regimenter, fragte er Moltke, ob das nicht gefährlich sei. „Ja“, sagte Moltke kühl, „im Krieg ist alles gefährlich [28].“

Auf dem Weg von Reichenberg nach Gitschin, wo er am 1. Juli eintraf, diktierte Moltke einen Befehl, der die Operationen der Armee in unmittelbarer Zukunft lenken sollte. Er ordnete an: „Die Zweite Armee hat sich am linken Ufer der oberen Elbe zu behaupten, ihr rechter Flügel bereit, sich dem linken der vormarschierenden Ersten Armee über Königinhof anzuschließen. Die Erste Armee rückt ohne Aufenthalt in der Richtung auf Königgrätz vor. Größere feindliche Streitmächte in der rechten Flanke dieses Vormarsches soll General Herwarth angreifen und von der feindlichen Hauptmacht abdrängen [29].“

Diese Anordnung besagte nicht, daß Moltke über Benedeks Pläne genauer unterrichtet war oder zumindest seine Lage kannte. Vielmehr waren die exakten Einzelheiten über die österreichischen Streitkräfte Gegenstand sorgenvoller Überlegungen in den preußischen Armeehauptquartieren. Sowohl Prinz Friedrich Karl als auch Kronprinz Friedrich Wilhelm hatten es zuwege gebracht, den Kontakt mit dem Feind zu verlieren. Ersterer, weil er keine Verfolgung über Gitschin hinaus gefordert hatte, letzterer wurde isoliert, als sich Gablenz und Festetics nach den Zusammenstößen des 29. Juni von der Elbe zurückzogen. Was aber Moltkes Befehl klar beweist, ist der Umstand, daß er weiterhin im Sinne einer Einschließung des Feindes dachte. Der Kronprinz sollte auf dem anderen Elbufer verbleiben, ein Flügel weit nach rechts ausgreifen — so bereitete sich Moltke vor, Benedek zumindest in einer seiner Flanken und im Rücken zu umklammern, gleichgültig, wo man auf ihn stieß, gleichgültig, ob er sich dann zurückzog oder zum Kampf stellte.

Wahrscheinlich war Schlieffen mit seiner Annahme im Recht, die Armeebefehlshaber hätten dieses Konzept weder völlig verstanden noch gebilligt. Sie dachten nicht in den Begriffen der „Verfolgung“ und „Einschließung“, weil sie den bisherigen Feldzug trotz der Erfolge nur für eine bloße Kraftprobe hielten, eine Einleitung zum eigentlichen Hauptkampf, der noch ausstand, und für den sie die gesamte Armee versammelt wissen wollten. Während Moltke der ganzen Armee jene Elastizität zu wahren wünschte, die durch eine Trennung ihrer Teile voneinander ermöglicht wurde, neigten die Befehlshaber instinktiv dazu, sich aneinanderzudrängen. Diese Neigung wurde durch die Besorgnis verstärkt, der unsichtbare Benedek könne, während sie noch voneinander getrennt waren, plötzlich aus seinem Versteck auftauchen und sie einzeln schlagen[30]. In einem Kriegsrat, der am 2. Juli in Gegenwart des Königs abgehalten wurde, kamen diese Meinungsverschiedenheiten der Kommandeure mit Moltke zur Aussprache. Generaladjutant von Alvensleben, Voigts-Rhetz sowie Blumenthal, der auf weiten und gefahrvollen Wegen mit seinem Wagen aus Königinhof hergekommen war, forderten die Vereinigung der Armeen. Jeder äußerte seine Theorie über den mutmaßlichen Aufenthalt Benedeks[31]. Moltke konnte seine Ansicht jedoch durchsetzen, und man entschied, die Erste und Zweite Armee zumindest so lange getrennt zu halten, bis der Aufenthalt Benedeks geklärt war. Der 3. Juli wurde inzwischen zum Rasttag für das Gros der Armee bestimmt. Nur das I. Korps sollte in Stellungen einrükken, die seine Fühlungnahme mit dem linken Flügel der Ersten Armee erleichterten. Herwarths Truppen erhielten den Befehl, bis an die Brückenköpfe an der Elbe unterhalb von Pardubitz heranzugehen und sie zu sichern.

Im allgemeinen herrschte bei dieser Beratung die Meinung vor, Benedek habe sich bereits über die Elbe zurückgezogen. Moltke selbst war dieser Ansicht und wollte gerade deswegen die Zweite Armee auf dem linken Elbufer belassen. Doch während man in Gitschin noch hin und her überlegte, trat eine dramatische Wendung ein, die zur Korrektur dieser Auffassung führte.

Prinz Friedrich Karl, der sein Hauptquartier in Kamenetz aufgeschlagen hatte, entsandte Aufklärungsabteilungen gegen das Tal der Bistritz. Die vorgeschobenste war jene der 7. Division unter dem Befehl des Obersten Franz Friedrich von Zychlinski. Sie stand am 1. Juli abends bei Schloß Cerekwitz, am Flußufer, fünf Meilen nördlich von Sadowa. Zychlinski bemerkte auf den östlich gelegenen Höhen zahlreiche Lagerfeuer, meldete am nächsten Tag seine Beobachtungen an das Hauptquartier und sandte eine Kavalleriepatrouille zur genaueren Untersuchung vor. Die Reiter platzten mitten in eine feindliche Infanterieabteilung, konnten sich jedoch unter Mitnahme eines Gefangenen zurückziehen. Dieser wurde nach Cerekwitz gebracht, dort durch Zychlinski verhört, und sagte aus, das III. österreichische Korps habe auf den Höhen von Chlum und Lipa Stellung bezogen. Ungefähr zur Mittagszeit berichtete der Oberst diese Neuigkeiten nach Schloß Kamenetz.

Hier hatte Friedrich Karl bereits entschieden, daß die früher eingegangenen Meldungen Zychlinskis einer genaueren Prüfung bedurften. Er hatte deshalb Major von Unger aus seinem Stab beauftragt, das Bistritztal zu erkunden. Mit einem Gefreiten und sechzehn Ulanen brach Unger nach der Höhe von Dub auf, von wo er einen Überblick über das ganze Tal zu finden hoffte. Ehe er dieses Ziel erreichte, kam er an ein kleines Bachbett und traf am anderen Ufer eine österreichische Kavalleriepatrouille. Die Österreicher schienen sie nicht als Preußen zu erkennen und schickten sich an, weiterzureiten. Da feuerte einer aus Ungers Begleitung, worauf sie die Flucht ergriffen. Zwei von ihnen stürzten vom Pferd und wurden von Ungers Leuten gefangengenommen. Während des Weiterreitens zwang man sie zu reden und erfuhr, daß nicht ein, sondern mindestens vier österreichische Korps in dem Gebiet zwischen der Bistritz und Königgrätz aufmarschiert waren. Bauern, die man unterwegs traf, bestätigten diese Nachricht.

Nun ritt die Patrouille Ungers zu dem Dorf Dub. Sie begegneten weiteren österreichischen Posten, die freundlich winkten. Offensichtlich hielten auch sie die Patrouille für eine der Sachsen. Diesem Umstand war es zu danken, daß die kleine Schar tatsächlich die Höhe von Dub erreichen konnte. Dort erlangten sie die Gewißheit, daß ein beträchtlicher Teil der österreichischen Armee in weiter Ausdehnung vor ihnen lagerte, teils im Tal, teils auf den jenseitigen Höhen. Die Stärke der Streitkräfte zu schätzen, blieb keine Zeit mehr, da sie endlich als Preußen erkannt wurden. Von Sadowa machte sich eine Schwadron galizischer Ulanen zur Verfolgung auf, und es begann ein wahres Steeplechase über Hecken, Gräben und Bachläufe. Unger selbst wurde beinahe von einer polnischen Lanze durchbohrt, konnte aber ohne Verluste mit seiner Patrouille entkommen. Zwischen sechs und sieben Uhr abends kehrte er nach Kamenetz zurück, mit der Nachricht, die von der ganzen Armee erwartet wurde [32].

Wenn Friedrich Karl in diesem Feldzug durch übergroße Vorsicht bei früheren Gelegenheiten Fehler begangen hatte, so zeigte er nun keineswegs Zurückhaltung. Die durch

Unger überbrachte Information bewog ihn zu einem Schritt, den sein Biograph als größten und folgenschwersten Entschluß seiner militärischen Laufbahn bezeichnete[33], nämlich zu dem Entschluß, den Feind bei Morgengrauen mit allen verfügbaren Kräften anzugreifen. Um neun Uhr abends hatten er und Voigts-Rhetz in rascher Arbeit den Angriffsplan fertiggestellt. Dieser ordnete den Vormarsch der Ersten Armee auf der Straße Horitz—Sadowa—Königgrätz an, unter Führung des II. und IV. Korps, die um zwei Uhr morgens aufzubrechen hatten. Eine Stunde später folgte das III. Korps mit den Divisionen Tümpling und Manstein. Bezeichnenderweise erhielt das Kavalleriekorps den Befehl, im Lager zu verbleiben, bis es abberufen würde. Herwarths Elbarmee sollte zur gleichen Zeit in Richtung Nechanitz vorgehen. Die Befehle an die Divisionskommandeure wurden unverzüglich ausgefertigt, und um halb zehn Uhr abends sandte Friedrich Karl dem Kronprinzen eine Mitteilung über den beabsichtigten Angriff. Er bat ihn um Unterstützung durch das Gardekorps oder andere Einheiten, soweit er sie entbehren konnte.

Erst als dies geschehen war, sandte der Prinz Voigts-Rhetz in das königliche Hauptquartier nach Gitschin. Voigts-Rhetz kam nach zehn Uhr dort an und stellte fest, daß der König sich schon zurückgezogen hatte. Auf sein Drängen hin weckte ein Adjutant den Herrscher, der die Bedeutung der Nachricht sofort erfaßte und Voigts-Rhetz zu Moltke weiterschickte. Mit den Worten „Gott sei Dank!“ erhob sich der Stabschef von seinem Lager. Vielleicht wäre er weniger dankbar gewesen, hätte er bereits um die vom Hauptquartier der Ersten Armee unternommenen Schritte gewußt. Prinz Friedrich Karl schien anzunehmen, er habe nur einen Teil der österreichischen Armee vor sich. Moltke aber spürte intuitiv, daß er es mit der Gesamtarmee zu tun hatte und daß die Entscheidungsschlacht bevorstand. Wenn dem so war, dann war es ein müßiges Unterfangen, den Feind mit einer Armee und irgendwelchen vom Kronprinzen abkommandierten Einheiten im Frontalangriff schlagen zu wollen. Dies schien der Befehlshaber der Ersten Armee zu planen. Da jedoch die Befehle schon an die Divisionen abgegangen waren, hätte eine radikale Umstellung im Angriffsplan nur Verwirrung gestiftet. Das Beste, was man tun konnte, war, dem Kronprinzen zu befehlen, nicht mit der geteilten, sondern der gesamten Streitmacht allerschnellstens gegen die rechte Flanke des Feindes zu marschieren. Da es vor allem darum ging, Zeit zu gewinnen, war es jetzt nicht mehr möglich, einen Teil der Zweiten Armee auf dem linken Elbufer zu belassen. Zwangsläufig drängten sich alle vier Korps auf dem schmalen Raum zwischen Elbe und Bistritz zusammen, und die Aussicht, den Feind im Rükken anzugreifen, schien dadurch vermindert. Das war zwar ungünstig, doch unter den gegebenen Umständen nicht zu umgehen [34].

Während diese und ähnliche Erwägungen Moltke durch den Sinn gingen, bestätigte er die von Friedrich Karl an die Divisionskommandeure ausgegebenen Befehle. In dem von ihm selbst aufgestellten Schlachtplan ersuchte er den Kronprinzen, sofort Vorbereitungen zu treffen, um die Erste Armee zu unterstützen: „Eure Königliche Hoheit wollen sogleich die nötigen Anordnungen treffen, um mit allen Kräften zur Unterstützung der Ersten Armee gegen die rechte Flanke des voraussichtlichen Anmarsches des Feindes vorrücken zu können und dabei so bald als möglich eingreifen [35].“ Der Flügeladjutant des Königs, Oberstleutnant Graf Finck von Finckenstein, erhielt ein Exemplar dieses Planes und ritt noch in der Nacht über Miletin zum Hauptquartier des Kronprinzen nach Königinhof. Weil die Sache wichtig war, nahm Voigts-Rhetz auch ein Exemplar mit sich nach Schloß Kamenetz, um es von dort über eine andere Route an den Kronprinzen gelangen zu lassen.

Diese Vorsicht war verständlich, aber unnötig. Finckenstein mußte zwar Umwege machen, um feindlichen Patrouillen auszuweichen; doch um vier Uhr früh ritt er in Königinhof ein. Der Stab des Kronprinzen begann mit der Ausarbeitung der Befehle für die nun unmittelbar bevorstehende Schlacht.

V

DIE SCHLACHT:

Die Kämpfe entlang der Bistritz

Erhebt euch von der Erde,
Ihr Schläfer aus der Ruh!
Schon wiehern uns die Pferde
Den guten Morgen zu.
Die lieben Waffen glänzen
So hell im Morgenrot,
Man träumt von Siegeskränzen
Man denkt auch an den Tod [1].

Max von Schenkendorf,
Soldaten-Morgenlied

Die Bistritz ist ein kleiner Fluß, der nördlich von Miletin entspringt und dann, parallel zum Lauf der oberen Elbe, zuerst nach Süden und später nach Westen fließt. An ihrem Ostufer steigt das Land in welligen Hängen zu einer Hügelkette an, die sich zwar nicht besonders majestätisch ausnimmt, aber hoch genug ist, um die Zugänge von Westen her zu beherrschen. Die ansehnlichsten dieser Höhen sind die von Lipa und Chlum, ungefähr acht Meilen nordwestlich von Königgrätz, im Norden der Straße gelegen, die von dieser Stadt nach Gitschin führt. Rechts schließen sich die Höhen von Maslowed und Hořenowes, links jene von Třesowitz, Popowitz, Problus und Přim an. Am Fuße dieser Höhen liegt entlang des Flusses eine Reihe von Dörfern — Sadowa (dort führt die Straße Gitschin—Königgrätz über die Bistritz);

drei Meilen weiter nordöstlich Benatek; Dohalitz, Mokrowous und Nechanitz im Süden. Zwischen den Dörfern liegen dichte Wälder: hinter Dohalitz der Holawald, hinter Benatek der Swiepwald, ferner die kleineren Waldstücke um das Dorf Přim im Süden.

Benedek nützte beim Entwurf seines Schlachtplanes diese Geländeformen voll aus. Wo immer es anging, verbesserte er die Natur noch durch künstliche Anlagen. Erzherzog Wilhelm, der General-Artillerie-Inspektor, verbrachte zwei Tage damit, das Gebiet sorgfältig zu untersuchen, Stellungen mit freiem Schußfeld zu kennzeichnen, Schußweiten zu messen und zu markieren. Reihenweise standen Batterien auf den Höhen von Lipa und Chlum, um die Brücke bei Sadowa und den Rand des Tales hinter Dub zu kontrollieren [2]. Zur gleichen Zeit ließ der Geniechef, Oberst Franz Karl Freiherr von Pidoll zu Quintenbach, ein kompliziertes System von Schützengräben und Verschanzungen anlegen und die Bäume des Waldes über Sadowa fällen. Die Wipfel und Äste wurden zusammengeflochten und gegen die Richtung, aus der der Feind erwartet wurde, gestellt. So bildeten sie ein dichtes Verhau. Wie ein Berichterstatter des Londoner *Spectator* mit Recht feststellte, hatte Benedek aus den schweren Kämpfen im offenen Gelände von Skalitz und Soor seine Lehre gezogen und „sich entschlossen, die Schwäche in der Bewaffnung einigermaßen dadurch auszugleichen, daß er den Spaten“ und die Axt gebrauchte [3].

Als Zentrum seiner Schlachtordnung setzte der österreichische Feldherr die Bastion von Chlum fest. Dort konzentrierte er 44.000 Mann und 134 Geschütze. Auf den Höhen nördlich der Hauptstraße stand das III. Korps unter Erzherzog Ernst von Österreich, mit einer Brigade gegen Sadowa zu. Links davon befand sich das X. Korps unter Gablenz, dessen vordere Einheiten bis an die Dörfer Dohalitz und Mokrowous reichten. Um die Zugänge von Nechanitz, sieben Meilen südlich von Sadowa, zu sperren, stellte sich der linke Flügel der Front in südlicher Richtung auf. Hier, auf den Höhen von Třesowitz und Popowitz, sollten die Sachsen stehen, unterstützt von dem bei Skalitz geschlagenen VIII. österreichischen Korps, das jetzt Generalmajor von Weber an Stelle des unglücklichen Erzherzogs Leopold kommandierte. Die Stärke dieses linken Flügels betrug 40.000 Mann und 140 Geschütze. Schwächer als die genannten Stellungen war der rechte Flügel, der die Aufgabe hatte, die Flankendeckung gegen einen Angriff der Zweiten preußischen Armee zu übernehmen. Entlang des Höhenrückens, der von Chlum ostwärts bis zu dem Dorf Nedelischt reichte, hatte man Geschützstellungen und Gräben angelegt; sie wurden aber von den im Norden gelegenen Höhen bei Maslowed und Hořenowes überragt. Diese behinderten überdies alle Sicht in die Richtung, aus der man den preußischen Kronprinzen erwartete. Ungeachtet dieses Nachteils, der später schlimme Folgen haben sollte, befahl Benedek dem IV. und dem II. Korps unter Festetics und Feldmarschalleutnant Karl Graf von Thun-Hohenstein — zusammen 55.000 Mann und 176 Geschütze — die durch Pidolls Erdbefestigungen bezeichneten Stellungen zu besetzen [4].

Die Flankensicherung übernahm die Kavallerie — bei den Sachsen in Oberpřim die 1. leichte Kavalleriedivision Edelsheim, an der äußersten Rechten beim Dorf Nedelischt die 2. leichte Kavalleriedivision unter Generalmajor Emerich Prinz von Thurn und Taxis. Hinter dieser Linie konzentrierte Benedek die restlichen Einheiten seiner Armee: das I. Korps (früher unter Clam-Gallas, jetzt unter dem Befehl des Generalmajors Gondrecourt), Rammings VI. Korps, drei Divisionen schwere Kavallerie und die Reserveartillerie — eine sehr beträchtliche Reserve in Stärke von 47.313 Mann Infanterie, 11.435 Reitern und 320 Geschützen.

Der Oberkommandierende hatte es für nötig befunden, die Zahl der Elbübergänge zu vermehren, weil Frontstellungen mit einem Fluß im Rücken ihre offensichtlichen Nachteile haben. Er ließ bei Lochenitz, Placka und an einigen Stellen unterhalb von Königgrätz Pontonbrücken errichten [5]. Das zeigte eher Klugheit als Resignation, denn nun hob sich die Stimmung Benedeks im Vorgefühl der nahen Schlacht. Früh am Morgen des 3. Juli schrieb er an seine Frau: „Nun gewärtige ich heute und längstens morgen eine entscheidende große Schlacht. Wenn mein altes Glück mich nicht ganz verläßt, kann's zum guten Ende führen, kommt es jedoch anders, dann sage ich in Demut: ‚wie Gott will'. Bin ruhig und gefaßt, und wenn erst die Kanonen in rechter Nähe donnern werden, wird mir wohl werden [6].“ Benedek hatte auch nicht die Absicht, eine reine Abwehrschlacht zu führen. Das Ausmaß seiner Reserven beweist, daß er so zu handeln hoffte, wie Erzherzog Albrecht acht Tage vorher bei Custozza: den Feind aus günstiger Position in einer Abwehrschlacht zu ermüden, dabei die Reserven zu schonen, und im geeigneten Augenblick das Zentrum zu durchbrechen [7]. Der Feind war in diesem Fall Friedrich Karl, und Benedek mochte erwarten, ihm jetzt jene Niederlage zu bereiten, die schon früher an der Iser oder bei Gitschin fällig gewesen war. Er wußte, daß der preußische Kronprinz darauf aus war, diesen Plan zu vereiteln, aber das tat seinem Optimismus keinen Abbruch. Kundschafterberichte lauteten dahingehend, daß die preußische Zweite Armee noch zu weit entfernt sei, um früh am Morgen einzugreifen, und Benedek nahm an, daß ein Angriff durch Festetics und Thun aufgehalten werden könnte, während er seine Aufgabe zu Ende führte.

Als er am frühen Morgen des 3. Juli mit seinem Stab von Königgrätz aus zu dem vorherbestimmten Befehlsstand bei Lipa aufbrach, deutete kein Anzeichen in seinem Verhalten auf Unentschlossenheit hin. Die vordersten Einheiten der Armee waren schon in Stellung gegangen, die Reserven marschierten seit acht Uhr früh gegen Westen. W. H. Russell, Sonderberichterstatter der *Times*, beobachtete den Marsch vom Kirchturm von Königgrätz aus und sah, wie die vorrückenden Brigaden „Quadrate und Parallelogramme von schneeigem Weiß, dunklem Grün, Azur und Blau bildeten, die auf den Kornfeldern aussahen wie die Flicken auf einer Steppdecke [8]." Als der Kommandeur, der aufrecht und elegant im Sattel saß, durch ihre Reihen ritt, sah er jeden einzelnen mit glänzenden Augen an. Den Offizieren der verschiedenen Regimenter und den langen Kolonnen rief er Grüße und rauhe Scherzworte zu, während die Musik spielte und die Männer in Hochrufe ausbrachen. Es war eine bewegte Szene, wie sie die Welt später nie mehr erleben sollte, denn die Krieger der kommenden Zeit erschienen in ihrem Feldgrau nur mehr als einförmige Masse. Hier jedoch flammte noch einmal aller Glanz und Prunk der alten Monarchie auf — die Infanterie in weißen Röcken und blauen Hosen, die Jäger in grünen Uniformen, mit gekreuzten Gürteln an den Überröcken und breitkrempigen Hüten mit Auerhahnfedern,

Husaren mit gelbgeränderten Tschakos, Ulanen mit rotumrandeten Tschapkas und lustig bewimpelten Lanzen; braunröckige Artilleristen und Kürassiere in hohen Stiefeln, mit breiten Kämmen auf ihren Helmen. Als der Generalstab vorbeiritt, der goldbetreßte Zweispitze mit hellgrünen Federbüschen trug, erhob sich überall lautes Rufen. Ungeachtet des rauhen Wetters und kalten Regens, der auf die durchweichten Felder fiel, brachte Benedeks Ritt an die Front Farbe, Musik und eine plötzliche Fröhlichkeit unter die Armee, als stünde keine Schlacht, sondern ein Fest bevor [9].

Vor neun Uhr langte Benedek in Lipa an, nahm Pidolls Meldung zur Kenntnis, sprach mit den Befehlshabern der Leichten Kavallerie, wobei es zu dem erwähnten Zusammenstoß mit Edelsheim kam. Er machte sie darauf aufmerksam, daß die Armee „einfach und solide" an die Arbeit gehen sollte, und warnte sie vor „Husarenstückeln". Dann erfuhr er von zwei Änderungen in den bereits ausgegebenen Dispositionen. Aus dem Hauptquartier Kronprinz Alberts traf ein sächsischer Offizier ein, der um Genehmigung bat, das sächsische Korps nicht, wie ursprünglich geplant, auf den Höhen von Popowitz und Nechanitz, sondern bei Problus-Přim in Stellung zu bringen. Von dort aus könne es den Feind, wenn er aus Nechanitz heranrücke, besser in Schach halten. Benedek stimmte ohne Rückfrage zu und bemerkte, er habe vollstes Vertrauen in das militärische Urteil des Kronprinzen. Diese Änderung war tatsächlich von Vorteil und stärkte den linken Flügel der Armee bedeutend. Die Sachsen hielten bis spät abends die ihnen zugewiesenen Stellungen [10].

Die zweite Änderung hatte schwerwiegende Folgen. Als das IV. Korps in der Linie Chlum—Nedelischt in

Stellung gegangen war, erklärte der Stabschef, Oberst von Görtz, diese Position werde von der Höhe von Maslowed überragt und sei unhaltbar, wenn der Feind Maslowed einnehme. Deshalb schlug er seinem Kommandeur, dem Grafen Festetics, vor, den Ort besetzen zu lassen, mit dem Argument, die Befehle aus dem Hauptquartier Benedeks müßten auf einer unrichtigen Beurteilung des Geländes beruhen. Festetics besaß geringe militärische Begabung und war zu seiner hohen Stellung nur deshalb gelangt, weil er einem der ältesten Feudalhäuser der Monarchie angehörte. Er stimmte dem Vorschlag des Obersten Görtz, der noch durch Festetics' Stellvertreter, Feldmarschalleutnant Anton Freiherr von Mollinary, unterstützt wurde, zu. Der Feldmarschalleutnant war ein unbesonnener Mensch vom Typ „frisch drauflos". Festetics ordnete nicht nur die Vorwärtsbewegung an, sondern ermächtigte Görtz, sich mit dem Stabschef Thuns (II. Korps) in Verbindung zu setzen und auch diesen zu überreden, vorzugehen. Die Ausführung dieses Befehls fiel Görtz nicht schwer, da die Anweisung für das II. Korps etwas unklar lautete, „das II. Korps hat auf dem äußersten rechten Flügel neben dem IV. aufzumarschieren". So kam es, daß beide Korps ihre befohlene Stellung verließen und in die Linie Maslowed—Hořenowes vorrückten. Sobald diese Bewegung ausgeführt war, stand der Großteil der Truppen nicht, wie geplant, mit der Front nach Norden, sondern nach Westen. Die lebenswichtige Nordflanke wurde jetzt nur durch die Brigade Henriquez (aus Thuns Korps) auf den Höhen nördlich von Sendražitz, das 6. Ulanenregiment in Trotina und die 2. Leichte Kavalleriedivision in Nedelischt gesichert. Diese Front war nicht nur schwach, sondern wies zahlreiche Lücken auf, die zum Durchbruch geradezu einluden [11].

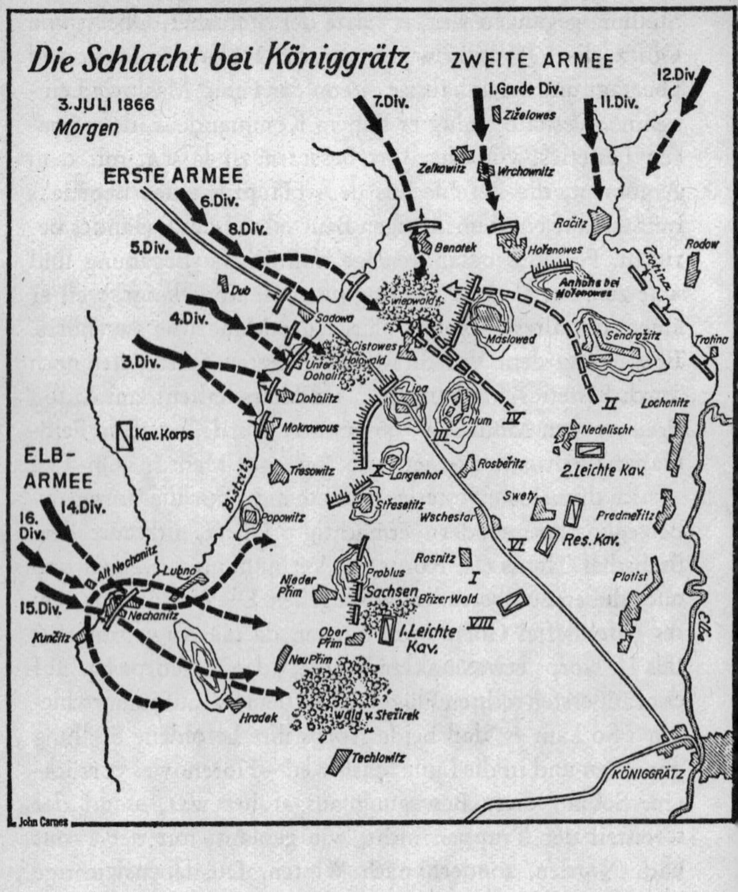

Die Schlacht bei Königgrätz
3. JULI 1866
Morgen
ZWEITE ARMEE
I. Garde Div.
7. Div.
11. Div.
12. Div.
Ziželowes
Zelkowitz
Wrchownitz
Račitz
Benatek
Hořenowes
Rodow
Anhöhe bei Hořenowes
Trotina
Swiepwald
Maslowed
Sendražitz
Trotina
ERSTE ARMEE
6. Div.
8. Div.
5. Div.
Dub
Sadowa
4. Div.
Cistowes
Holawald
Unter Dohalitz
3. Div.
Dohalitz
Mokrowous
Lipa
Chlum
Lochenitz
Nedelischt
Kav. Korps
Rosbeřitz
2. Leichte Kav.
ELB-ARMEE
Bistritz
Tresowitz
Langenhof
14. Div.
16. Div.
Střesetitz
Popowitz
Wschestar
Swety
Predmeřitz
Res. Kav.
Alt Nechanitz
Lubno
Rosnitz
Nieder Přim
Problus
Sachsen
Břizer Wald
Plotist
15. Div.
Nechanitz
I. Leichte Kav.
Ober Přim
Kunčitz
Neu Přim
Elbe
Hradek
Wald v. Střežirek
Techlowitz
KÖNIGGRÄTZ
II
IV
III
X
VI
I
VIII
John Carnes

Als Benedek in Lipa eintraf, wurde diese bedeutsame Veränderung, die später die Ursache für den Ausgang der Schlacht bilden sollte, nicht sofort korrigiert. Schuld daran war zum Teil die verspätete Absetzung des Stabschefs Krismanić. Sein Nachfolger war Generalmajor von Baumgarten, der erst zu diesem Zeitpunkt in Erscheinung trat. Da auch Henikstein, trotz seiner Abberufung, bei Benedek verblieben war, wurde das Hauptquartier an diesem schicksalhaften Morgen praktisch von drei Stabschefs geleitet, von denen der eine ohne Erfahrung, der zweite verärgert und der dritte — Henikstein — sarkastisch und überflüssig wie immer war. Klare Befehlsverhältnisse und rasche Bereinigung von Fehlern waren aus diesem Grunde natürlich nicht zu erwarten.

Außerdem begannen den Stab nun andere dringliche Angelegenheiten zu beschäftigen. Das Geschützfeuer, das ihren Ritt zur Front begleitete, hatte doppelte Stärke erreicht. Entlang der Bistritz, wo um etwa halb acht Uhr früh die ersten Schüsse gewechselt worden waren, entfaltete sich eine beachtliche preußische Offensive. Die erste Phase der Schlacht hatte begonnen.

In den Divisionshauptquartieren der Ersten preußischen Armee herrschte von Mitternacht an reger Betrieb. Um vier Uhr morgens traten die ersten Einheiten den Marsch zur Front an. Links marschierte die 7. Division unter Fransecky gegen Cerekwitz, im Zentrum die 8. Division unter Horn auf der Straße Gitschin—Königgrätz gegen Klenitz, rechts davon die 3. und 4. Division gegen Dohalitz und Mokrowous vor. Ganz rechts setzten sich die drei Divisionen von Herwarths Elbarmee auf Nechanitz in Bewegung. Alle hatten wenig geschlafen, und nur einige hatten gefrühstückt. Dazu kam noch strömender Regen, der in der Morgendämmerung eingesetzt hatte und die Stimmung keineswegs besserte. Wie sich die Preußen so vorwärtsquälten, wäre es einem flüchtigen Beobachter schwergefallen, ihren Kampfgeist richtig einzuschätzen. Von Schwung oder Begeisterung war keine Spur zu sehen. Nichts von der Farbigkeit der österreichischen Regimenter fand sich in diesen einheitlich uniformierten Massen, die noch dazu keinen außergewöhnlich kriegerischen Eindruck boten. Der Großteil der Infanterie hatte nämlich die Pickelhaube mit ihrer blinkenden Spitze abgelegt und trug die unscheinbare Feldmütze [12]. Schwer und verfilzt lag das Korn im Regen auf den Feldern, und die Bataillone plagten sich mühsam hindurch. Mühsam zogen die Pferde, um die Geschützlafetten über den lehmigen Boden zu bringen. Aber ohne zu stocken, ohne Verwirrung und größeren Lärm bewegte sich der Zug Schritt um Schritt voran. Vor sechs Uhr bezogen die ersten Divisionen ihre Frontstellungen, knapp hinter ihnen standen die Reserven — die 5. und 6. Division und das Kavalleriekorps.

Der Vormarsch vollzog sich ungehindert, denn der Feind hatte sich aus dem Raum, wo ihn Major von Unger am Vortag angetroffen hatte, zurückgezogen. Während Friedrich Karl nach Dub vorritt, erhoben sich deshalb einige Bedenken in seinem Stab. Als man sich dem Dorf näherte, sagte der Prinz, der neben Unger ritt, halb im Selbstgespräch: „Hoffentlich sind sie nicht abgezogen.“ Doch als sie um sechs Uhr die Höhe von Dub erreichten, verschwanden ihre Zweifel, und der Prinz schüttelte Unger kräftig die Hand [13].

Die rührige Londoner *Times* hatte eine bemerkenswerte journalistische Leistung vollbracht: Sie hatte drei Reporter an die Front entsandt, von denen sich je einer in den gegnerischen Hauptquartieren befand; der beste englische Kriegskorrespondent, Russell, hatte seinen Beobachtungsposten auf dem Kirchturm von Königgrätz bezogen [14]. Der dem Hauptquartier der Ersten Armee beigegebene Korrespondent gab uns eine gute Beschreibung von der Szene, die sich Friedrich Karl bot, als er von der Höhe von Dub hinabschaute. „Wer an jenem Morgen oben auf dem Hang stand, sah unter sich Sadowa mit seinen Holzhäusern, umgeben von Obstgärten; einige Wassermühlen waren zu unterscheiden, die aber nicht in Betrieb standen. Denn sämtliche Einwohner waren evakuiert, und wenn hie und da ein weißer Rock zwischen den Häusern sichtbar wurde, war es nicht eine Bauernbluse, sondern der Uniformrock eines österreichischen Soldaten; eine Dreiviertelmeile flußabwärts stand ein großes rotes Gebäude, daneben ein hoher Ziegelschornstein. Es sah aus wie eine Fabrik, und einige große Bauwerke aus Holz in der Nähe waren unverkennbar Vorratsschuppen. Einige ringsum verstreute Holzhütten, die wahrscheinlich den in der Fabrik beschäftigten Arbeitern als Wohnung dienten, vervollständigten das Bild des Dorfes Dohalitz. Eine weitere Meile flußabwärts lag das Dorf Mokrowous, das, wie die meisten Dörfer in Böhmen, aus Hütten bestand, die, aus Fichtenholz gefertigt, in Obstgärten standen. Hinter Dohalitz sowie zwischen jenem Dorf und der Chaussee, die durch Sadowa verläuft, erhebt sich ein mächtiger, dichter Wald; viele der Bäume sind etwa zehn Fuß über dem Erdboden abgeschnitten worden; die abgehauenen Äste sind zwischen den nächst dem Flußufer stehengebliebenen Baumstümpfen miteinander verflochten worden, um von dieser Seite her den Eingang in den Wald möglichst zu erschweren. Auf dem offenen Hang hinter Dohalitz schien eine unterbrochene Reihe dunkler, stämmiger Gebüsche zu stehen. Mit dem Fernrohr konnte man jedoch erkennen, daß es sich um Geschütze handelte und daß diese Batterie allein zwölf Geschütze aufwies. Nach links hin, also flußaufwärts, lag zwischen den Obstbäumen von Sadowa und dem Baumbestand um Benatek offenes Gelände. Das letztgenannte Dorf, etwa zwei Meilen jenseits Sadowa, bezeichnete den äußersten rechten Flügel der österreichischen Stellung. Nur in der Mitte zwischen den beiden Dörfern zog sich fast eine dreiviertel Meile lang ein breiter Stapel aufgeschichteten Klafterholzes hin. Über den Dörfern und jenseits derselben sah man den Kirchturm von Lipa ...", und um diesen stand erwartungsvoll die massierte Heeresmacht Österreichs [15]. Ein wahrhaft gewaltiger Anblick!

Friedrich Karl und sein Stabschef erklärten später, dies alles, was sie von der Höhe von Dub aus gesehen hatten, habe ihnen durchaus keinen Schrecken eingeflößt [16]. Dennoch hatte der Befehlshaber der Ersten Armee angesichts seiner ermüdeten und hungrigen Truppen gewisse Bedenken, sofort zum Angriff zu schreiten. Er wollte sich nicht gleich am Anfang zu viel vornehmen und hoffte, etwas Zeit für eine Ruhepause und ein kräftiges Essen für seine Truppen zu erübrigen [17]. Er ließ daher zu Beginn seiner Aktion, um etwa sieben Uhr früh, nur die Reiterei und die Reitende Artillerie vorgehen. Der Berichterstatter der *Times* sah, wie sie in leichtem Trab über den Hang zur Bistritz ritten, „manchmal auf dem glitschigen Boden ausrutschten, dabei aber tadellos Linie hielten. Naß vom Regen, klatschten die Fähnlein der Ulanen schwer gegen die Lanzen. Am Fuß der Höhe erklangen Trompetensignale, die Schwadronen schwenkten, um die Brücke zu erreichen, und zogen den Fluß entlang, als wollten sie das Feuer des Gegners herausfordern. Da eröffnete eine österreichische Batterie, die in einem Feld nahe dem Dorf, wo die Chaussee die Bistritz übersetzt, aufgestellt war, das Feuer auf die Preußen, und die Schlacht von Sadowa begann.“ Um halb acht Uhr fielen die ersten Schüsse. Die Reitende Artillerie der Preußen, die sich nahe beim Fluß befand, erwiderte das Feuer. Der Kampf war noch schwach, und eine halbe Stunde lang beschränkte sich der Feuerwechsel auf einzelne Schüsse [18].

Um etwa Viertel vor acht Uhr erreichten König Wilhelm und sein Gefolge die Höhe von Dub. Der Herrscher hatte Gitschin um fünf Uhr früh verlassen und war in einem offenen Wagen, begleitet von einer Kavallerieeskorte, nach Klenitz gefahren, wo Pferde bereitstanden. Als er aufsaß, bemerkte man, daß er keine Sporen trug. Einige der Anwesenden hielten das für ein Omen, aber es blieb ihnen überlassen, es als gutes oder schlimmes zu deuten. Jedenfalls wurde das Versäumte nachgeholt, und der König ritt nun in Begleitung Bismarcks und Moltkes nach Dub. Bismarck trug als Major der Landwehrkavallerie einen Kürassierhelm und einen langen grauen Mantel. Er saß auf einem riesigen fuchsroten Pferd. Moltke war erkältet und gebrauchte deshalb häufig ein rotseidenes Taschentuch [19]. Als der König mit seinem Stab, der natürlich viel zu viele Personen umfaßte, den Kamm der Höhe erreichte, schlug, zwanzig Schritt von ihnen entfernt, eine österreichische Granate ein und explodierte. Die Pferde bäumten sich auf, doch der König sagte ruhig: „Das verdanke ich Ihnen, meine Herren!“ Da fiel eine zweite Granate mitten in eine Schwadron Ulanen und verursachte erhebliche Verluste. Besorgte Stabsoffiziere veranlaßten daraufhin die Suite, sich im Interesse der Sicherheit des Königs zu verteilen [20].

Der Dunst behinderte nun den Blick über das Tal, obgleich man das Mündungsfeuer der Geschütze sehen konnte. Bismarck trieb sein Pferd hinüber zu Moltke und fragte: „Wissen Sie, wie lang das Handtuch ist, dessen Zipfel wir hier gefaßt haben?“ „Nein“, antwortete der Stabschef, „genau wissen wir es nicht; nur, daß es wenigstens drei Korps sind, vielleicht ist es die ganze österreichische Armee [21].“ Diese Antwort wurde oft zitiert, doch seltener wurde darauf hingewiesen, daß Moltke, der Laien ganz gerne hinters Licht führte, selbst für dergleichen unempfänglich war. Seit er in der vergangenen Nacht den Schlachtplan entworfen hatte, ging er stets von der Annahme aus, die ganze österreichische Armee vor sich zu haben. Aus den Befehlen, die er jetzt gab, war zu ersehen, daß er dies noch immer glaubte. Kurz nach acht Uhr erhielt Friedrich Karl den Auftrag, entlang der gesamten Bistritz-Linie anzugreifen.

Dies war für den Befehlshaber der Ersten Armee eine unangenehme Überraschung. Er hatte gehofft, jeden größeren Angriff bis etwa zehn Uhr hinausschieben zu können. Weil Moltkes Befehl das unmöglich machte, mußten viele Männer mit leerem Magen in die Schlacht ziehen. Ja, der Befehl zeigte klar, daß Moltke über die Rolle der Ersten Armee eine andere Vorstellung hatte als deren Kommandeur. Friedrich Karl war von Anfang an der Meinung, seine Armee werde die entscheidende Rolle in der Schlacht übernehmen und den Ruhm für sich beanspruchen, das österreichische Zentrum zerstört und Benedeks Armee vernichtet zu haben. Nun war es klar, daß Moltke glaubte, die Schlacht werde an den Flanken, durch die konzentrischen Bewegungen von Herwarths Elbarmee auf der rechten und der Zweiten Armee auf der linken, entschieden werden. Die Aufgabe der Ersten Armee bestand in den Augen des Stabschefs darin, den Feind anzugreifen und seine Kräfte zu binden, damit er, wenn die Arme der Zange sich schlossen, nicht entweichen könne [22]. Soviel vertraute Moltke später Bismarck an, als die ersten Verlustziffern das Hauptquartier erreichten. Bismarck war darüber ärgerlich und fragte, ob denn nicht möglicherweise die Erste Armee dadurch überfordert werde, ob man nicht mehr erreichen könne, wenn man sich scheinbar zurückzog und so den Feind aus seiner starken Verteidigungsstellung herauslocke. Moltke lehnte ab und meinte, „es sei die Hauptsache, den Feind in einer Gesamtschlacht zu halten [23]“. Der Stabschef erkannte deutlich, daß die Erste Armee schwere Verluste erleiden werde; andererseits hielt er die Österreicher nicht für fähig, von sich aus zur Offensive überzugehen und die Erste Armee zu schlagen, nachdem man ihre Energien aufgebraucht hätte [24]. Wie Moltke einem italienischen Beobachter mitteilte, bestand seine eigentliche Sorge darin, den Feind unter keinen Umständen entweichen zu lassen. Das mußte die Erste Armee verhindern, indem sie, ungeachtet des Sperrfeuers, das auf sie niedergehen würde, aushielt, bis der Kronprinz an Benedeks rechter Flanke erschien [25].

Prinz Friedrich Karl war über die bescheidene Rolle, die ihm nun zugeteilt war, tief enttäuscht. Ein nachhaltiger Groll war die Folge, den er auch später nicht gänzlich zu unterdrücken vermochte [26]. Doch er verstand zu gehorchen und tat es auch jetzt. Das Artillerieduell hatte seit einer Stunde an Stärke zugenommen. Die Geschütze der 7. Division feuerten nun auf die Stadt Benatek, und Horns

Batterien wechselten Schuß auf Schuß mit den österreichischen Achtpfündern, die hinter Sadowa standen. Um ungefähr halb neun erfolgte der erste ernstgemeinte Angriff der Infanterie, und von Nechanitz bis Benatek griffen entlang des Flusses preußische Schützen die Brücken und jenseits gelegenen Uferböschungen an.

Trotz leuchtender Beispiele von Tapferkeit war der greifbare Gewinn dieser Offensive für lange Stunden gleich Null.

Vor acht Uhr befanden sich die drei Divisionen Herwarths von Bittenfeld in ihren Stellungen am äußersten rechten Flügel. Eine halbe Stunde später begann die Vorausabteilung, unter Führung von Generalmajor von Schöler, in der Stärke von sieben Bataillonen den Angriff gegen den Flußlauf. Das Ziel Schölers war die Brücke von Nechanitz, der einzige tragfähige Übergang auf dieser Strecke. Alle übrigen in der Nachbarschaft waren nur hölzerne Fußstege — so der in Lubno zur Linken und in Kunčitz zur Rechten —, sie hätten daher eine Armee und die dazugehörige Artillerie nicht tragen können. Schöler griff Alt-Nechanitz auf dem Westufer der Bistritz frontal an. Er ließ den Angriff des Füsilierbataillons des 28. Regiments in Lubno durch gleichzeitige Attacken der Füsiliere vom 17., und in Kunčitz durch das 2. Bataillon des 33. Infanterieregiments unterstützen. Kunčitz konnte ohne Schwierigkeiten genommen werden, und die 33er wandten sich nach links gegen Alt-Nechanitz. Die Verteidiger des Ortes — das 7. und 8. Bataillon von der sächsischen Division Schimpff — zogen sich nach einem mutig geführten Nachhutgefecht zurück. Dabei war es ihnen gelungen, die

Brücke zu zerstören, indem sie den Belag wegrissen und die Balken in Brand steckten. Die Rheinländer des 28. Regiments löschten jedoch, ungeachtet des heftigen Feuers der sächsischen Batterie Zenker, den Brand mit ihren Feldkesseln. Sie ergänzten den Belag notdürftig, indem sie Sparren, Zaunpfähle und die Flügel eines großen Hoftors herbeiholten und über die Löcher deckten. Dann drängten sie weiter gegen Nechanitz. Die Verteidiger zogen sich samt ihrer unterstützenden Reiterei und der Artillerie zu den Höhen von Problus und Přim zurück, „in größter Ruhe und unter strikter Einhaltung der erhaltenen Befehle, wie auf dem Exerzierplatz“ — wie Kronprinz Albert später feststellte [27].

Schölers sieben Bataillone folgten den Sachsen und bezogen um etwa zehn Uhr vormittags Stellung auf dem Hügelrücken zwischen Lubno und Hradek. Nun setzte ein Artillerieduell ein, das den halben Nachmittag andauern sollte. Am späten Vormittag noch versuchte die Vorhut der Preußen eine Stellungsverbesserung und unternahm in drei Kolonnen einen Angriff gegen die Wälder von Nieder-Přim. Aber sie erhielten keine Verstärkung und waren allein nicht imstande, das gewonnene Gelände zu behaupten. Zwischen zwölf und ein Uhr mittag wurden sie daher durch die sächsische Leibbrigade wieder aus allen Waldstücken, mit Ausnahme der Fasanerie zwischen Jehlitz und Nieder-Přim, gedrängt. Sie mußten bis auf den Höhenrücken zwischen Lubno und Hradek zurückweichen.

Die klug geführte Verteidigung des Kronprinzen Albert und die Vorsicht, die sein Gegenspieler an den Tag legte, müssen gleichermaßen dafür verantwortlich gemacht werden, daß diesem Unternehmen Durchschlagskraft und Tempo mangelten. Das preußische Generalstabswerk weist deutlich darauf hin, daß der zweite dieser Gründe der ausschlaggebende gewesen sein dürfte. Zu einem späteren Zeitpunkt schrieb Friedrich Karl, „General Herwarth ist ein folgsamer, bequemer Untergebener, der nicht Opposition macht und dessen Bedenken leicht zu verscheuchen sind", er gehörte jedoch zu denen, die lieber direkten Befehlen folgen als auf eigene Faust etwas unternehmen. Bei Nechanitz bewies er weder Schwung noch Phantasie. Er wartete geduldig und allzulange auf die Pioniere des 8. Bataillons, damit die von den Sachsen beschädigte Brücke ausgebessert würde, und machte keinen Versuch, Pontonbrücken zu bauen und den Fluß an anderen Stellen zu überschreiten. Daß er sich so sehr auf diesen einzigen Übergang verließ, schuf in der Folge ein schwerwiegendes Verkehrsproblem. Erst um zehn Uhr überschritt die 15. Division, unter Generalleutnant Philipp Karl Freiherr von Canstein, den Fluß auf der hergestellten Brücke; das Vorrücken der 14. Division (Kommandeur Generalleutnant von Münster-Meinhövel) verzögerte sich dadurch bis elf Uhr fünfzehn. In der Zwischenzeit aber lehnte Herwarth es ab, zumindest das Signal für einen ernstzunehmenden Angriff zu geben, weil er offensichtlich die Versammlung des Gros jenseits des Flusses abwarten wollte. Aufforderungen aus dem Hauptquartier Friedrich Karls, etwas zu unternehmen, damit das Zentrum entlastet werde, blieben völlig wirkungslos. Um etwa elf Uhr kam Oberst Karl Gustav von Doering aus dem königlichen Hauptquartier und überbrachte das Ersuchen, die Division Canstein und die Kavalleriebrigade des Grafen Goltz gegen Ober- und Nieder-Přim vorstoßen und den linken Flügel der Verbündeten angreifen zu lassen, während die Division Münster bei Lubno über den Fluß setzen und den Feind von rechts umfassen könnte. Herwarth machte Einwände und meinte, dies sei nur möglich, wenn er Kavallerieunterstützung erhielte. Dieses Ersuchen — vielleicht war es auch nur eine Ausflucht — nahm einen seltsamen Weg und führte zur Verlegung der Kavalleriedivision Alvensleben von der Reserve der Ersten Armee zu Herwarth. Friedrich Karl, der davon nichts wußte und keineswegs die Erlaubnis dazu erteilt hatte, war wütend, um so mehr, als Herwarth von der ihm zugeteilten Reiterei gar keinen Gebrauch machte.

Man kann allerdings annehmen, daß der wirkliche Grund für die Verzögerung auf dem rechten Flügel der war, daß Herwarth von einem Sieg nicht sehr überzeugt war und ständig mit dem Zusammenbruch des preußischen Zentrums rechnete, wodurch er abgeschnitten und der Vernichtung ausgeliefert gewesen wäre. Darum war er um eine offene Rückzugslinie besorgter als nötig. Weil er keine Phantasie besaß, vermochte er auch nicht einzusehen, daß nur ein klein wenig Kühnheit ihn von seinen Ängsten befreit, ihm Nutzen und sicher auch Ruhm eingetragen hätte. So aber kam an seinem Frontabschnitt bis zwei Uhr nachmittags kein Vormarsch zustande [28].

Dies galt freilich auch für das Zentrum. Hier war jedoch nicht der Mangel an Energie schuld. Horns 8. Division eröffnete um etwa halb neun Uhr vormittags einen Angriff auf Sadowa, während die 4. Division rechts gegen Dohalitz und die 3. gegen Mokrowous vorrückte. Die Taktik der Österreicher glich jener der Sachsen in Nechanitz: hartnäckige Verteidigung des Flußufers, dann geordneter Rückzug nach der Höhe hin. Der Widerstand, den sie an den Flußübergängen leisteten, war jedoch nicht nur angedeutet. Zum ersten war hier das Zündnadelgewehr im Nachteil. Sein Dunst und Pulverrauch verdeckten das Ziel, die Preußen, während die in der Verteidigung liegenden Jägerbataillone aus guter Deckung blind, nur nach dem Geräusch, auf die heranrückenden Kompaniekolonnen feuerten und ihnen schwere Verluste zufügten. Nun eröffneten die preußischen Batterien zur Unterstützung der Infanterie ein heftiges Feuer auf die Dörfer. In Sadowa, Mokrowous und Dohalitz entstanden Brände. Als Augenzeuge berichtet W. H. Russell von seinem Ausguck in Königgrätz: „Es sah aus, als hätten die Preußen vom linken bis zum rechten Flügel nahezu gleichzeitig die österreichischen Stellungen angegriffen. Kaum daß die Aktion im Zentrum begann, pflanzte sich der Kampf von Nechanitz nach links hin fort, und noch vor halb zehn machte das ganze, mehr als neun Meilen lange Panorama, die Hügel, Täler und Abhänge, den Eindruck, als fege ein Wintersturm Schneewehen über die Erde. Vor zehn Uhr stieg dann dichterer und dunkler Rauch aus den Bäumen und dem Dorf zur Rechten.“ Man konnte bald feststellen, daß Sadowa in Flammen stand, und Russell empfand einen Anflug von Sentimentalität, den ihm seine Leser ohne Zweifel hoch anrechneten. „Das hübsche kleine Dorf, die gemütliche Kirche, die gastliche Mühle — alles brannte. Mit sichererem Gefühl für das Kommende, als wir es verspürt hatten, waren die armen Bewohner weinend geflohen oder in hoffnungsloser Verzweiflung in ihren Heimstätten zurückgeblieben. Die Hitze der großen Schlacht setzte alles, was sie erreichte, in Brand. Von ihr aus floß es wie alleszerstörende Lava nach allen Seiten.“ Die österreichischen Beamten, die mit Russell auf dem Beobachtungsposten standen, waren von diesem Anblick offenbar weniger stark beeindruckt. „Sie sagten ‚Ja so‘ und ‚Hm, hm!‘ und gaben andere Laute von möglicherweise verschiedener Bedeutung von sich. Sie rauchten ihre Zigarren und sahen zu [29]."

Kurz vor zehn Uhr wichen die Verteidiger aus Mokrowous und Dohalitz, dank dem Mut und Angriffsgeist des 14. und 54. Regiments, die durch Artillerieeinsatz unterstützt wurden. Damit war aber für die nächsten vier Stunden der Vormarsch der 3. Division zum Stillstand gekommen, denn hinter den eroberten Dörfern stieg das Land in einem weiten, offenen Hang zu den Höhen von Lipa und Langenhof an. Zwischen diesen beiden Orten aber waren 17 Batterien vom österreichischen III. und X. Korps in einer Gesamtstärke von 130 Geschützen konzentriert. Sie hielten die davorliegenden Waldstücke und Hänge so ununterbrochen unter Feuer, daß drei Batterien des X. Korps noch vor elf Uhr die Munition ausgegangen war. Der Korpskommandant, Feldmarschalleutnant von Gablenz, mußte von der 3. Reserve-Kavalleriedivision und von der Armee-Artilleriereserve Ersatz anfordern. Nun kamen sechs frische Batterien in die Linie von Langenhof, worauf die außer Gefecht gesetzten zurückgezogen wurden. Vor elf Uhr standen also 160 Geschütze stockwerkartig übereinander aufgestellt zwischen Langenhof und Lipa [30].

Nur ein Teil ihres Feuers richtete sich gegen die 3. preußische Division, doch dies genügte, um sie niederzuhalten. General von Werder ordnete schärfste Disziplin an, verbot jedwedes Vorrücken und wies seine Truppen an, sich jeder Deckungsmöglichkeit zu bedienen, bis es gelänge, die Geschütze von der Flanke anzugreifen. Eine andere Handlungsweise war unmöglich. Wenn Werder dadurch auch keine Fortschritte erzielte, so hielt er wenigstens seine Ausfälle auf einem Mindestmaß [31].

Mittlerweile hatten die 4. und die 8. preußische Division in bewundernswert präzisem Zusammenspiel Sadowa umgangen. Während die Vorausabteilung der 8. Division die den Ort verteidigende Brigade Prohaska durch frontales Feuer festhielt, kämpften sich das Gros und die Vorhut der 4. Division von Norden her zu dem hinter Sadowa gelegenen Wald vor, in der Absicht, den Verteidigern den Weg zu verlegen. Fast wäre dieses Manöver gelungen, doch die Österreicher bemerkten die Gefahr noch rechtzeitig. Rasch zog sich die Brigade Prohaska aus Sadowa zurück. Gedeckt durch das 34. Jägerbataillon und das Romaner-Banater Grenzinfanterieregiment Nr. 13, die im Wald so lange standhielten, bis der Rückzug beendet war, zog sie nach Lipa ab.

Die vorderen Bataillone der 4. und 8. Division sowie die im Dorf Ober-Dohalitz aufgestellten Regimenter waren ohne besondere Mühe weitergekommen. Nun aber befanden sie sich in einer Lage, die der Werders sehr ähnlich war. Ein großer Teil der auf den Höhen massierten Geschütze richtete jetzt das Feuer auf sie. Weder der Wald noch das Dorf boten annähernd Schutz. Der sogenannte „Holawald" hatte keine große Ausdehnung, er maß etwa 1330 m² und erstreckte sich längs des Südrandes der Chaussee. Natürlich bot er ein genaues Ziel, so daß die preußischen Truppen fluchten: „Die Schufte haben die Schußweiten markiert!" Die jungen Bäume seines Bestandes waren dick genug, um zu zersplittern, aber zu dünn, um den Einschüssen Widerstand zu leisten. Auch die Häuser des kleinen Ortes waren schwach gebaut. Einer der preußischen Soldaten berichtete später: „Wir suchten Schutz, aber wo war Schutz zu finden gegen ein solches Feuer! Die Vollgranaten schlugen durch die Lehmwände wie durch eine Pappe durch; endlich steckten die springenden Geschosse das Dorf in Brand. Wir zogen uns links in den Wald hinein, aber hier war es nicht besser; Zacken und mächtige Baumsplitter flogen um uns her. Zuletzt kam es wie Apathie über uns. Wir zogen unsere Uhren und zählten. Ich stand neben der Fahne. In zehn Sekunden krepierten vier Granaten und ein Schrapnell dicht vor uns. Wenn ein Schrapnell in der Luft krepiert, so prasselt es wie Hagel auf die Erde nieder, und in der Luft steigt ein schöner Ring von Rauch auf, immer mehr sich erweiternd, bis er verfließt. Ich sah das alles. Jeder fühlte, er stehe in Gottes Hand [32]."

Truppen, die einem solchen Bombardement und dem damit verbundenen Höllenlärm ausgesetzt sind, neigen oft dazu, sich in einer unvernünftigen Verzweiflungstat Luft zu machen. Vier lange Stunden hielten die beiden Divisionen den Beschuß aus, und die Offiziere hatten Mühe, die Leute von nutzlosen Stellungswechseln aus dem Wald in das Dorf und umgekehrt, oder von einem selbstmörderischen Sturm auf die geschützstarrenden Höhen, von denen die Folter kam, zurückzuhalten [33]. Ein Angehöriger des Johanniterordens, der am nächsten Tag über das Schlachtfeld ritt, sah im Holawald und an dem geordneten jenseitigen Rand erschütternde Zeichen dieser gewaltsamen Bemühungen. Er schrieb: „Die Getreidefelder und die großen Zuckerrübenbreiten waren mit Toten bedeckt. Bis auf etwa 300 Schritt an die Batterien heran sah man die preußischen Leichen liegen [34]." Die Launen des Krieges ließen manche Einheiten buchstäblich unberührt, während andere dezimiert, ihrer Führer beraubt und in einen Schock versetzt wurden. Bisweilen hielten Kompanien oder ganze Bataillone diese Belastung nicht mehr aus, mit zerrissenen Uniformen, die Wunden nicht verbunden, taumelten sie aus dem Wald. Ein Beobachter sah das Wrack eines Bataillons, von einem Unteroffizier geführt, zurückgehen. Das Bataillonsmaskottchen, ein Neufundländer, dessen linker Hinterlauf abgeschossen war, humpelte neben der Bataillonsfahne dahin [35].

Der König beschwor angesichts solcher Rückzüge ein und das andere Mal peinliche Szenen herauf. Er war, kurz nach Einsetzen des Infanterieangriffes, mit seinem Stab von Dub auf den Roskosberg geritten, der unmittelbar hinter Sadowa lag. Von hier aus konnte er die Geschehnisse in den Wäldern beobachten, ohne freilich jenem Druck ausgesetzt zu sein, unter dem die Truppen dort zu leiden hatten. Vielleicht verleitete ihn dies dazu, den Einheiten, die das Verweilen im Kampfraum nicht mehr ertragen konnten, allzuschnell Feigheit vorzuwerfen. Um Mittag trat Oberstleutnant von Valentini verwundet aus dem Holawald. Er führte einige zusammengeschossene Bataillone des 31. und 71. Regimentes, die sich um halb neun Uhr früh den Weg in den Wald gebahnt hatten und seither unter schwerstem Feuer gestanden waren, zurück. Der König gab seinem Pferd ärgerlich die Sporen und ritt zu den ermatteten Reihen hinüber. „Ich werde euch noch einmal vorschicken, schlagt euch wie brave Preußen!“ fuhr er Valentini an [36].

Friedrich Karl, der sehr zu tönenden Phrasen neigte, sagte einmal hinsichtlich der Soldatentugenden und des Opfergeistes der Truppen: „Es ist gar nicht zu verkennen, daß die Anwesenheit des Königs in der Schlacht einen höchst belebenden Einfluß auf Führer und Soldaten hat. Unter den Augen des Königs geht der preußische Soldat noch freudiger in den Tod als sonst [37].“ Anläßlich des erwähnten unangenehmen Zwischenfalls mögen dem Prinzen gewisse Zweifel gekommen sein, ob die Anwesenheit des Königs wirklich von Nutzen war. Er hatte bereits erkannt, daß er infolge der Großzügigkeit eines der Begleiter des Königs die Hälfte seiner sorgsam gehüteten Kavallerie an Herwarth verloren hatte. Nun zeigte sich der König alles andere als großzügig Leuten gegenüber, die tapfer gekämpft hatten. Niemand aber wachte eifersüchtiger über dem Ansehen seiner Truppenteile als Friedrich Karl. Darum machte er dem König Vorstellungen und wies darauf hin, daß das 31. und das 71. Regiment mehr als seine Pflicht getan habe und daß noch Reserven da seien, um den umkämpften Wald zu halten.

Am späten Vormittag gelang es Horn, den hartbedrängten Infanteristen eine gewisse Erleichterung zu schaffen, indem er auf dem Sattel zwischen Ober-Dohalitz und Dohalitzka Artillerie auffahren ließ. Bis Mittag traten siebzehn preußische Batterien in Aktion. Einige davon waren glatte Zwölfpfünder, doch stellte sich rasch heraus, daß sie unwirksam waren und daher ausgetauscht werden mußten. Die übrigen erwiderten das Feuer der Österreicher mit Hartnäckigkeit, unterstützt von acht weiteren Batterien der 8. Division und der Armee-Artilleriereserve, die nördlich des Holawaldes in Stellung gingen. Trotz alledem konnte man um die Mittagszeit die Augen nicht davor verschließen, daß die Ausfälle bereits sehr schwer waren und die Vergeudung preußischen Blutes, soweit man sehen konnte, nicht die mindeste Wirkung auf die österreichischen Linien erzielt hatte. Dies war um so beunruhigender, als auch Franseckys 7. Division im Frontabschnitt links unter schwerstem Druck stand.

Eduard Friedrich Karl von Fransecky war in der Armee nicht als kämpferischer Soldat, sondern als Intellektueller bekannt. 1825 hatte er sein Offizierspatent erworben und war 1843 zum Generalstab versetzt worden. Seither hatte er den Großteil seiner Laufbahn bei Verwaltungsstellen, im Instruktionsdienst oder mit wissenschaftlicher Betätigung verbracht. In den Jahren 1845/48 war er ein hervorragender Taktik-Lehrer an der Allgemeinen Kriegsschule, 1848/49 diente er im Stab Marschall Wrangels in Dänemark und leitete anschließend einige Jahre die historische Abteilung des Generalstabes. Damals hatte er eine Biographie Gneisenaus, die Geschichte der Schlesischen Armee im Jahr 1813 sowie zahlreiche Artikel verfaßt, die im *Militärwochenblatt* veröffentlicht wurden. 1860 wurde er ins Kriegsministerium versetzt, um an der Roonschen Armeereform mitzuarbeiten. Noch im gleichen Jahr aber folgte er einer dringenden Aufforderung des Großherzogs von Oldenburg, in dessen Dienste er trat, um in den folgenden vier Jahren die Armee, den Aufbau der Stäbe und die militärische Ausbildung in Oldenburg zu reformieren. Im November 1864 kehrte er zur preußischen Armee zurück und erhielt das Kommando über die 7. Division in Magdeburg. Man bestätigte allgemein seine ausgezeichnete Karriere, doch es war nicht zu leugnen, daß er in der Truppenführung kaum Erfahrung besaß. So war er zum Beispiel niemals Kompanie- oder Bataillonskommandant, und bis zum Gefecht von Münchengrätz am 28. Juni 1866 hatte er noch nie Truppen in der Schlacht befehligt [38]. In Königgrätz aber spielte er trotz seiner Unerfahrenheit eine entscheidende Rolle. Kein Truppenführer erlangte größeren Ruhm als er.

Vielleicht kam dies in erster oder zweiter Linie daher, daß Fransecky ein Intellektueller war. Den Geist von Moltkes Schlachtplan hat keiner der preußischen Generäle so genau verstanden wie er. Keiner sah klarer als Fransecky die Notwendigkeit, den Feind so lange festzuhalten, bis die Armee des Kronprinzen in der Flanke erschien. Als er am Morgen der Schlacht, kurz nach sieben Uhr früh, Cerekwitz verließ, instruierte er seinen Ordonnanzoffizier, Leutnant Graf von Hohenthal, mit der nächststehenden Einheit der Zweiten Armee Fühlung aufzunehmen und dem Kommandanten mitzuteilen, daß er, Fransecky, Benatek höchstwahrscheinlich angreifen werde. Etwa eine Stunde später erhielt er vom Oberkommando die Weisung, sein Vorrücken mit jenem der 8. Division zu koordinieren und in den Kampf einzugreifen, wann und wie es ihm am günstigsten scheine. Als er den Feuerlärm der 8. Division aus Sadowa vernahm, schickte er nochmals Meldung an die Zweite Armee und teilte mit, daß er nun angreife, seine linke Flanke jedoch ungedeckt sei. Er benötige dringend Unterstützung. Diese Meldung erreichte die Spitze des Gardekorps, nämlich die Division Alvensleben. Der Disivionär befahl, Fransecky sofort zu Hilfe zu kommen [39].

Ehe dies jedoch möglich war, wurde die 7. Division in einen Kampf verstrickt, der sich für beide Seiten als der blutigste des ganzen Tages herausstellen sollte. Die Vorausabteilung befehligte Oberst von Zychlinski, der am Vortag mit Major von Unger die Ehre geteilt hatte, die genaue Aufstellung der österreichischen Armee entdeckt zu haben. Seine vier Bataillone gingen gegen Benatek vor und eroberten nach einem kurzen Feuergefecht um acht Uhr den Ort. Als sie jedoch weiter vorrücken wollten, bemerkten sie starke Feindkräfte in den Waldstücken zu ihrer Linken. Fransecky befahl daher Halt, bis die Regimenter 26 und 66 Gelegenheit zum Aufschließen hatten. Hierauf ließ er die 14. Brigade in den Wald eindringen.

Dieser Wald wurde „Swiepwald“ (oder Swiebwald) genannt. Er bedeckte eine Fläche von 1,8 km Länge und 1,1 km Breite und bestand aus Tannen und Eichen, die ein höheres Alter hatten und dichter standen als jene des Holawaldes. Vom Rand einer Wiese, die sich in einer Breite von 450 m südlich von Benatek erstreckte, stieg der Wald stark bis zu einem Höhenrücken an, dann folgte eine mit Gebüschen bedeckte Schlucht, und nun ging es wieder hinauf, bis er mit seiner größten Breite in einem weiteren, etwa 800 m hohen Höhenrücken endete, ungefähr 450 m vor dem Nordrand des Dorfes Cistowes. Ungefähr 650 m von der Ostgrenze des Waldes entfernt, erhob sich die Höhe von Maslowed. Als die Preußen angriffen, hielten das 27. Feldjägerbataillon, zwei Bataillone Venetianer vom Regiment Großherzog Michael und ein ungarisches Bataillon vom Regiment Erzherzog Wilhelm den Wald besetzt. Sie alle gehörten zu der Brigade des Generalmajors von Brandenstein vom IV. Korps Festetics. Überdies deckten den Wald nahezu vier volle Batterien Vierpfünder und Achtpfünder von der Brigade Appiano in Cistowes sowie vierzig weitere Geschütze, die in Maslowed standen [40].

Um halb neun Uhr führte Generalmajor Helmuth von Gordon die beiden Musketierbataillone des 27. Regiments von links, und Zychlinski die Füsilierbataillone des 27. und 67. Regiments von rechts in den Wald. Vor dem Angriff feuerte Zychlinski seine Leute mit den Worten an: „ ‚Vorwärts‘, wie Vater Blücher sagt; ‚Drauf‘, wie Vater Wrangel sagt; und ‚Durch', wie Körner, der Sänger der Freiheitskriege, gesungen hat [41]." Gordon begnügte sich mit dem laut gebrüllten Ruf: „Frische Fische, gute Fische [42]!" Die Österreicher wurden ohne viel Mühe zurückgedrängt, und Zychlinski, den jetzt das 2. Bataillon des 27. Regiments unterstützte, griff Cistowes an. Dieser Ort wurde von der Brigade Appiano mit starken Kräften verteidigt. Zychlinskis Leute gerieten in ein heftiges Feuer, in dem der mutige Kommandeur verwundet und der Führer des 1. Bataillons vom 27. Regiment, Oberstleutnant von Sommerfeld, getötet wurde. Sodann griffen das 4. Jägerbataillon und zwei Bataillone vom Regiment Erzherzog Heinrich die unsicher gewordenen Preußen an und trieben sie zurück. Nun erhielten die übel zugerichteten 27er jedoch Zuzug vom Regiment Nr. 66 und begannen den Kampf von neuem. Trotz der Taktik der steirischen Jäger, die ebenso geschickt hinter den Bäumen Deckung suchten wie ihre Vorfahren in den Kriegen gegen Napoleon, trotz des Eingreifens weiterer Bataillone vom österreichischen IV. Korps, säuberten die Preußen allmählich den Wald und besetzten Cistowes. Im Verlauf einer Stunde hatten sechs preußische Bataillone mehr als zehn österreichische aus ihren Stellungen vertrieben, die Brigade Brandenstein als kampffähige Truppe ausgeschaltet und ihren Brigadier getötet [43].

Bei der hier angewandten Kampfweise war, wie Zychlinski später schrieb, die Autorität des kommandierenden Offiziers nutzlos. Die taktischen Einheiten verkleinerten sich so lange, bis zuletzt jeder Mann auf eigene Faust zu kämpfen schien. Einer seiner Unteroffiziere ergänzte übereinstimmend diesen Bericht: „Es war den Offizieren kaum möglich, ihre Züge oder selbst kleinere Abteilungen zusammenzuhalten ... aber der Granatregen, der über uns kam, die Äste und Baumsplitter, die uns von allen Seiten umflogen, drängten uns instinktmäßig vorwärts, lediglich in der Hoffnung, weiter vordringend aus dieser kritischen Situation herauszukommen ... Unsere höheren Offiziere (zu kommandieren gab es nichts) vermochten nur durch ihr Beispiel persönlicher Bravour auf die sie unmittelbar umgebende Mannschaft einzuwirken. Und dieses Beispiel war nicht umsonst. Ich kann mich keines Falles entsinnen, wo ich das Aufgeben des Kampfes auch nur eines einzigen unverwundeten Mannes gesehen hätte [44]." Bei einer solchen Kampfweise waren die Verluste natürlich schwer. Wo immer sich Lichtungen auftaten, gaben die Leichen der Österreicher stummes Zeugnis für die Wirksamkeit des Zündnadelgewehres, das überall dort wütete, wo es ein gutes Schußfeld hatte. Doch auch die österreichischen Jäger hatten ihren Zoll gefordert. Besonders hart war das 27. preußische Regiment betroffen, viele seiner Offiziere waren gefallen. Der Sieg über Brandenstein war aber nur der Anfang eines langen Tagewerkes, denn schon kehrten die Österreicher in voller Stärke zurück.

Die fast völlige Vernichtung einer seiner Brigaden versetzte Festetics in Wut. Die Folge davon war, daß nicht nur sein Korps, sondern im weiteren Verlauf auch das II. des Grafen Thun in den Swiepwald hineingetrieben wurde. Das sollte später verhängnisvolle strategische Auswirkungen haben. Um halb zehn Uhr gab der Kommandant des IV. Korps den Brigaden Poeckh und Fleischhacker Befehl, sich zum Sturm auf den Wald fertigzumachen. Um den Weg freizulegen, ließ er von 80 Geschützen auf der Höhe von Maslowed Sperrfeuer schießen. Dieses Feuer wurde von den Preußen erwidert, wobei ein

Granatsplitter in den Hauptgefechtsstand einschlug. Stabschef Görtz, der am Morgen die Frontveränderung der beiden Korps angeraten hatte, fand den Tod, der Kommandant selbst wurde am Fuß getroffen. Daher war Festetics gezwungen, das Kommando seinem Adlatus, Feldmarschallleutnant von Mollinary, abzutreten. Dieser hatte, heftiger als Festetics selbst, den Wunsch, die Preußen um jeden Preis aus dem Swiepwald zu vertreiben. Mollinary bestätigte nicht nur den Angriffsbefehl, sondern bat überdies den Befehlshaber des II. Korps, Feldmarschalleutnant Graf Thun, um Unterstützung [45].

In der zweiten Phase der Kämpfe um den Swiepwald griffen die Österreicher auf jene Taktik zurück, die sie bei Podol und Náchod so große Opfer gekostet hatte. Unter Hornsignalen und Trommelwirbel drang die Brigade Fleischhacker in den Wald ein und wollte ihn im direkten Ansturm säubern. Doch Fransecky hatte inzwischen seine vier Reservebataillone herangeführt und erhielt bald darauf zwei weitere von der 8. Division. So vermochten die Zündnadelgewehre des 27. Regiments (1. Bataillon und Füsiliere) den ersten Ansturm der Österreicher zum Stehen zu bringen und sie langsam bis in die Südecke des Waldes zurückzudrängen. Nun warf Mollinary seine zweite Brigade in den Kampf. Mit dem 51. Regiment (Rumänen und Ungarn), unter der strengen Führung des Obersten von Poeckh, stürmten sie gegen die Front und die linke Flanke der Preußen und trieben die tapferen Magdeburger fast durch den ganzen Wald zurück. Beinahe hätte Poeckh den Tag gerettet. Doch lassen wir hier den österreichischen Schlachtbericht zu Wort kommen: „Da wurden plötzlich auf einer waldbedeckten Anhöhe in der rechten Flanke preußische Massen bemerkbar, welche ein mörderisches Feuer auf die tiefer befindliche Brigade eröffneten. Hier erlitt dieselbe die größten Verluste. Der Brigadier und alle Stabsoffiziere bis auf einen fielen; Generalstabshauptmann Klobus, der um Unterstützung zurückeilte, mußte bereits durch feindliche Linien durchbrechen und verlor sein Pferd. Unterdessen war die Lage in diesem Waldteile eine unhaltbare geworden. Von allen Seiten eingeschlossen, blieb nichts übrig, als sich durchzuschlagen. Zum Teile mit dem Gegner in Handgemenge geratend, wie viele Hieb- und Stichwunden bezeugen, gelang der Rückzug nur einem kleinen Teile [46]." Das 51. Regiment und das unterstützende 8. Jägerbataillon erlitten schreckliche Verluste. Die erste Linie der Brigade Poeckh war fast vernichtet worden. Von 4000 Mann, die zur Attacke antraten, kehrten zwar 1800 zurück [47], doch alle verwundet und mit gebrochenem Kampfgeist. Die Unzweckmäßigkeit der österreichischen Taktik hätte nicht schlagender bewiesen werden können. Auch wenn die Rückgewinnung des Waldes unbedingt nötig war — was das österreichische Generalstabswerk verneint [48] —, fragt man sich doch mit Fransecky [49], weshab es dem Kommandeur des IV. Korps nicht in den Sinn kam, die 7. Division an der Front festzuhalten, die offene Flanke zu umgehen und von Benatek aus unter geringen Verlusten umfassend anzugreifen.

Es war nun elf Uhr vormittags geworden. Obgleich das Ergebnis des Gefechtes für Fransecky befriedigend scheinen mochte, sah er sich doch gewaltigen Verlusten ausgesetzt. Die Österreicher aber schienen entschlossen, den Angriff nochmals zu wagen. Um diese Zeit traf einer der Adjutanten des Königs, Oberstleutnant Karl Walther Freiherr von Loë, bei Fransecky ein. Der Kommandeur der

7. Division erklärte, bis zum letzten Mann kämpfen zu wollen, gleichzeitig teilte er aber mit, daß er nicht mehr viele Soldaten zum Einsatz habe. Loë ritt zum Hauptquartier zurück und äußerte dort, seiner Meinung nach müsse Fransecky Infanterieunterstützung erhalten. Während der König dies erwog, griff Moltke ein und sagte mit Bestimmtheit: „Euer Majestät muß ich entschieden abraten, dem General von Fransecky auch nur e i n e n Mann Infanterie Verstärkung zu schicken. Solange der Kronprinz nicht eingreift, von dem allein dem General Hilfe kommen kann, müssen wir auf eine österreichische Offensive gefaßt sein. Wir werden sie abwehren, solange wir über das III. Armeekorps verfügen. Auch ist ja die Kavalleriebrigade des Grafen Bismarck zu Hilfe geschickt, die der Oberstleutnant von Loë gesehen haben muß. Übrigens kenne ich den General von Fransecky genau und weiß, er hält auch so fest [50]." Diesen Rat seines Stabschefs befolgte der König.

Inzwischen hatte auf österreichischer Seite Graf Thun dem Ersuchen Mollinarys entsprochen und ihm zwei weitere Brigaden, jene des Generalmajors von Saffran und des Herzogs von Württemberg, zur Verfügung gestellt. Auch war dem Befehlshaber des IV. Korps eine Nachricht Benedeks zugekommen, in der er angewiesen wurde, bis zum geeigneten Augenblick für eine Offensive auf einer Linie mit dem III. Korps, das links von ihm stand, zu bleiben. Mollinary hatte nur sein nächstes Ziel im Auge und antwortete ausweichend: er gab zu verstehen, daß der bevorstehende Angriff des II. Korps seinen eigenen Truppen die Möglichkeit geben werde, sich zurückzuziehen [51]. Daraufhin ließ er die zwei frischen Brigaden den Wald stürmen. Mit dem steirischen 47. und dem polnischen

57. Regiment an der Spitze, gingen sie mit derartigem Elan vor, daß die Verteidiger kaum mehr Widerstand leisten konnten. In der Antwort Franseckys auf eine weitere Anfrage aus dem Hauptquartier schwang ein Unterton von Verzweiflung mit: „Sagen Sie Seiner Majestät, die Division leidet schwer, aber sie wird halten." Hier war der Wunsch Vater des Gedankens, denn wieder einmal waren die zusammengeschmolzenen Bataillone der 7. Division bis an den äußersten Rand des Swiepwaldes zurückgedrängt worden. Stundenlang hatten die Offiziere auf sie eingeredet: „Nur noch eine halbe Stunde! Der Kronprinz kommt!", aber der Kronprinz war nicht gekommen, und jedes menschliche Ertragen hat seine Grenzen. Die neunzehn Bataillone Franseckys hatten fünfzig feindlichen standgehalten, aber ihre Verluste betrugen bereits 84 Offiziere und 2100 Mann. Kein Anzeichen deutete darauf hin, daß der Feind seine Angriffe einstellte. Im 1. Bataillon des 66. Regiments waren beinahe alle Offiziere verwundet; und obgleich dieser Umstand einen Infanteristen zu dem Scherz verleitete: „Na, da sind wir ja schön heraus; die Kerle schießen bloß auf die Premierleutnants!", fand das niemand besonders lustig [52]. Es war Mittag, und die Moral begann zu sinken. Im gleichen Augenblick, als König Wilhelm auf dem Roskosberg den verlorenen Haufen Valentinis unter Vorwürfen in den Holawald zurückschickte, sagte Fransecky zu seinen ermüdeten Männern: „Haltet aus, Leute, haltet aus! Hier müssen wir stehen oder sterben!" Zu einem Offizier der Zweiten Armee, der gekommen war, ihm zu sagen, daß Alvenslebens Truppen tatsächlich im Anmarsch seien, meinte er düster: „Man hat's in der Schule gelernt: ‚Ich wollt', die Nacht wäre da oder der Blücher!' Wir

sind hier keine Wellingtons, aber uns ist's gradeso ums Herz [53]."

Um diese Zeit befand sich Österreichs Kriegsglück im Zenit. Die Front stand nach den langen Kampfstunden des Vormittags unverrückt, die Artillerie hatte in der Armee Friedrich Karls schwere Verluste verursacht. In den Wäldern von Maslowed und Sadowa wurden die preußischen Bataillone zusehends matter; Herwarths Front machte keine sichtbaren Fortschritte; und nichts deutete darauf hin, daß die Truppen des Kronprinzen nahe genug waren, um in absehbarer Zukunft eine Erleichterung zu bringen. Es war verständlich, daß die Stimmung im königlichen Hauptquartier am Roskosberg angesichts dieser Lage unsicher wurde und die Nerven zum Zerreißen gespannt waren. Nur Moltke behielt seine Ruhe und schien dem Kommenden zuversichtlich entgegenzublicken; alle, die in den Stunden der Ungewißheit mit ihm auf dem Feldherrnhügel weilten, erinnerten sich seiner ermutigenden Äußerungen. Bezeichnend für ihre eigene Anspannung an diesem Morgen ist, daß sie sich nicht einigen konnten, bei welcher Gelegenheit diese Äußerungen gefallen waren. Hundert Jahre später können wir darüber nur Mutmaßungen anstellen und Anekdoten weitererzählen, die im Lauf der Zeit durch die Wiedergabe immer mehr glorifiziert wurden. Als der König am späten Vormittag, durch die Rückzüge aus dem Holawald in Verwirrung geraten, Moltke nach seiner Meinung über den weiteren Ablauf fragte, bekam er zur Antwort: „Euer Majestät gewinnen heute nicht nur die Schlacht, sondern den Feldzug [54]." Kurz vor oder nach Mittag bot Bismarck in großer Nervosität Moltke sein Zigarrenetui an. Es tröstete ihn, daß Moltke in aller Ruhe die beste wählte [55]. Irgendwann um die Mittagszeit fragte der König, ob Vorbereitungen für einen möglichen Rückzug getroffen worden seien. Moltke soll geantwortet haben: „Hier wird nicht zurückgegangen, hier geht es um Preußen [56].“ Diese Anekdoten beweisen, ob wahr oder erfunden, daß der Stabschef jeden Pessimismus und die häufig damit einhergehende unvernünftige Aktivität zu bekämpfen suchte.

Moltke trachtete zu verhindern, daß Maßnahmen, die der Ungeduld entsprangen, seinen Schlachtplan in Unordnung brachten. Kurz vor Mittag ritt er vom Roskosberg in Richtung Lipa. Dabei bewunderte er einen mächtigen Ochsen, der ruhig graste, unbekümmert um das Schlachtgetöse und die fallenden Granaten. Als Moltke zum Hauptquartier zurückkehrte, mußte er feststellen, daß Friedrich Karl seine Abwesenheit dazu benutzt hatte, Generalleutnant Albrecht Gustav von Manstein den Befehl zu geben, die 6. Division über die Bistritz zu führen, damit sie bei der Ankunft des Kronprinzen schon zum Vorgehen bereitstehe. Die Division zog unter den Klängen der Musikkapelle, die „Heil dir im Siegerkranz!“ spielte, am König vorbei und überschritt die Bistritz. Dort mußte sie vier Stunden im feindlichen Feuer aushalten [57]. Gerade solche Aktionen wollte Moltke vermeiden, als er seinen Kollegen einschärfte, Geduld sei die einzige Tugend, die man hier benötige. Ehe der Kronprinz kam, war jedes Handeln sinnlos. Die Nervosität des Königs und seines Stabes aber steigerte sich, je länger die Anzeichen für eine Annäherung der Zweiten Armee fehlten.

Vielleicht wäre der König von Preußen weniger besorgt gewesen, hätte er gewußt, was um diese Zeit in Benedeks

Hauptquartier bereits bekannt war und welche Folgen diese Kenntnis zeitigte. Der österreichische Oberbefehlshaber war mit der Morgenarbeit recht zufrieden und erwog den Augenblick, in dem er den Großangriff gegen Friedrich Karl ansetzen könne. Da erreichte ihn um halb zwölf aus Josefstadt ein Telegramm mit der niederschmetternden Nachricht, daß der preußische Kronprinz, den man inbrünstig so weit weg wie den Chimborasso gewünscht hatte, mit seinen Truppen seit Stunden in Eilmärschen nach dem Schlachtfeld unterwegs war und jeden Augenblick, zumindest aber recht bald, eintreffen konnte [58]. Diese Nachricht machte erstmalig den Ernst des Engagements klar, das Festetics, Mollinary und Thun im Swiepwald eingegangen waren. Die Frage war nun, wie die verwundbare rechte Flanke abzustützen war, ehe sich die preußische Zweite Armee mit ihrem vollen Gewicht dagegen warf.

VI

DIE SCHLACHT:

Der Vormarsch der Zweiten preußischen Armee

Viktoria hat heute Dienst am Tor:
„Garde, zeig deine Karte vor,
Preußische Garde, willkommen am Ort,
Aber erst das Losungswort."

„Wir bringen gute Losung heim,
Und als Parole 'nen neuen Reim,
Einen neuen preußischen Reim auf Ruhm."
„Nenn' ihn, Garde!" „Die Höhe von Chlum [1]."
Theodor Fontane, Einzug, 20. September 1866

Am Morgen des 3. Juli stand die Zweite preußische Armee um Königinhof versammelt. Alle Einheiten bis auf einige biwakierten am linken Ufer der oberen Elbe. Teile des I. Armeekorps waren gegen Praußnitz vorgeschoben, und die Vorausabteilung der 1. Gardedivision befand sich in Dobrawitz. Kalt und grau dämmerte der Morgen heran, ein leichter, aber stetiger Regen fiel. Die Mannschaften waren jedoch in guter Stimmung und sammelten sich zum Frühstück um die Lagerfeuer. Man rechnete nicht mit einer unmittelbar bevorstehenden Schlacht, und der entfernte Geschützdonner, der von halb acht Uhr an zu hören war, erregte an den Feuerstellen nur geringe Aufmerksamkeit. Niemand wußte von der fieberhaften Tätigkeit, die das Eintreffen des Grafen Finckenstein im Armeehauptquartier während der Nacht ausgelöst hatte, und von den Befehlen, im Eilmarsch gegen die feindliche Flanke vorzurücken. Als nach acht Uhr der Befehl kam, das Lager abzubrechen, regte man sich nicht allzusehr auf. Ein Offizier des 2. Bataillons vom 3. Garderegiment schrieb später, niemand habe eigentlich angenommen, daß man ins Feuer kommen werde, ehe die Österreicher sich zurückgezogen hätten; es werde nur einen weiteren Marschtag geben [2]. Die Leute brachten ihr Gerät in Ordnung, rollten oder falteten die Mäntel zusammen und packten sie mit ihren Brotsäcken und Tornistern in die Troßfahrzeuge. Als das alles in Eile bewerkstelligt war, taten sie, was Soldaten in ähnlicher Lage getan haben, seit der Krieg erfunden wurde: sie warteten.

Die Dauer dieses Wartens war je nach der Einheit verschieden und richtete sich nach dem Temperament des Kommandeurs. Franseckys Bote kam um halb neun Uhr vormittags nach Dobrawitz geprescht und meldete, die 7. Division stehe gegen überlegene Feindkräfte im Kampf und benötige Unterstützung; eine ihrer Flanken hing in der Luft. Daraufhin ordnete Generalmajor Konstantin von Alvensleben, ohne sich die Mühe zu nehmen, vom Hauptquartier die Ermächtigung dazu einzuholen, den sofortigen Abmarsch nach Jeriček an. In Praußnitz hatte noch General Bonin das Kommando über das ostpreußische Korps, obgleich Blumenthal der Ansicht war, er müsse nach seinem bei Trautenau gezeigten Verhalten abgelöst werden [3]. Hier war die Sache anders, es zeigte sich keine Spur von Eile. Moltke hatte dem I. Korps je nach der Sachlage volle Handlungsfreiheit gelassen. Der Kommandeur lehnte es jedoch ab, aufzubrechen, bevor er nicht genaue Instruktionen vom Kronprinzen erhalten habe. Als diese eintrafen, machte er sich mit großer Umständlichkeit auf den Weg. Erst lange nach neun Uhr verließen die Ostpreußen ihren Lagerplatz und erreichten ihr erstes Marschziel, Groß-Burglitz, nicht vor elf Uhr. Die anderen beiden Korps marschierten vor dem I. Korps ab: das VI. Korps mit der 11. und 12. Division rückte von Gradlitz in Richtung Welchow, das Gardekorps aus Königinhof in Richtung Choteborek und Jeriček ab.

Die Kommandeure und Stabsoffiziere des Gardekorps versammelten sich kurz nach acht Uhr auf der Eisenbahnstation von Königinhof, um dort ihre Marschbefehle entgegenzunehmen. Hohenlohe, der Befehlshaber der Reserveartillerie, war in gereizter Stimmung. Er war bisher während des Feldzuges überhaupt noch nicht zum Einsatz gekommen, weil er, wie das zum Beispiel bei Soor der Fall war, mit seinen Geschützen gewöhnlich erst dann anlangte, wenn die Sache schon entschieden war. Er hatte die gutmütigen Sticheleien seiner Kameraden von den anderen Waffengattungen satt; mit der Handlungsweise des Stabes, die den Eindruck machte, als werde seine Artillerie nur als Begleittroß behandelt, war er recht unzufrieden. Als nun der Stabschef, Oberst Ferdinand Franz von Dannenberg, die Befehle ausgab, entdeckte Hohenlohe mit Entrüstung, daß ihm wieder eine Enttäuschung bevorstand. Die Reserveartillerie hatte Auftrag, Choteborek erst nach dem Aufbruch der 1. und 2. Gardedivision zu verlassen. Wütend protestierte er, aber Dannenberg war nicht in der Laune, sich mit ihm auseinanderzusetzen. Er schien verärgert und fertigte Hohenlohe kurz ab.

Der Artilleriekommandeur begab sich eilig in eine andere Ecke des Raumes und begann mürrisch, seine Taschen mit Butterbroten zu füllen, die auf einem danebenstehenden Tisch aufgeschichtet lagen. Während dieses Tuns verwünschte er sicherlich die hohen Tiere von der Infanterie.

Da schien Oberst von Dannenberg plötzlich Vernunft anzunehmen. Er rief durch den Raum: „Um Ihnen ein Vergnügen zu bereiten, soll die Reserveartillerie der 1. Gardedivision folgen, und dann erst die 2. Gardedivision. Wollen Sie es bestellen?“ „Gern“, antwortete Hohenlohe erleichtert. Er sandte einen Leutnant mit dem Befehl ab, daß die Artillerie sich einreihen solle. Das brauchte einige Zeit, denn die 1. Division war schon auf dem Marsch, und die 2. schickte sich gerade an, zu folgen. Aber schließlich gelang das Vorhaben doch, und die Geschütze rasselten in Richtung Choteborek ab. Dieser Dispositionswechsel und die ihm vorangegangene Episode hatten ihre Folgen. Dank der ersten Maßnahme hatte die Garde in kritischen Augenblicken der Schlacht genügend Geschütze zur Verfügung; infolge jenes Zwischenfalls waren Hohenlohes Taschen dermaßen ausgepolstert, daß sie ihn am Höhepunkt der Schlacht vor einer ernsten Verwundung schützten [4].

Gerade für die frühzeitig aufgebrochenen Divisionen gestaltete sich das Vorwärtskommen schwierig und langsam. Major von Verdy, vom Stab des Kronprinzen, der mit dem Gros der 1. Division ging, beschrieb die Mühen des Morgenmarsches: „Die Infanterie — solange die große Straße benutzt werden konnte, in Sektionskolonnen dicht aufgeschlossen — mußte sich, als sie später von dieser in Nebenwege abzubiegen genötigt war, in Reihen setzen, und sehr bald machten sich die Schwierigkeiten geltend, welche die Ungunst des Wetters und die Beschaffenheit des Bodens hervorriefen. Der kalte Regen, der fast ununterbrochen die Nacht hindurch niedergeströmt war, hielt im Laufe des ganzen Vormittags an und erschwerte den Marsch des einzelnen Mannes an und für sich, trug aber namentlich dazu bei, den Boden in einer Art und Weise aufzuweichen, daß die Truppen auf dem ununterbrochen bergauf und bergab führenden Wege nur mit großer Anstrengung weiterzugelangen vermochten." Alle Bemühungen, sie eng aufgeschlossen zu halten, waren umsonst; die Kolonnen wurden immer länger, die Lücken zwischen den Regimentern und Bataillonen immer größer [5]. Für die Artillerie war das Vorwärtskommen noch mehr erschwert. Um an vereinzelten Infanteriegruppen vorbeizukommen, mußten die Batterien manchmal die Wege verlassen und fuhren über die Felder. Dabei verfing sich das Korn in den Radspeichen und mußte mit den Säbeln abgekratzt werden, die Räder sanken bis zur Nabe in den weichen Boden ein, so daß die Gespanne sich übermäßig anstrengen mußten. Mehr als einmal brachen die Pferde tot in den Geschirren zusammen [6].

Nicht die Säumigkeit des Kronprinzen und Blumenthals, wie Friedrich Karl später klagte [7], sondern die Wetter- und Geländebedingungen waren schuld daran, daß die Zweite Armee langsamer weiterkam als der Stab der Ersten Armee gehofft hatte. Doch wenn auch der Kronprinz und sein Stabschef die Truppen mit anerkennenswertem Eifer zur Eile anspornten, in eine größere Schlacht zu kommen erwarteten sie ebensowenig wie ihr Fußvolk. Das ist zweifellos zum Teil Blumenthal zuzuschreiben, der alle Vermutungen, die von einem anderen Stab als seinem eigenen angestellt wurden, mit Skepsis betrachtete, mehr aber noch der Tatsache, daß die miserablen Sichtverhältnisse jedes genauere Beobachten der im

Gang befindlichen Schlacht vereitelten. Dobrawitz wurde kurz nach neun Uhr erreicht, aber nicht einmal dort war mehr auszumachen als der ununterbrochene Geschützlärm, der jetzt nur näher klang, und die Rauchsäulen am westlichen Himmel, die auf brennende Dörfer schließen ließen. So wurde es elf Uhr — um diese Zeit trafen der Kronprinz und Blumenthal in Choteborek ein —, ehe sie zu erfassen begannen, was hier wirklich ihrer wartete. Von der Höhe, auf der sie standen, blickten sie in ein tiefes Tal, das von einem Flüßchen, der Trotina, durchströmt wurde. An seinem Ufer befand sich unter ihnen das Dorf Jeriček, weiter links Lužan, noch weiter und außer Sichtweite das Dorf Trotina. Die beiden letzteren lagen in der Marschroute des VI. Armeekorps. Jenseits Jeriček stieg das Gelände in mehreren aufeinanderfolgenden flachen Abhängen zur Höhe von Hořenowes an, die ihnen den Blick in das dahinterliegende Tal der Bistritz verlegte. Die Höhe von Hořenowes entlang waren die Abschüsse der österreichischen Batterien wahrzunehmen — es waren, wie sich später herausstellte, acht an der Zahl —, die allesamt nach Westen feuerten; die Menge des Geschützrauches und der von Artillerie und kleineren Waffen herrührende Kampflärm ließen erkennen, daß es sich hier nicht um ein gelegentliches Treffen oder um ein Nachhutgefecht handelte, sondern daß die Erste Armee auf ihrer ganzen Front im schweren Kampf stand. Blumenthal wandte sich an den Kronprinzen: „Das ist die Entscheidungsschlacht", sagte er, und Friedrich Wilhelm stimmte schweigend zu [8].

Zu diesem Zeitpunkt erreichte Hohenlohe Choteborek. Er hatte sich mit seinen Geschützen die Höhen hinaufgequält, wobei er sich den Weg um und durch die Infanterie der 1. Gardedivision bahnen mußte. Oben erstattete er seinem Korpskommandeur, dem Prinzen von Württemberg, Meldung. Durch das Fernrohr beobachtete er den Talgrund und schätzte mit geübtem Blick die Stärke der österreichischen Artillerie. „Es scheint nicht gut bei der Ersten Armee zu stehen", meinte er. „Gewiß", sagte da eine Stimme hinter ihm, und als er sich umwandte, erkannte er den Kronprinzen, der herbeigeritten war. „Meinem Vetter Fritz Karl geht es schlecht. Ich habe nun zwei Wege. Entweder ich marschiere zu ihm, der Weg ist aber zu weit, und ich komme zu spät, oder aber ich marschiere geradeaus und greife Flanke und Rücken des Feindes an. Sehen Sie diesen großen Baum, der ist der rechte Flügel der Österreicher, den lassen Sie rechts. Knallen Sie bald tüchtig, damit Fritz Karl hört, daß ich da bin [9]."

Der fragliche Baum — auch Russell hatte ihn, als er um neun Uhr auf den Turm stieg, bemerkt und als „den einzigen bemerkenswerten Gegenstand auf der ganzen Höhe" bezeichnet — bestand in Wirklichkeit aus zwei Linden, die zu beiden Seiten eines mächtigen Kruzifixes standen. Dadurch, daß der Kronprinz diesen Punkt als das Ziel für den Vormarsch des Gardekorps angab, änderte er die Marschrichtung um etwa 25 Grad nach links; unter Beibehaltung dieses Punktes mußte er in gerader Linie auf Benatek und den Swiepwald stoßen, also in jene Richtung, in die Alvensleben, wie wir vorher (S. 186) sahen, um halb neun Uhr aufgebrochen war, in der Hoffnung, Fransedkys bedrängte Division zu entsetzen. Alvenslebens Truppen waren mittlerweile bis Žiželowes, Zelkowitz und Wrchownitz gekommen. Um halb zwölf erreichte Oberst Alexander Wilhelm von Pape mit dem 2. Jägerbataillon des 2. Garderegiments und der 3. Garde-Jägerkompanie Benatek. Doch ehe sie dort in Aktion treten konnten, kam der Befehl, daß Pape umkehren und sich mit der Brigade Alvensleben an die Spitze des Vormarsches zum „Baum von Hořenowes" setzen sollte [10].

In dieselbe Richtung brach nun von Choteborek aus auch das Gros der 1. Gardedivision auf. Hinter dem Kronprinzen und seinem Stab stiegen sie unter Hurrarufen den Hang hinab. Ihr Befehlshaber trieb sie an, zeigte nach der Höhe von Hořenowes und rief: „Dorthin müßt ihr gehen. Dort ist was los!" Verdy war von der Szene so beeindruckt, daß er sie später aus dem Gedächtnis skizzierte und das Blatt dem Chefzeichner der *Illustrated London News* zur Verfügung stellte; wer sich die Mühe nimmt, den ansehnlichen Band, in dem die Zeichnung enthalten ist, zur Hand zu nehmen, sieht den Marsch der Garde, wie er sich an jenem Morgen bot: die Männer, im Vorbeimarsch an ihrem Kommandanten mit den Feldmützen winkend, den Hang hinabsteigend, die Kolonnen, wie sie in geschlossener Rechteckform mit flatternden Fahnen die Trotina überschritten, die Fahrzeuge, die in den Radspuren dahinholperten [11]. Es war ein ermutigendes Bild, und Verdy fragte den englischen Beobachtungsoffizier, Oberst Walker, bescheiden nach seiner Meinung über die Truppen. Walker war ein Veteran aus dem Krimkrieg und aus dem Feldzug in Indien; er hatte mehr vom Krieg gesehen als jeder in Choteborek, darum galt sein Urteil etwas. Jetzt enttäuschte er seine Gastgeber nicht. Er meinte, wenn diese Truppen zum erstenmal in den Kampf zögen, ohne eine Ahnung von den Gefahren, die auf sie warteten, dann sei an ihrer Haltung nichts Auffallendes; „aber", fügte er hinzu, „ich habe nie Truppen wie diese zum zweiten Mal sich der Todesgefahr aussetzen gesehen". Der Kronprinz und sein Stab strahlten vor Befriedigung [12].

Weiter im Osten waren auch die beiden Divisionen des VI. Korps unter General von Mutius unterwegs. Es waren Schlesier, die noch nicht im Feuer gestanden waren; als Steinmetz, der „Löwe von Náchod“, seine Siege in den Gebirgspässen erfocht, gehörten sie zur Reserve. Nun waren die Rollen vertauscht. Während das V. Korps die Nachhut bildete, drängten die schlesischen Divisionen ungeduldig zur Trotina. Ursprünglich hatte die Aufgabe der 12. Division in der Beobachtung Josefstadts bestanden, aber um zehn Uhr vormittags erhielt der Divisionskommandeur, Generalleutnant Conrad Wilhelm von Prondzynski, eine Bleistiftnotiz seines Vorgesetzten mit folgendem Wortlaut: „Feind im Auge behalten. Verbindung mit 11. Division nicht verlieren, diese geht auf Kanonendonner los.“ Da befahl Prondzynski: „Entfaltet die Fahnen!“ Als die Standarten träge im Regen flatterten, setzte sich die Division westwärts in Bewegung, ließ Josefstadt links liegen und marschierte auf die Trotina zu [13]. Rechts von ihr eilte die 11. Division unter Generalleutnant Alexander Friedrich von Zastrow gegen Račitz. Gerade um die Zeit, als der Kronprinz seine Truppen in Choteborek Revue passieren ließ und den Marschbefehl nach Hořenowes ausgab, überschritt die Vorhut des VI. Korps an jenem Punkt den Fluß. So waren also ohne Stockung und Zeitverlust zwei Korps des Kronprinzen aufmarschiert, um dem Feind in die schwache Flanke zu fallen. Es fehlte General Bonin, den Zweifel und Unschlüssigkeit in Groß-Burglitz festhielten, und die Kavalleriedivision der Zweiten Armee unter Generalmajor Julius Hartwig Freiherrn von Hartmann. Sie war, wie Blumenthal feststellte, „wie von der Erde verschwunden“, und man hörte von

Mittag an nichts von ihr bis nach vier Uhr nachmittags [14].

Während sich diese Streitkräfte zu ihrem Vorstoß sammelten, ging das Gefecht im Holawald und im Swiepwald fort und machte die Männer im preußischen Hauptquartier immer besorgter. In Lipa hingegen war man mit dem Verlauf der Schlacht allgemein zufrieden, und der wankelmütige Benedek sah wieder einmal den Sieg vor Augen. Von dieser steigenden Zuversicht gaben Befehle Zeugnis, die er an die Reserveeinheiten abgehen ließ und in denen er ihren Zusammenschluß bei Lipa anordnete. Feldmarschalleutnant Wilhelm Prinz zu Schleswig-Holstein-Glücksburg, einer der Kavalleriekommandanten, erhielt überdies den Auftrag, das Gelände nach einem geeigneten Ort abzusuchen, von dem aus der Entscheidungsschlag nach Westen hin geführt werden konnte. Daß Benedek ganz von dieser bevorstehenden Unternehmung in Anspruch genommen war, dürfte der Grund sein, daß er eine auf Baumgartens Betreiben früher getroffene Entscheidung widerrief, wonach die Lücke an der rechten Flanke geschlossen werden sollte. Er hatte Ramming beauftragt, dort mit seinem Korps Stellung zu beziehen. Jetzt fand er, dies sei gar nicht nötig. Der abgesetzte Krismanić stimmte ihm bei. Es sei noch zu früh, die Reserven einzusetzen, und Ramming werde jedenfalls in Bälde in den Niederungen der Bistritz Besseres zu tun bekommen [15].

Sein Sicherheitsgefühl wurde wenigstens für einen Augenblick erschüttert, als um etwa halb zwölf das (auf S. 183 erwähnte) Telegramm aus Josefstadt eintraf, das besagte, Kronprinz Friedrich Wilhelm sei unterwegs. Unmittelbar nach Einlangen des Telegramms kam Baumgarten von einer Inspektion des linken Flügels nach Lipa und stellte dort fest, daß sich Rammings Korps nicht vom Fleck gerührt hatte. Er schrieb später: „Ich erschrak darüber, weil ich für den rechten Flügel fürchtete; das Blut wich mir aus dem Gesicht; hätte man mir zur Ader gelassen, so hätte man keinen Tropfen Blutes gefunden. Ich eilte auf die Höhe von Lipa, und hier fand ich meine Befürchtungen bestätigt. Benedek griff in die Tasche, machte darin eine Faust und holte das ganz zerknitterte Telegramm des Festungskommandanten von Josefstadt hervor, in dem der Anmarsch des preußischen V. Korps gemeldet wurde. Ich machte nun Benedek Vorwürfe, weil er den Befehl zurückgenommen hatte, er aber meinte, man könne die Reserven wieder in Bewegung setzen. Aber ich entgegnete: ‚Man kann 50 Bataillone nicht so leicht wie Schachfiguren in Bewegung setzen‘, und fügte hinzu: ‚Es ist zu spät [16].‘ “

In diesem Moment, wo alles auf dem Spiel stand, hätte Benedek seine Zurückhaltung aufgeben und den lange geplanten Angriff gegen Friedrich Karl — oder auch gegen Herwarth — ansetzen können, während gleichzeitig die Reserve so schnell wie möglich zur Deckung der rechten Flanke in Verteidigungsstellung gegangen wäre. Dieser Meinung waren viele. Aber er konnte sich nicht dazu entschließen, weil er offensichtlich davon überzeugt war, der Augenblick für den Entscheidungsschlag werde noch kommen, und er werde dann alle seine Reserven zur Unterstützung benötigen. Darum kehrte er zu seinem ursprünglichen Schlachtplan zurück. Er befahl nun dem II. und dem IV. Korps auf das entschiedenste, die Truppen ohne Verzug aus dem Swiepwald zurückzuziehen und in die vorbereiteten Stellungen zwischen Chlum, Nedelischt und Sendražitz einzurücken, die ihnen bei Tagesbeginn angewiesen worden waren.

Mollinary und Thun mißfiel dieser Befehl, und sie führten ihn zögernd und unvollständig aus. Ersterer weigerte sich sogar, überhaupt eine Rückzugsbewegung auszuführen, ehe er nicht nach Lipa geritten sei und Benedek seine Einwände vorgebracht hatte [17]. Erst als Benedek ihm rundweg befahl, zu gehorchen, gab er nach und leitete die Weisung an seine Untergebenen weiter. Aber was sich in Gitschin bewahrheitet hatte, war auch hier der Fall: es war schwer, die Truppen rasch und ungefährdet zurückzunehmen. Ehe nennenswerte Einheiten aufbrachen, wurde es ein Uhr; zudem waren die Leute müde und entmutigt, weil sie gezwungen wurden, einen Kampf abzubrechen, den sie zu gewinnen hofften [18]. Dem machtvollen Schlag, den der Kronprinz jetzt entlang der Trotina gegen sie vorbereitete, Widerstand zu leisten, waren sie weder physisch noch psychisch in der Lage. Von den ursprünglich zwischen Bistritz und Trotina aufgestellt gewesenen 59 Bataillonen waren 46 nach und nach in den Swiepwald geführt worden, drei weitere von der Brigade Thom wurden nun am Schluß noch eingesetzt, um den Rückzug der übrigen zu erleichtern. Zehn Bataillone des II. Korps — das waren die einzigen Truppen auf dem gefährdeten rechten Flügel, die bisher nicht am Kampf teilgenommen hatten, und diese standen auf eine viel zu große Strecke hin verteilt [19].

Hohenlohe führte die Anweisungen des Kronprinzen aus und ließ die Reserveartillerie kurz nach halb zwölf den Abhang zum Dorf Jeriček hinabfahren. Das Dorf lag unter Feuer, denn die österreichischen Artilleriebeobachter hatten inzwischen die Bewegungen der Preußen wahrgenommen. Verwundete von den Vorausabteilungen füllten die engen Straßen, und die österreichischen Granaten schlugen mit deprimierender Treffsicherheit rund um die hölzerne Brücke ein. Der Gedanke, mit der Artillerie über diesen gebrechlichen Steg zu kommen, war nicht angenehm, aber der Fluß war vom Regen angeschwollen und reißend. So gab es keine Wahl. Hohenlohe drängte sich durch die im Marsch befindlichen Bataillone der 1. Gardedivision, brachte seine vier Batterien glücklich hinüber und jagte nun den Hang hinauf zu einer flachen Anhöhe, die etwa 2300 m von der österreichischen Stellung entfernt war. Von hier aus feuerten schon zwei Batterien der 1. Gardedivision. Hohenlohe bezog neben ihnen Stellung [20]. Nun begann ein Artillerieduell, das ungefähr eine Stunde dauerte. Während dieser Zeit wurden die preußischen Batterien allmählich verstärkt, denn der Kronprinz hatte am Vormittag angeordnet, daß die Geschütze des VI. Korps in Richtung Hořenowes in Marsch gesetzt wurden. Generalleutnant von Zastrow von der 11. Division hatte ohne Zögern sechs Batterien abgehen lassen. Um halb eins standen auf der Höhe 78 preußische Geschütze gegen einige 40 der Österreicher im Feuer. Bald darauf protzten die Österreicher auf und begannen abzuziehen [21].

Es ist nicht sicher, ob dieses Ergebnis allein Hohenlohe und seinen Gefährten zuzuschreiben ist. Geschütze, denen kein ausreichender Infanterieschutz zur Verfügung steht, sind höchst gefährdet. Dies galt in vollem Maß von den österreichischen Batterien, deren Mannschaften nicht nur unter dem preußischen Bombardement litten, sondern auch unter dem Gewehrfeuer des 1. Bataillons vom 2. Garderegiment, das nun als Spitze der Brigade Alvensleben angriff. Die Gardisten schoben sich, durch das hohe Korn gedeckt, den Hang hinauf und um diesen herum, in der Absicht, die Batterien unter bestreichendes Feuer zu nehmen. Die Österreicher wehrten sich mit Stückblei und Kartätschen und hielten die Stellung, bis weitere feindliche Einheiten um ein Uhr in den Kampf eingriffen. Dann zogen sie sich unter Zurücklassung von fünf Geschützen zurück. Der Versuch der Preußen, sie mit drei Schwadronen des 2. Dragonerregiments zu verfolgen, wurde von der Nachhut, dem 3. Bataillon des Regiments Sachsen-Weimar, unter schweren Verlusten für die Verfolger abgeschlagen [22].

Um diese Zeit stellten zwei Beobachter, die voneinander fast dreizehn Kilometer entfernt waren, interessante Dinge fest. W. H. Russell sah von seinem Beobachtungsturm in Königgrätz, wie die österreichische Artillerie über den Hügelkamm zurückging, und bemerkte in der Nähe des „großen Baumes" Zeichen von Feindtätigkeit. Das erschien ihm unerklärlich und schwerwiegend. Wenn auch die Österreicher im Zentrum und am linken Flügel siegten, drohte dieses Vorgehen ihren rechten Flügel zurückzuwerfen und sie von Königgrätz abzuschneiden... Ein General, an Stelle der Beobachter auf dem Turm, hätte sich sehr unbehaglich gefühlt und seine ganze Aufmerksamkeit darauf gerichtet, die Frontlücke im Zentrum zu schließen und die Preußen, die sich anschickten, seinen rechten Flügel zusammenzudrücken, zurückzutreiben [23].

Von einem anderen Aussichtspunkt, dem Roskosberg, richtete Graf Bismarck sein Fernrohr auf den gleichen

Hügel, der auch Russells Aufmerksamkeit erregte. Da bemerkte er, daß etwas, das er für eine Baumreihe gehalten hatte, sich bewegte und daß die österreichischen Geschütze darauf feuerten. Er übergab Moltke sein Glas, der einen langen Blick durch dasselbe tat und dann mit einem entschiedenen Schwung sein rotes Taschentuch wegsteckte. Er lenkte sein Pferd zum König hinüber und sagte: „Die Schlacht ist entschieden, und zwar zu Höchstdero Gunsten." Der König, den Besorgnisse und Zweifel bedrückten, erwiderte ärgerlich, was das heißen solle; sie sollten sich lieber auf das konzentrieren, was heute passiere. „Nein", erwiderte der Stabschef, „der Erfolg ist vollkommen. Wien liegt zu Füßen Eurer Majestät [24]."

Dieser olympische Ausspruch vermochte die Skepsis des Königs nicht zu zerstreuen. Auch anderen wäre er wahrscheinlich nicht überzeugend vorgekommen. Den müden Truppen an der Bistritz, die noch immer dem Geschützfeuer der Österreicher ausgesetzt waren, hätte er keinen Eindruck gemacht. Auch der Kronprinz in Choteborek wäre überrascht gewesen, denn als die österreichischen Geschütze sich von Hořenowes zurückzogen, nahm er an, das Gefecht sei für diesmal zu Ende [25]. Er konnte nicht ahnen, daß die Triebkraft seiner eigenen Truppen diese Annahme widerlegen würde. In Lipa hätte Benedek diese Feststellung Moltkes für grotesk gehalten. Wie Friedjung sagt, lebte der österreichische Feldherr nur für den Augenblick und war davon gefangen, was sich vor ihm abspielte. Eine Besichtigung des rechten Flügels hatte ihn davon überzeugt, daß das II. und IV. Korps mit der nötigen Beschleunigung auf die Ausgangsstellungen zurückging und daß er deshalb gegen den Vormarsch des Kronprinzen angemessen gesichert war. Wieder spielte er mit dem Gedanken eines Frontalangriffs auf Friedrich Karl. Etwas nach ein Uhr sagte er halblaut: „Jetzt ist es Zeit, den Stoß auszuführen." Auf die Entgegnung eines der Umstehenden, es sei besser, zu warten, bis Pulverdampf und Nebel sich verzogen hätten, gab er mit den Worten nach: „Nun, meinetwegen [26]." Seine Unentschlossenheit war fühlbar wie immer, aber noch schien sie ihren Ursprung nicht in der Vorahnung einer Niederlage zu haben.

Moltkes Blick hingegen richtete sich nicht auf die Vorgänge zu seinen Füßen, ja überhaupt nicht auf den augenblicklichen Stand der Schlacht. Er dachte an die Lage, wie sie in zwei Stunden aussehen würde. Als für das Eintreffen des Kronprinzen an der Flanke neue Beweise kamen — Voigts-Rhetz kehrte von einem Ritt zur 7. Division zurück und berichtete, daß Einheiten der Zweiten Armee bereits seit Mittag in den Kampf eingriffen, konzentrierte sich die Aufmerksamkeit des Stabschefs vor allem darauf, voreilige Aktionen im preußischen Zentrum zu verhindern. Jetzt brannte Friedrich Karl vor Ungeduld und ließ aus eigener Initiative dem General von Manstein sagen, er möge beginnen, die Armeereserve (das III. Korps) einzusetzen. Dies mußte Moltke ablehnen. Er führte aus, das Wichtigste sei jetzt, den Feind zu halten, nicht aber, ihn aus der Falle zu vertreiben, die sich um ihn schloß [27]. Gleichzeitig trachtete Moltke, die Elbarmee auf der rechten Flanke zu erhöhter Wirksamkeit anzufeuern. Um Viertel vor zwei sandte er eine Nachricht folgenden Wortlauts an Herwarth: „Kronprinz bei Žiželowes, Rückzug der Österreicher nach Josefstadt abgeschnitten. Es ist von größter Wichtigkeit, daß das Korps des Generals von Herwarth auf dem entgegengesetzten Flügel vorrückt, während im Zentrum die Österreicher noch standhalten [28]."

Beim Eintreffen dieser Nachricht waren Herwarths Bataillone des ersten Treffens voll beschäftigt. Durch den ersten Gegenangriff ermutigt, bei dem, wie wir gesehen haben (S. 162), die sächsische Leibbrigade die Preußen beinahe bis zum Brückenkopf von Nechanitz zurücktrieb, hatte sich Kronprinz Albert entschlossen, einen noch besser vorbereiteten Streich zu führen. Dazu verwendete er nahezu vier Brigaden und weitere Unterstützungstruppen. Er forderte das österreichische VIII. Korps auf, zwei Brigaden in Ober-Přim in Stellung gehen zu lassen. Dort, vor dem Wald von Stežirek, sollten sie seine linke Flanke decken, während die 2. sächsische Brigade den Angriff der Leibbrigade im Zentrum wieder aufnahm. Sollten die Preußen diesem Druck im Zentrum weichen, dann war beabsichtigt, die 2. Berittene Brigade und die 1. Bespannte Batterie, unterstützt von Edelsheims Leichter Kavalleriedivision, südlich des Waldes von Stežirek über Techlowitz angreifen zu lassen. Sie hatten die rechte Flanke der Preußen zu treffen und die Geschützlinie auf der Höhe von Hradek aufzurollen. Das war ein gut durchdachter Plan, und er hätte gelingen können, wäre nicht eine Reihe bizarrer Vorfälle dazwischengekommen [29].

Die 2. sächsische Brigade marschierte aus dem Kern der sächsischen Stellung bei Problus gegen Neu-Přim. Um etwa halb zwei begann sie über das hügelige Gelände, das sich zwischen diesem Dorf und der Fasanerie erstreckte, vorzugehen. Das 6. Bataillon an der Spitze, machten sie gute Fortschritte und begannen, langsam die linke Flanke der preußischen Artilleriestellung zu umgehen, als das Unheil hereinbrach. Zu ihrer Bestürzung wurden sie gefaßt und überrannt — nicht von preußischen Truppen, sondern von einem in Panik flüchtenden Haufen Österreicher.

Der linke Flügel von Alberts vorgesehenem Unternehmen war gänzlich zusammengebrochen. Erzherzog Ernst, der Kommandeur des VIII. Korps, hatte auf das Ersuchen um Unterstützung die Brigaden Schulz und Roth abgeschickt, um am Rand des Waldes von Stežirek eine Front aufzubauen. Brigade Schulz rückte flott in die Stellung; Brigade Roth kam zu spät und geriet überdies in Unordnung — das 5. Jägerbataillon und Teile des Regiments Nassau kamen durcheinander. Während die Truppen noch bemüht waren, sich nach Einheiten zu trennen und ihre Offiziere zu finden, und während die ganze Brigade Roth nach dem Anschluß zur Brigade Schulz nach rechts hin suchte, brach das 68. preußische Regiment aus den Wäldern und fiel über die verwirrte österreichische Front her.

Prinz Albert hatte unglücklicherweise seinen zweiten Angriff eine halbe Stunde zu spät angesetzt. Herwarth war es ungeachtet seines Zögerns gelungen, um ein Uhr die 15. Division zur Gänze über den Fluß zu schaffen, ihr Kommandeur, Generalleutnant von Canstein, hatte den Befehl, Neu- und Nieder-Přim über Hradek anzugreifen. Er sandte in Ausführung dieses Befehls die 29. Brigade unter Generalmajor von Stückradt in jenen Wald, der die genannten Orte von Hradek trennte, und wies gleichzeitig die 30. Brigade unter Generalmajor von Glasenapp an, in einer schleifenförmigen Bewegung nach rechts über Techlowitz und durch den Wald von Stežirek hindurch zu marschieren und den linken Flügel der Österreicher anzugreifen.

Diese letztere Bewegung zerstörte alle Pläne des sächsischen Kronprinzen. „Die Brigade Glasenapp, an der Spitze das Füsilierbataillon des 68. Regiments, traf auf die Linie der Österreicher, die ins Wanken geriet. Zuerst brach die Brigade Schulz zusammen, die bei Skalitz schwer gelitten hatte und sich von dem Schock noch nicht erholt zu haben schien. Als die tschechischen Mannschaften des Regiments Nobili neuerlich die Feuergarben der Zündnadelgewehre auf sich gerichtet sahen, stürzten sie Hals über Kopf davon und rissen die Bataillone des Regiments Gerstner mit. Die eine Hälfte der Brigade Schulz, unter ihnen der Kommandant, eilten gemeinsam mit den betroffenen Einheiten der Brigade Roth zurück nach Ober-Přim. Die andere wurde nach links, gegen Neu-Přim, geworfen, und zwar in dem Augenblick, in dem der Vormarsch der 2. sächsischen Brigade von Neu-Přim gegen Hradek durchgeführt werden sollte. Die Flüchtenden trafen wie ein Donnerkeil auf die Sachsen, und die durcheinandergewürfelte Menge flutete nach Westen, gerade vor die Geschütze der 29. preußischen Brigade. So brach die Disziplin der Österreicher völlig zusammen, und alles wäre in Panik auseinandergelaufen, wenn nicht die Sachsen gehalten hätten. Ihre zwei Spitzenbataillone hatten unter dem preußischen Feuer schwere Verluste erlitten, aber im Zentrum bewahrten sie tapfer einigermaßen die Ordnung, während das zweite Treffen unter Führung des 2. Jägerbataillons in geschlossenen Reihen mit klingendem Spiel gegen die bedrohte Flanke zog. Um die letzten Flüchtigen durchzulassen, öffneten sie die Reihe für kurze Zeit, schlossen sie dann sogleich wieder und begannen, auf die nachdrängenden Preußen zu feuern. Unter diesem Feuerschutz bemühten sich die Reste der österreichischen Brigaden,

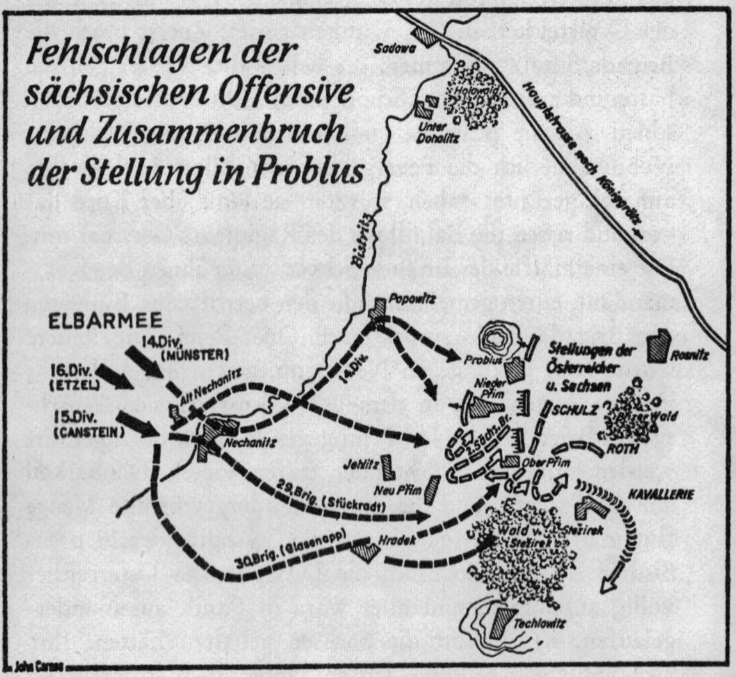
Fehlschlagen der sächsischen Offensive und Zusammenbruch der Stellung in Problus
Sadowa
Holawald
Unter Dohalitz
Hauptstrasse nach Königgrätz
Bistritz
Popowitz
ELBARMEE
14.Div. (MÜNSTER)
16.Div. (ETZEL)
15.Div. (CANSTEIN)
Alt Nechanitz
Nechanitz
14.Div.
Problus
Stellungen der Österreicher u. Sachsen
Rosnitz
Nieder Přim
SCHULZ
Přim
2.Sächs.Br.
Ober Přim
ROTH
Jehlitz
Neu Přim
29.Brig. (Stückradt)
KAVALLERIE
Wald v. Stežirek
Stežirek
Hradek
30.Brig. (Glasenapp)
Techlowitz

deren Verluste an die tausend Mann betrugen, verzweifelt, sich in Ober-Přim zu formieren. Die Sachsen gingen planmäßig gegen Problus zurück [30].

Der Versuch der Österreicher, Ober-Přim zu halten, scheiterte. Das 3. Infanteriebataillon des Regiments Gerstner verteidigte sich verbissen gegen das 68. preußische Regiment, aber als ein konzentrischer Angriff des 28. Regiments ihm die Rückzugslinie abzuschneiden drohte, mußte es weichen. Eben als die letzten Österreicher in kleinen Gruppen durch die Getreidefelder dem Břizer-Wald zueilten, der verhältnismäßige Sicherheit gewährte, stürzte Generalmajor Schulz, der trotz aufopfernden Einsatzes die Vernichtung seiner Brigade hatte mitansehen müssen, vom Pferd, von zwei Kugeln in die Brust getroffen. Eine Zeitlang lag er unter dem schweren Feuer seiner eigenen Geschütze, die den preußischen Vormarsch zu halten suchten; schließlich barg ihn eine unter der Führung von Hauptmann Perizonius und Leutnant Tempel stehende Patrouille des 28. preußischen Regiments. Der Generalmajor starb, während sie ihn ins Dorf zurücktrugen [31].

Kronprinz Alberts Stellung befand sich nun in größter Bedrängnis. Es war halb drei Uhr nachmittags. Die 30. preußische Brigade, die sich in den Besitz von Ober-Přim gesetzt hatte, war in der Lage, den Břizer-Wald, der nur von zwei Bataillonen der Brigade Wöber gehalten wurde, zu durchstoßen und die Besatzung von Problus in der Flanke zu fassen. Nieder-Přim stand in Flammen und wurde von der 29. preußischen Brigade heftig angegriffen. Wenn der Ort fiel, waren die 46 Geschütze der Sachsen auf der Höhe von Problus bald dem Angriff der Infanterie ausgesetzt. Bedeutender noch war die Tatsache, daß Herwarth, in Ausführung des von Moltke erhaltenen

Befehls, um Viertel vor zwei die 14. Division unter Generalleutnant von Münster anwies, die Stellung von Problus mit voller Kraft zu attackieren. Münsters zwei Brigaden griffen auf der ganzen Linie Problus—Střesetitz an. Flatternde Fahnen und klingendes Spiel begleiteten sie. Der sächsische Kronprinz hatte ursprünglich der 1. sächsischen Brigade den Auftrag erteilt, einen Versuch zu unternehmen, um den während der letzten Stunde entstandenen Schaden wiedergutzumachen. Er mußte jedoch zusehen, wie die Brigade in das schwere Feuer der Geschütze Münsters geriet und sich von Nieder-Přim zum Břizer-Wald zurückzuziehen begann, um dort in das Gewehrfeuer der vordersten Einheiten der 30. Brigade zu kommen. Die 1. sächsische Brigade hatte von Beginn des Feldzuges an tapfer gekämpft, aber seit Gitschin war sie hart angeschlagen und ihr Kampfgeist nicht mehr der von einst. Die Anzeichen für einen langsamen Zerfall der Brigade begannen sich zu mehren [32].

Die Gefahr, überflügelt zu werden, war nur zu deutlich, und Albert zog daraus die einzig mögliche Schlußfolgerung. Er beschloß, zurückzugehen. Wenn er in dieser Hinsicht noch Zweifel gehabt hätte, dann wurden sie durch die Vorbereitungen des neben ihm stehenden X. österreichischen Korps zerstreut, das sich anschickte, dasselbe zu tun [33]. Der Kronprinz ließ die Kavallerie an beiden Flanken Aufstellung nehmen und befahl der 3. Brigade, die Linie Nieder-Přim—Problus zu halten, während sich das Gros seiner Truppen nach Břiza zurückzog. Die 3. Brigade führte ihren Auftrag klug und kraftvoll durch und hielt trotz erheblicher Verluste eisern bis nach drei Uhr stand. Unter ihren Toten befanden sich der Brigadier, Generalmajor von Carlowitz, und der Kommandeur des

3. Jägerbataillons, Oberstleutnant von der Mosel. Aber die meisten Truppen hatten sich zu diesem Zeitpunkt schon abgesetzt. Dennoch zögerte die Nachhut, das Gefecht abzubrechen. Um halb vier stand noch das 1. Jägerbataillon im Kampf, als Kronprinz Albert in Begleitung seines Stabes ermüdet am Waldsaum von Bor eintraf. Sie empfingen ihren Prinzen mit lautem Hurra, und er vergalt ihren Mut damit, daß er ihnen auf dem Rückzug die Bedeckung des Hauptquartiers übertrug [34].

Kurz nach drei Uhr fiel Problus in preußische Hände; damit war der linke Flügel der österreichischen Aufstellung zertrümmert, die Verteidiger auf dem Rückzug: der erste Teil der Herwarth gestellten Aufgabe war erfüllt. Aber nur der erste Teil. Nun hätte er nach Moltkes Ansicht vordringen, den zurückgehenden Feind verfolgen und gegen die Reihen der gleichzeitig im Zentrum weichenden österreichischen Korps drängen müssen, um so den Ring zu schließen. Hätte Herwarth mit seiner eigenen Kavallerie, der von Friedrich Karl geliehenen Kavalleriedivision Alvensleben und mit der unverbrauchten 16. Infanteriedivision die Verfolgung tatkräftig aufgenommen, dann wäre ihm eine entscheidende Rolle in diesem letzten Abschnitt der Schlacht zugefallen [35]. Aber Herwarth ließ sich die Chance entgehen. Erst nach zwei Uhr gab er der 16. Division die Anweisung, über die Bistritz zu gehen. Zur gleichen Zeit befand sich auch die Kavallerie noch am jenseitigen Ufer. Die vorderen Divisionen waren zu geschwächt, um noch an Verfolgung zu denken. Sie hatten 71 Offiziere und 1557 Mann verloren und waren physisch erschöpft [36]. Die Schwungkraft der Elbarmee nahm nach dem Fall von Problus und der Besetzung von Bříza ab und erlahmte schließlich ganz. Nicht Herwarth sollte den Entscheidungsschlag gegen Benedeks Armee führen, sondern der preußische Kronprinz.

Wie wir vorher (S. 193) sahen, führten zwei von den drei Korps des Kronprinzen seit zehn Uhr eine aufeinander abgestimmte Angriffsbewegung gegen die schwache Flanke der Österreicher durch. Am linken Flügel machte die 12. Division unter Prondzynski gute Fortschritte und ging bis zwei Uhr auf dem Ostufer der Trotina gegen das Dorf gleichen Namens vor. Der rechte Flügel — die 11. Division unter Zastrow — überschritt um eine Stunde früher bei dem flußaufwärts gelegenen Račitz die Trotina. Hier gab es Widerstand, der aber nicht lange anhielt. Ein Bataillon Italiener von der österreichischen Division Holstein hielt die Brücke bei Račitz besetzt. Sie waren an dem Gefecht im Swiepwald beteiligt gewesen und hatten dort erhebliche Verluste erlitten. Dann wurden sie herausgezogen und nach Osten geworfen, um eine der vielen Lücken in der Front zu schließen. Ihre Disziplin hatte während dieser Vorgänge sehr gelitten, und so gaben sie nach einem äußerst kurzen Feuerwechsel mit dem 1. Bataillon des 50. preußischen Regiments ihre Stellung auf und ergriffen die Flucht [37]. Die 11. Division drängte rasch über den Fluß nach und näherte sich gegen zwei Uhr Sendražitz. Ihr eigentliches Ziel lag jedoch noch weiter, bei Nedelischt. Der Besitz dieses Ortes ermöglichte eine Stellung in Flanke und Rücken der Schlüsselposition von Benedeks Verteidigung, der starken Stellung von Chlum. Die 12. Division hingegen strebte nach Lochenitz, von wo aus sie darangehen konnte, die Straße Sadowa—Königgrätz zu sperren und den Österreichern den Rückzug zu verlegen. Zwischen diesen beiden Divisionen und ihren Operationszielen befanden sich bis zur Stunde keine österreichischen Streitkräfte von Bedeutung.

Jenseits Trotina konnte man zwar von der Brigade Henriquez — genannt die „Schwarz-Gelben“ und berühmt durch ihre Unternehmungen im Dänenfeldzug — die Errichtung einer starken Verteidigungslinie erwarten, aber vor Sendražitz lagen nur zwei ungarische Bataillone, die höchstens durch zwei Bataillone und eine Kompanie von der Brigade Thom sowie die Kavalleriedivision Prinz Taxis unterstützt werden konnten. Die beiden Batterien der letzteren waren daran, die Zugänge zum Dorf mit Sperrfeuer zu belegen [38]. Um den Ostrand der österreichischen rechten Flanke zu sichern, genügte diese Streitmacht kaum, aber die 11. und 12. Division hatte ja bis zwei Uhr ihren Angriff noch nicht in Gang gebracht, so daß Zeit blieb, weitere österreichische Bataillone aus dem Swiepwald zu ziehen und die Front damit zu verstärken — vorausgesetzt, daß weiter westlich nichts Besonderes vorfiel.

Eine Zeitlang schien es, als sei dies nicht zu befürchten. Die 1. preußische Gardedivision nahm zwar kurz nach ein Uhr Hořenowes, und die Korps-Artilleriereserve schloß dicht dahinter auf, doch der Korpskommandeur zögerte, den Befehl zum weiteren Vorgehen zu geben, ehe nicht die 2. Gardedivision in Reservestellung gegangen sei und die 11. Division Sendražitz genommen hatte. Nur so konnte die Möglichkeit eines österreichischen Flankenangriffs gegen die Gardetruppen ausgeschaltet werden. Oberst von Dannenberg, der Stabschef des Korps, ritt nach Hořenowes und wies den Divisionskommandeur, Hiller von Gärtringen, an, stehenzubleiben und weitere Befehle abzuwarten [39].

Hiller war ein Draufgänger, der wahrscheinlich auf jeden Fall dagegen gewesen wäre, die Initiative freiwillig abzugeben. Diesmal aber spürte er instinktiv, daß jede Verzögerung des Vormarsches den Österreichern Zeit geben müsse, ihre Front zu stärken. Kaum hatte Dannenberg den Befehlsstand verlassen, da tat Hiller etwas, das man ohne weiteres als Ungehorsam auslegen konnte. Ein Disziplinarverfahren wäre ihm sicher gewesen, hätte sein Unternehmen nicht Erfolg gehabt und hätte er nicht mit dem Leben dafür bezahlt. Er entsprach in gewisser Hinsicht den erhaltenen Befehlen, indem er die Bataillone der Brigade Alvensleben, die seit Königinhof an der Spitze marschiert waren und auch die Strecke nach Hořenowes als Vorhut zurückgelegt hatten, zurückberief. Ihnen gab er Auftrag, östlich von Maslowed in Reservestellung zu gehen. Seinen übrigen Truppen jedoch gab er gleichzeitig den Befehl, gegen die geschützstarrende Höhe vorzugehen, die sich vor ihnen erhob. Das war der Beginn des preußischen Angriffs auf Chlum.

Um halb drei Uhr nachmittags ging die 1. Garde-Infanteriebrigade unter Führung der Obersten von Obernitz und von Knappe, dicht gefolgt von drei Bataillonen unter Oberst von Kessel, an den Bataillonen Alvenslebens vorbei. Hohenlohe beobachtete, wie die *tirailleurs* sich unter schwerem Beschuß über den hügeligen Grund vorarbeiteten, und bemerkte zu dem Kommandeur der Korpsartillerie, Generalmajor Louis Max Napoleon von Colomier, daß sie ohne Artillerieunterstützung wohl nicht sehr weit kommen würden. Wo waren Hillers Batterien? Colomier war der Meinung, sie seien in Ziželowes geblieben, wo sie Hiller zurückgelassen hatte. Anscheinend habe Hiller einfach vergessen, sie nachkommen zu lassen.

Noch einen kurzen Augenblick beobachtete Hohenlohe, wie die Granaten in die Reihen der Infanterie einschlugen, dann gab er seinem ersten Impuls nach. Er würde die nötige Unterstützung selbst geben. Da Colomier nichts dagegen zu haben schien, protzte Hohenlohe auf und jagte mit seinen eigenen und den vorher von der 11. Division geliehenen Batterien den Hang hinunter. An einem Punkt, etwa 1200 m von der Höhe entfernt und in voller Sicht der Österreicher, machte er halt und eröffnete das Feuer auf sie, in der Erwartung, die Aufmerksamkeit auf sich zu lenken. Er war natürlich hoffnungslos unterlegen, denn zwischen Chlum und Nedelischt standen 108 Geschütze; aber er war der Meinung, er könne unter Ausnützung jeder Geländefalte und mit häufigem Stellungswechsel erreichen, daß die Österreicher ihn überschossen [40].

Tatsächlich hatte er mit seiner Methode einen gewissen Erfolg. Um drei Uhr teilte sich das Feuer der Österreicher — Hohenlohes Batterien hatten keine größeren Verluste erlitten —, und genau um diese Zeit durchschritten die *tirailleurs* von Obernitz die Gefahrenzone zwischen Maslowed und Chlum. Wahrscheinlich wurde den Schützen die Hilfe, die man ihnen leistete, gar nicht bewußt. Weder zu einem klaren Gedanken, viel weniger noch zu einem Gefühl der Dankbarkeit blieb ihnen inmitten des betäubenden Lärms des Artilleriefeuers Zeit. Unter Trommelwirbeln stolperten sie halb laufend durch das hohe Korn den Hang hinauf, wobei sie instinktiv die aufgelöste Ordnung beibehielten und nur trachteten, so rasch wie möglich durch den Feuervorhang zur Höhe zu kommen [41].

Chlum war ein hübsches kleines Dorf, das auf der gleichnamigen Höhe lag und durch eine Querstraße in eine nördliche und eine südliche Hälfte geteilt wurde.

Der Südteil mit der meilenweit sichtbaren Kirche beherrschte die höchste Erhebung, während der Nordteil etwas tiefer am Rand des Abhangs lag. Das Dorf war so angelegt, daß man von ihm aus unmöglich sehen konnte, was sich auf den Zugängen vom Tal her ereignete. Auch die Gräben und Erdbefestigungen, die sich auf dem Hang links und rechts des Dorfes befanden, waren von dort aus nicht einzusehen. Selbst wenn man an den Nordrand vorging, wurde der Blick durch die Höhe von Maslowed behindert; zwischen jenem Hügel und dem Fuß der Höhe von Chlum verlief das Gelände wellenförmig und war größtenteils mit Korn bewachsen, das anderthalb Meter hoch stand. All das erschwerte das rechtzeitige Erkennen einer Feindannäherung [42].

Die Verteidigung von Chlum war der Brigade des Generalmajors von Appiano anvertraut. Dieser war einer von den strengen Stockmeistern, die nach der Unterdrükkung der ungarischen Revolution das Strafgericht über jene Regimenter hielten, die versagt hatten. Jetzt bildeten Ungarn das Gros seines Kommandos — es waren dies die Regimenter Nr. 46 (Sachsen-Meiningen) und Nr. 62 (Erzherzog Heinrich) —, unterstützt durch das 4. mährische Jägerbataillon. Am frühen Morgen standen einige seiner Einheiten in Cistowes und nahmen an den Kämpfen gegen Fransecky teil. Der Mißerfolg hinterließ in dem Kommandanten einen bleibenden Stachel, auch als die Truppen an die Schützengräben von Chlum zurückgenommen wurden. Einer Bedrohung von Norden her schenkte er nicht die geringste Aufmerksamkeit. Seine Leute machten noch immer Front nach Westen. Er selbst wartete nur auf die Gelegenheit, Friedrich Karl erbarmungslos zu vernichten, ehe der Tag zu Ende ging. Dies ist, wie Friedjung ganz richtig bemerkt[43], unerklärlich, denn Appianos Streitkräfte waren von ein Uhr ab dem Feuer der preußischen Geschütze in Hořenowes ausgesetzt; aber ebensowenig erklärbar war auch sein weiteres Verhalten. Um seine Truppen vor diesem Feuer wie auch vor jenem der Batterien Friedrich Karls zu schützen, ließ er den Großteil an einem Punkt etwa 700 m südlich Chlum Stellung beziehen. Dieser Punkt hatte zwar den Vorteil der Deckung, doch konnte man von ihm aus das Dorf nicht sehen. In Chlum verblieben nur das 2. und 3. Bataillon des 46. Regiments, während das 1. Bataillon seinen Gefechtsstand deckte. So kam es, daß keines der Bataillone das andere sehen konnte, wodurch die gegenseitige Unterstützung erschwert, wenn nicht unmöglich gemacht wurde.

In Chlum herrschte eine gewisse Nervosität, Gerüchte gingen um, die Preußen seien schon unterwegs. Der Regimentskommandeur, Oberst von Slawecki, der seinen Gefechtsstand in der südöstlichen Ecke des Dorfes beim 3. Bataillon eingerichtet hatte, lachte herzlich darüber. „Ihr seid alle Schwarzseher", sagte er, als seine Offiziere ihre Bedenken äußerten. Als bald darauf gemeldet wurde, Truppen, die eine den preußischen Gardehelmen ähnliche Kopfbedeckung trugen, seien im Anmarsch gegen die Front der Brigade des Erzherzogs Joseph zwischen Chlum und Nedelischt, meinte Slawecki zuversichtlich: „Das sind Sachsen!" Mit diesen Worten verriet er seine völlige Unkenntnis der eigenen Schlachtordnung[44].

Das Verhalten der Österreicher an diesem Angelpunkt ihrer Front forderte eine Katastrophe geradezu heraus, und solche Herausforderungen bleiben selten unerwidert. Während sich Slawecki noch über die Befürchtungen seiner Subalternoffiziere lustig machte, tauchten die Bataillone des 1. und des 3. Garderegiments sowie die Gardejäger Gespenstern gleich aus dem Nebel und fielen über die östlich von Chlum aufgestellten Geschütze her. Zu deren Schutz dienten das 67. und 68. Regiment, Slowaken und Magyaren aus der Brigade Erzherzog Joseph. Für sie hatte es an jenem Tag noch keine Kampftätigkeit gegeben, und als sie sich so plötzlich der Gefahr gegenübersahen, wurden sie von Panik erfaßt. Der Hauptmann der ersten preußischen Kompanie, die unter den Geschützen ausschwärmte, berichtete: „Der Feind, statt uns entschlossen entgegenzugehen, blieb unschlüssig, selbst ohne zu feuern, stehen, machte dann kehrt und schob sich unter unserem mörderischen Feuer nach verschiedenen Richtungen hin zurück [45]." Umsonst schlugen die Offiziere mit der flachen Klinge auf sie ein und schrien: „Ihr Feiglinge! Bleibt stehen, ihr feigen Hunde!" Umsonst rief der Brigadier, Erzherzog Joseph, dem an diesem Tag drei Pferde unter dem Leib weggeschossen worden waren: „Kinder, laßt mich nicht im Stich!" Taub für jeden Zuruf, flohen sie und ließen 16 Geschütze stehen. Die schmähliche Flucht riß auch die in der zweiten Linie stehenden Truppen — Reste der unglückseligen Brigade Brandenstein, die von Zychlinski einige Stunden vorher so hart mitgenommen worden war — mit sich. Die Leute rannten trotz der heldenhaften Anstrengungen ihrer Offiziere davon. Oberstleutnant von Hofbauer, dem 64 Geschütze von der Armee-Artilleriereserve unterstanden, machte den Versuch, dieser haltlosen Flucht Einhalt zu gebieten. Er brachte seine hinter der Brigade Erzherzog Joseph postierten Geschütze nach vorn in die verlassenen Erdbefestigungen, aber die von Panik ergriffenen Leute stürzten zwischen den Geschützen davon, so daß er sich wieder zurückziehen mußte. Diesen

Rückzug bewerkstelligte er allerdings mit großem Mut und Geschick. Mit nur geringen Verlusten brachte er seine Batterien aus dem unmittelbaren Kampfgebiet und bildete weiter südlich auf der Höhe von Swety eine neue Front, in der er kämpfend noch Stunden aushielt [46].

Die Hauptfront aber war durchbrochen. Durch die Lücke strömte die Brigade Obernitz, gefolgt von Kessels drei Bataillonen, und nahm Richtung auf das Dorf Rosběritz. Da bemerkten sie schwaches Feuer aus dem Dorf Chlum, das sie für unbesetzt gehalten und darum rechts liegengelassen hatten. Sofort wandten sich das 1. Bataillon und die Füsiliere des 1. Garderegiments dorthin und brachen in das Dorf, mitten unter das arglose 3. Bataillon Sachsen-Meiningen. Voll Zuversicht, aber zum letzten Mal, sagte der Kommandant gerade: „Ihr seht Gespenster!“ Mit diesen Worten fiel Slawecki, und mit ihm ein Großteil seines Kommandos. Aus jeder Richtung feuerten die Zündnadelgewehre in den Hohlweg, in dem das 3. Bataillon Stellung bezogen hatte. Nach fünf Minuten war es faktisch vernichtet. Dann durchstießen die Gardetruppen das Dorf und schlossen das 2. Bataillon ein. Die Österreicher, unter Führung des Oberstleutnants Freiherr von Schimmelpenning, versuchten sich durchzuschlagen, aber sie verloren dabei binnen einiger Minuten ihren Kommandanten und mehr als hundert ihrer Kameraden. Die übriggebliebenen 600 Mann ergaben sich [47].

Das 1. Bataillon des Regiments Nr. 46 war, wie wir gesehen haben, südlich von Chlum in Stellung gegangen. Ihm war ein ähnlich verhängnisvoller Zwischenfall beschieden wie der, der eine Stunde vorher die 2. sächsische Brigade bei ihrem Vorgehen auf Hradek (S. 201) betroffen hatte. Durch den Waffenlärm im Dorf alarmiert, befahl Major von Noack seinem Bataillon den Angriff. Dabei nahm er an, daß ihn Appiano mit dem anderen Regiment unterstützen würde. Das 1. Bataillon marschierte trotz vernichtenden preußischen Infanteriefeuers todesmutig gegen Chlum und hatte schon die Hälfte des Weges zurückgelegt, als plötzlich von irgendwoher ein Trupp wild galoppierender österreichischer Reiter auftauchte. Diese warfen sich in die Flanke des Bataillons, brachten es vollständig in Verwirrung und nötigten es zum raschen Rückzug.

Wieder einmal rächten sich die Sünden eines Festetics, Görtz und Mollinary an der Armee. Wie wir bereits sahen, bereitete es große Schwierigkeiten, sich aus dem Engagement, das jene im Swiepwald eingegangen waren, zu lösen; die Aufgabe war noch nicht erfüllt, als der Angriff der preußischen Zweiten Armee begann. Die Überreste der Brigade des Obersten Emerich von Fleischhacker und das 7. Husarenregiment standen um diese Zeit in Cistowes. Die Husaren trachteten durch ein Ausbrechen in Richtung Maslowed der mißlichen Lage zu entkommen, doch sie erregten die Aufmerksamkeit von Hohenlohes Artillerie, die ein wirksames Feuer gegen sie eröffnete und sie zwang, sich nach Chlum zu wenden. Wie ein Wirbelsturm brachen sie in haltloser Flucht über Noacks Bataillon herein. Die fluchenden und tobenden Infanteristen niederreitend, stürmten sie geradewegs in das Feuer der preußischen Gardejäger. Dann taumelten sie zurück und brachen nochmals nach Hořenowes durch, um dort vor den Augen des Kronprinzen und seines Stabs durch massiertes Feuer der Schützen aus dem 2. Garderegiment und der Gardehusaren reihenweise niedergestreckt zu werden. Der Rest schleppte sich nach Süden und entkam. In Chlum jedoch hinterließ ihre Spur ein Chaos [48].

Appiano bemühte sich nicht sonderlich, den Schaden wiedergutzumachen. Während der ersten Phasen des Angriffs auf die Höhe von Chlum war er in dem von ihm ausgesuchten Gefechtsstand südlich des Dorfes gesessen und hatte augenscheinlich nichts Auffälliges gesehen oder gehört. Erst nach der Vernichtung seines Regiments Sachsen-Meiningen — der Ausdruck ist absichtlich gewählt, denn dieses tapfere Regiment, das sich in Italien und Dänemark ausgezeichnet hatte, verlor über 2000 Mann, davon mehr als 400 Tote [49] — machte Appiano mit Einheiten des Regiments Nr. 62 (Erzherzog Heinrich) einen zaghaften Versuch, Chlum wiederzugewinnen. Was er dort antraf, gefiel ihm aber nicht sonderlich, und so machte er ohne viel Aufhebens kehrt und marschierte nach Swety und weiter nach Königgrätz [50].

Nicht alle in Chlum befindlichen Truppen zeigten sich derart mutlos. Eine von Hauptmann von der Groeben kommandierte Reitende Batterie, die in den Schanzen nordwestlich des Dorfes stand, versuchte die Ausweitung des preußischen Erfolges zu hindern und den Rückzug der Österreicher dadurch zu decken, daß sie den Südausgang Chlums unter Feuer nahm. Ihre ersten Salven wurden jedoch von einem so massiven Gewehrfeuer beantwortet, daß innerhalb von fünf Minuten Groeben, ein weiterer Offizier, 52 Mann und 68 Pferde tot dalagen. Ihre Tapferkeit trug ihnen nichts ein als ein Denkmal an dem Ort, wo sie fielen, mit der pathetischen Aufschrift: „Die Batterie der Toten [51]."

Mit gleicher Tapferkeit machten sechs Schwadronen der Kavalleriedivision Holstein den Versuch, sich dem Sturm von Kessels Bataillonen auf Rosbeřitz entgegenzuwerfen. Als sie jedoch die preußischen Linien angreifen wollten, geriet die erste Welle in einen versteckten Hohlweg und stürzte. Während sie sich bemühten, die scheuenden Pferde zu zügeln und Raum zu geben, um nicht von den nachfolgenden Schwadronen überritten zu werden, wurden die Franz-Joseph-Kürassiere nahezu aufgerieben, die Ulanen gleichen Namens erlitten schwere Verluste. Der Rest formierte sich unter dem Schutz österreichischer Artillerie neu und zog nach Langenhof ab. Kessels Infanterie besetzte den Nordteil von Rosbeřitz [52].

Auf der anderen Seite von Chlum verbesserte inzwischen die Zweite preußische Armee methodisch ihre Stellungen. Im Westen drang die Brigade Alvensleben in den Wald von Lipa ein und nahm ihn nach einem scharfen Gefecht mit den Überresten der zusammengeschlagenen Brigade Fleischhacker in Besitz. Die Österreicher hatten sich erst mit Mühe von Cistowes abgesetzt und entrannen nun mit knapper Not, ehe die Falle zuschnappte. Die Besetzung des Waldes eröffnete den Preußen den Weg nach Lipa, und die Spitze der 2. Gardedivision griff auch sofort das Dorf an [53]. Weiter östlich setzten die 11. und 12. Division ihr gemeinsames Vorgehen über Sendražitz und Trotina fort. Dieses wurde durch ein Versäumnis auf österreichischer Seite unterstützt, das noch schwerer zu rechtfertigen ist als die Haltung Appianos. Graf Thun, der Kommandeur des II. österreichischen Korps, hatte mit mehr Glück als Mollinary seine Truppen aus dem Swiepwald herausziehen können. Zu dem Zeitpunkt, als die Preußen nach Überschreitung der Trotina sich auf dem Weg nach Nedelischt und Lochenitz befanden, standen ihm noch mehr als eineinhalb unverbrauchte Brigaden zur Verfügung, außerdem die Kavallerie des Prinzen Thurn und Taxis. Aber Thun, der dem Kampf lieber auswich, beschloß zum Ärger vieler seiner Offiziere, sich jenseits der oberen Elbe in Sicherheit zu bringen. Er versuchte zwar später zu beweisen, daß dieses Unternehmen erst stattfand, als der allgemeine Rückzug der Armee schon begonnen hatte; doch scheint es unbestreitbar, daß er der unversehrt gebliebenen Brigade Henriquez den Befehl zum Abmarsch nach dem Übergang von Predmeřitz schon eine halbe Stunde vor der Einnahme von Chlum durch die Garde gab. Die übrigen Abteilungen schlossen sich ohne Verzug an, die Kavallerie leistete Rückendeckung. So verließen etwa 25.000 Mann das Schlachtfeld, ohne Gelegenheit gehabt zu haben, sich im Kampf zu bewähren. Durch seinen Entschluß entblößte Thun überdies die einzige Rückzugslinie, die der Armee noch blieb. Gegen geringsten Widerstand konnte die 11. Division in Nedelischt einrükken, und Prondzynskis Bataillone besetzten Lochenitz [54].

Nun war es drei Uhr. Die Zweite Armee hatte zumindest zeitweilig auf der Linie Chlum—Nedelischt—Lochenitz Fuß gefaßt. Die preußische Infanterie hatte den Höhenrücken zügig, gleichsam nach der Uhr, in Besitz genommen; vielleicht war es für die Sache Preußens gut, daß sie solche Eile an den Tag legten. Denn gerade zu der Zeit, da die Gardetruppen wie fleischgewordene Schatten aus dem später zur Berühmtheit gelangten „Nebel von Chlum" [55] traten und die entsetzten slowakischen Besatzungen der äußeren Verteidigungslinien überrannten, machten sich an der Front im Holawald die ersten Anzeichen für ein Nachlassen der Disziplin auf preußischer Seite bemerkbar. Kurz vor drei Uhr stellte der Kommandeur des II. Korps, Generalleutnant von Schmidt, fest, die

Schlacht sei verloren. Eben hatte er die letzten Reserven der 4. Division zur Sicherung der Straße an der Nordseite des Holawaldes eingesetzt; nun besaß er nichts mehr und ließ dem Kommandeur des III. Korps, General von Manstein, der sich in Reservestellung befand, mitteilen, er müsse an den Rückzug denken; Manstein täte gut daran, sich ihm anzuschließen. Manstein ritt nach vorn und beschwor Schmidt, auszuhalten; er selbst werde es auf jeden Fall tun. Seine 12. Brigade stellte er Schmidt zur Verfügung. Schmidt zog sich schließlich nicht zurück, aber die Tatsache, daß er dies überhaupt erwog, beweist möglicherweise, daß auch bei den Preußen Ansätze zur Panik vorhanden waren und daß der Stoß der Garde in das Herz der österreichischen Stellung keinen Augenblick zu früh kam. Nach dem Krieg pflegte man Schmidts Verhalten als den Ausbruch einer Geisteskrankheit zu deuten, der er kurze Zeit später erlag [56]. Doch ein so gründlicher und gerechter Gelehrter wie der Kriegshistoriker Lettow-Vorbeck war der Überzeugung, daß dies keine ausreichende Erklärung war, denn Schmidts Stabschef war ebenfalls der festen Meinung, daß die Preußen im Holawald nicht mehr standhalten könnten [57].

Die Einnahme von Chlum erfolgte so erstaunlich schnell, daß einige Zeit verging, ehe die Nachricht davon an die Hauptquartiere der einander gegenüberstehenden Armeen gelangte, und ehe die Masse der in der Schlacht stehenden Truppen es bemerkte. Einige Minuten, nachdem man auf den Höhen festen Fuß gefaßt hatte, ritt Hohenlohe den Hang hinauf und traf oben Hiller von Gärtringen und Colomier. Er berichtet darüber: „Ich war überrascht von dem Anblick, der sich mir darbot. Die Höhe, auf der wir hielten, ist die dominierendste in der ganzen Gegend. Vor uns, am Fuß der Höhe, breitete sich eine großartige Mulde aus, in der die Dörfer Langenhof, Střesetitz, Rosbeřitz, Wschestar liegen, jenseits derselben erheben sich die Höhen von Rosnitz und Problus, rechts zogen sich die Höhen von Lipa nach Třesowitz, links vorne in der Tiefe aber sah man die Türme von Königgrätz, wohin aus jener Mulde die den Fuß unserer Höhe entlangführende Chaussee wies. Das Originellste an dem Anblick war, daß die ganze Mulde in der Länge und Breite von wohl einer Viertelmeile mit Österreichern ganz angefüllt war. Da standen zwei Infanteriekorps, Nr. I und VI, und einige Kavalleriedivisionen mit den zugehörigen Artilleriemassen in schönster Ordnung unter uns, alle aber mit dem Gesicht nach Westen. Aus unserer Vogelperspektive überblickten wir sie, und sie sahen aus wie schöne weiße Steinchen, mit denen Kinder spielen. Es hat selten jemand im Frieden Gelegenheit, mehr als zwei Armeekorps mit einem Blick überschauen zu können. Der Anblick überraschte mich derart, daß ich, alles andere vergessend, ausrief: ‚Gott, wie prächtig sieht das aus!' Colomier fuhr mich aber an und sagte: ‚Jetzt ist keine Zeit, Schönheiten zu bewundern. Bringen Sie Ihre Batterien her.' [58]“

VII

DIE SCHLACHT:

Auf der Walstatt

Dringend wiederholten Streichen
Müssen unsre Feinde weichen,
Und mit ungewissem Fechten
Drängen sie nach ihrer Rechten
Und verwirren so im Streite
Ihrer Hauptmacht linke Seite.
Unsers Phalanx feste Spitze
Zieht sich rechts, und gleich dem Blitze
Fährt sie in die schwache Stelle.
Nun, wie sturmerregte Welle
Sprühend, wüten gleiche Mächte
Wild in doppeltem Gefechte;
Herrlichers ist nichts ersonnen,
Uns ist diese Schlacht gewonnen[1]!

Faust, 2. Teil, 4. Akt

Kurz nach drei Uhr fiel es Oberst Neuber vom Stab Benedeks ein, sich ein frisches Pferd zu besorgen und zu diesem Zweck nach Chlum hinüberzureiten. Dort angekommen, sah er zu seiner Überraschung fliehende österreichische Kavallerie und brennende Straßenzeilen. Feindliche Geschosse fielen hageldicht. Neuber war wie vom Donner gerührt und galoppierte zum Gefechtsstand zurück. Da er besorgt war, er könnte eine allgemeine Panik hervorrufen, wollte er mit seiner Nachricht nicht herausplatzen, sondern sie dem Kommandeur unter vier Augen melden. „Wir haben hier keine Geheimnisse“, meinte Benedek. „Nun gut, dann habe ich zu melden, daß die

Preußen Chlum besetzt haben." „Unsinn!" sagte Benedek kurz und setzte zu einem Diktat für den Adjutanten an. Dann wiederholte er heftig: „Plauschen S' nicht!" Neuber schüttelte den Kopf und beharrte auf der Wahrheit seiner Meldung. Darauf fixierte Benedek ihn scharf und wandte sich dann an Baumgarten, den er ersuchte, hinzureiten und die Lage in Chlum zu untersuchen. Aber als besinne er sich plötzlich, warf er jäh sein Pferd herum und sprengte, gefolgt von seinem ganzen Stab, davon, um sich selbst zu überzeugen [2].

Der Kriegsberichterstatter der *Times*, der sich den ganzen Tag in unmittelbarer Nähe des Oberkommandierenden aufhielt, war Augenzeuge dieses ungestümen Rittes und seiner Folgen. Am nächsten Tag schrieb er: „Schneller als ich es niederzuschreiben vermag, sank Prinz Esterhazy vom Pferd, sein Schlachtroß war unter ihm erschossen; Graf Grünne erhielt eine, wie man sagt, tödliche Wunde [3]; Baron Heniksteins englische Stute wurde schwer verwundet, unter den Begleitern gab es weitere Verwundungen. Ich sah, wie der junge Prinz Esterhazy mit schmutzbedecktem Angesicht auf die Füße taumelte, sich von einem Dragoner ein Pferd geben ließ — dieser erhielt sofort ein anderes — und gleich den übrigen an einen sicheren Ort ritt. Zuvor suchten sie noch die Mannschaften, die, durch die Plötzlichkeit des Angriffs erschreckt, auseinandergingen, zu sammeln. Der Schlüssel der Position war in den Händen des Feindes, und Schrecken war auf jedem Antlitz ausgeprägt. Nur Benedek blieb gefaßt und ruhig, wie alle, die ihn zu Gesicht bekamen, bemerkten, während er hinwegritt, um einige Reserven herbeizuholen, mit denen er die verlorene Position wiedergewinnen wollte. Als der Stab seinem Chef folgte, fielen die Kugeln immer noch dicht. Sie näherten sich einem kleinen Bauernhaus mit Nebengebäuden, um dort Schutz zu suchen, wurden aber von der preußischen Besatzung mit einer neuen Salve begrüßt, wobei Erzherzog Wilhelm am Kopf verwundet wurde, ich glaube aber, nicht ernstlich." „Es ist nicht verwunderlich", fügte der Korrespondent mit einem Zug zum Unterspielen, das seine Landsleute an ihm schätzten, hinzu, „daß dieses unerwartete Auftreten des Feindes in unserer Mitte, gerade als sich die österreichische Armee dem Sieg so nahe glaubte, einige Verwirrung hervorrief [4]."

Unter ähnlichen Umständen hatten Appiano und Thun den Mut verloren und das Schlachtfeld verlassen.

Benedek reagierte anscheinend ganz anders, er geriet in rasende Wut. All das hamletische Schwanken und die anfängliche Niedergeschlagenheit, die aus den Briefen an seine Frau sprach, fielen in dem Augenblick von ihm ab, als das Schlachtglück sich gegen ihn wandte. Der Held von Solferino stand da, der mit Umsicht und Tatkraft gegen widrige Umstände kämpfte. Was immer gegen seine operative Leitung seit Beginn des Feldzugs, gegen sein verhängnisvolles Zaudern am Morgen der Schlacht bei Königgrätz vorgebracht werden mag — seine Führung während der späten Nachmittagsstunden war meisterhaft, und Tausende verdankten seinem Geschick ihr Leben.

Benedeks erster Gedanke war, persönlich die Preußen aus Chlum hinauszuwerfen. Er ritt an die Aufstellung des 52. Regiments heran, setzte sich an die Spitze einiger ungarischer Bataillone und führte sie unter anfeuernden Reden und vollständiger Nichtachtung der Gefahr bis an den Dorfrand von Chlum. Beinahe hätte er die preußischen Linien durchbrochen, aber die Gardetruppen waren inzwischen durch die 2. Division verstärkt worden, und ihrem Feuer war das des 52. Regiments nicht gewachsen. Alle Beredsamkeit Benedeks konnte einen Rückzug auf die Ausgangsposition nicht verhindern.

Wie der Angriff der Zweiundfünfziger an der Stärke der Preußen scheiterte, so erging es einem weiteren Angriff, den Oberst von Catty, Stabschef des III. Korps, im Wald von Lipa unternahm. Catty war einer der tapfersten Offiziere der Armee. Den ganzen Tag lang hatte er den Versuchungen anderer Kommandeure widerstanden, seine Stärke aufzusplittern. Er trachtete eifersüchtig danach, sie für den von ihm erhofften Hauptschlag gegen Friedrich Karl zu bewahren. Jetzt war damit nicht mehr zu rechnen, aber dafür hatte er sein Korps intakt, mit Ausnahme der Brigade Appiano. So führte er die Truppen gegen den Wald von Lipa, in der Absicht, das an die Gardeschützen der 2. Division verlorene Dorf wiederzugewinnen und von dort aus die preußische Flanke in Chlum zu bedrohen. Unglücklicherweise ließ Catty aus Gründen der besseren Übersicht und des massierten Stoßes den Angriff in geschlossenen Kolonnen vortragen, und wieder erwies sich diese Taktik als verfehlt. Die Preußen warteten kaltblütig, bis sich die Kroaten und Ungarn unmittelbar vor ihren Gewehrmündungen befanden, und mähten sie dann mit Schnellfeuer nieder. Catty selbst fiel schwerverwundet; die Truppe brach auseinander und ging zurück; die Preußen stießen durch den Wald in Richtung der Chaussee Sadowa—Königgrätz vor [5].

Diese Bedrohung zwang um etwa halb vier Uhr das X. Korps unter Gablenz, das sich schon seit einiger Zeit Sorgen um die Rückzugslinie machte, sich abzusetzen (siehe S. 206). Dem allgemeinen Druck auf die Straße nach Königgrätz galt von da an auch Benedeks Hauptaugenmerk. Nun endlich entschloß er sich, seine Reserve zur Abwendung der Gefahr für die Hauptstraße einzusetzen. Feldmarschalleutnant von Ramming, der Kommandeur des VI. Korps, erhielt den Befehl, im Großangriff die Preußen aus Rosbeřitz und Chlum zu werfen.

Das Hauptquartier der Zweiten preußischen Armee hatte zu den bisher errungenen Erfolgen weder mit Befehlen noch mit Ratschlägen Wesentliches beigetragen; ja es besaß während der letzten zwei Stunden nur eine recht mangelhafte Kenntnis vom Fortgang der Schlacht. Das kam zum Teil daher, daß der an sich schon zu kleine Stab des Kronprinzen durch die Notwendigkeit, Stabsoffiziere mit Korpskommandos zu betrauen, weiter geschwächt wurde; er war einfach unfähig, allen Pflichten eines Generalstabs während einer Schlacht nachzukommen. Aber diese Entschuldigung genügt nicht. Wenn man bedenkt, daß das königliche Hauptquartier auf dem Roskosberg zweihundert Reiter zu seiner Verfügung hatte und dennoch stundenlang nicht wußte, was zu seiner Rechten und Linken vor sich ging, dann erkennt man, daß die vielgerühmte Tüchtigkeit des preußischen Generalstabs alles andere als vollkommen war. Hätte die Schlacht zu irgendeinem Zeitpunkt eine andere Wendung genommen, dann hätte das Fehlen des Nachrichtendienstes die übelsten Folgen haben können.

Als der Kronprinz mit seiner Begleitung um etwa halb vier Uhr in Maslowed eintraf, hatte man von der Gefechtslage vorn nur eine sehr nebelhafte Vorstellung; was von Maslowed aus zu sehen war, nützte auch nur wenig. Rechts schien das Gefecht im Swiepwald zum Stillstand gekommen zu sein; wenigstens hörte man aus dieser Richtung nicht mehr viel von Kampftätigkeit. Über Lipa und Chlum hing wie ein schweres Bahrtuch der Rauch; der Kirchturm von Chlum stand in Flammen, ein Artillerieduell war im Gang. Links konnte man undeutlich Nedelischt erkennen, wo ebenfalls ein Gefecht zu toben schien; doch in dem Nebel und Rauch konnte man weder Einheiten deutlich erkennen noch Vermutungen darüber anstellen, welchen Verlauf die Schlacht gerade nahm.

Der Stab war immerhin so zahlreich, daß er das Artilleriefeuer auf sich lenkte. Einige Granaten schlugen beunruhigend nahe dem Kronprinzen ein. Hauptmann Mischke, der um die Sicherheit des Prinzen besorgt war, bat den Generalquartiermeister von Stosch, den Kronprinzen unter einem Vorwand aus der Gefahrenzone zu bringen. „Ja, Sie haben ganz recht", erwiderte Stosch, „aber ich befinde mich heute zum ersten Mal ordentlich im Feuer; sagen Sie das lieber Blumenthal, der hat ja schon viele Schlachten mitgemacht." Ob Stosch ebenso erheitert gewesen wäre, wenn er gewußt hätte, daß die rings um sie einschlagenden Granaten von preußischen Geschützen aus Lipa kamen, ist fraglich. Aber wenn Verdys aus Regimentsberichten gezogene Schlußfolgerung, daß es so war, zutrifft, dann mag dies als Beweis dafür gelten, wie sehr die Verbindung zwischen dem Hauptquartier und den untergeordneten Kommandostellen im argen lag [6].

Einige Augenblicke später erfuhr die Lage eine gewisse Klärung. Major von Gravenitz vom 8. Husarenregiment ritt in Maslowed mit der Nachricht ein, die Garde habe Chlum besetzt. Das erregte Hochstimmung. Wenn die Nachricht sich bewahrheitete, hatte der Kronprinz die

Rolle Blüchers bei Waterloo gespielt, dann war die Schlacht entschieden. Die Stimmung im Stab schlug von Besorgnis zu freudiger Erregung um. Sie waren „siegestrunken", wie Stosch später schrieb. Es erregte darum begreifliche Verwunderung, als ein anderer Reiter — diesmal war es Generalleutnant von Boyen vom königlichen Hauptquartier — heranpreschte, dem seine Unheilsbotschaft auf dem Gesicht geschrieben stand. Die Situation sei verzweifelt, der König ersuche den Kronprinzen, seinen Vormarsch zu beschleunigen, um die Schlacht noch zu retten. Er teilte mit, auch der König ergehe sich in historischen Parallelen, aber die Schlacht, auf die er anspiele, sei nicht Waterloo, sondern Auerstedt [7], und er sehe vor seinen Augen nicht den Sieg, sondern den Rückzug [8]. Nur mit Mühe konnte der Kronprinz Boyen davon überzeugen, daß seit seinem Wegritt vom Roskosberg so viel geschehen sei, daß der König inzwischen eingesehen haben müsse, daß seine Befürchtungen grundlos waren. Chlum sei gefallen, die Schlacht so gut wie gewonnen [9].

War sie das wirklich? Die nächste Stunde sollte eines der fürchterlichsten Gefechte des ganzen Tages sehen, und es gab Augenblicke, da Befehlshaber, die der Front näher waren als Stosch und der Kronprinz, die Besorgnis hegten, das Rad des Schicksals könne sich doch noch gegen sie wenden.

Ramming bereitete mittlerweile seinen Angriff auf Rosběritz und Chlum vor, sorgsam und bedächtig, wie das seine Art war — zu langsam für den ungeduldigen Benedek, der ihn wiederholt drängte, sich zu beeilen. Mit dem ersten Vorstoß betraute er die Brigade Rosenzweig, und um die Verteidigung der beiden Dörfer zu erschüttern, ließ er sie zunächst durch eine massive Kanonade eindecken. Die Wucht der Beschießung war so stark, daß die Häuser bald in Schutt und Trümmern lagen und der Kirchturm von Chlum in Brand geriet, was der Kronprinz bei seinem Eintreffen in Maslowed bemerkte.

Als anzunehmen war, daß das schreckliche Trommelfeuer auf die Höhe von Chlum bald zu Ende ging, bemühte sich Hohenlohe, die Befehle Colomiers auszuführen und seine Batterien auf dem Rücken des Hügels in Stellung gehen zu lassen. Wieder war er dem Feind stark unterlegen, und wieder nahm er Zuflucht zu einer List. Er befahl der Geschützmannschaft, sich den Österreichern voll zu zeigen, bis diese die Entfernung eingerichtet hatten, und dann in Karriere etwa 300 Schritt vorwärts bis zum Rand des Plateaus zu gehen, damit die Feinde sie überschossen. Diesmal war das Manöver weniger erfolgreich als beim Vorgehen auf Chlum. Die Mannschaft der ersten Batterie, die über den Kamm heraufkam, verlor den Kopf und begann wild mit Kartätschen zu feuern, was bei den Österreichern keinen Schaden anrichtete, aber Hohenlohe und seiner Begleitung fast den Tod brachte. Hohenlohe konnte diesem sinnlosen Schießen mit einiger Mühe Einhalt gebieten, und nun ging die Batterie wie befohlen vor; doch wurde sie sofort unter gezieltes Feuer genommen und verlor einen Großteil der Geschützbedienungen und alle Pferde. Hohenlohe ließ nun die übrigen Batterien vor dem Südausgang von Chlum Front machen, aber es war anzunehmen, daß auch sie kein anderes Schicksal erwartete, denn sie standen in einer wahren Feuerhölle. Hohenlohe ritt zu Colomier und bemerkte, daß, soweit er es beurteilen könne, etwa 120 Geschütze auf sie gerichtet sein müßten. „Schießen nicht alle auf uns", sagte der Generalmajor, „und wenn auch, wenn wir diese Höhe halten, so ist die Schlacht gewonnen." Eine feindliche Granate bohrte sich zwischen ihnen in die weiche Erde und krepierte. Sie wurden über und über von Kot bespritzt. Colomier zog eine Kleiderbürste hervor und reinigte sich voll Gemütsruhe. Sein Gefährte war entzückt. „So wohlwollend dieser General auch war", schrieb er, „so hatte ich doch gegen ihn bis dahin eine gewisse Abneigung verspürt, weil seine Pedanterie meiner Natur widersprach. Von diesem Augenblick an aber liebte ich ihn und ertrug seine Pedanterien mit Geduld [10]."

Nun begann der Angriff der österreichischen Infanterie. Ursprünglich beabsichtigte Ramming, gabelförmig vorzustoßen, wobei die erste Welle der Brigade Rosenzweig Rosbeřitz säubern sollte, während die zweite hinauf gegen Chlum vorging. Aber der Widerstand in dem erstgenannten Ort erwies sich als so stark, daß die ganze Brigade eingesetzt werden mußte, ehe die Preußen zum Weichen gebracht werden konnten. Am Südende des langgestreckten Dorfes begann der Angriff, der vom 17. Jägerbataillon und dem Wiener Hausregiment Hoch- und Deutschmeister, einer der Eliteeinheiten der kaiserlichen Armee, ausgeführt wurde. Sie gingen mit großer Bravour vor, die Jägerhörner bliesen das Angriffssignal, die Kapelle der Deutschmeister intonierte die Hymne „Gott erhalte Franz den Kaiser", und die Infanterie stürmte hinter einer dünnen Kette von *tirailleurs* in massierten Kolonnen. Die Verteidiger — drei Kompanien vom 2. Garderegiment unter dem Befehl des Majors von Erckert — standen zwischen den spärlichen Häusern und hinter den Hofmauern verstreut und gaben von dort ihr Feuer ab. Die ersten Reihen der Angreifer wankten und fielen, aber die grün-weiße Masse drängte nach, das Bajonett gefällt, ohne zu straucheln, bis sie zwischen den Häusern Auge in Auge mit ihren Gegnern standen.

Die südliche Hälfte von Rosbeřitz wurde nun zum Schlachthaus. Ein Offizier der Garde berichtete später: „Der Feind überschüttete nun diesen Theil des Dorfes mit einer unglaublichen Masse von Geschossen aller Art. Auch preußische Geschosse schlugen zum Überfluß hierher. Der südliche Theil von Rosbeřitz gerieth in Flammen. Der ganze Raum wurde mit Granaten, Schrapnells und Kartätschen förmlich besät, Baumzacken, Steine, Splitter flogen umher und verwundeten Viele. Die Granaten schlugen durch die Gebäude, warfen Mauern um, unter denen Gesunde und Verwundete begraben wurden; große Staubwolken, durch Zermalmung von Kalk- und Ziegelsteinen verursacht, stiegen auf — es war ein Zustand, als wenn die Welt untergehen sollte. Nichts vermochte die braven Füsiliere zu erschüttern; sie fielen reihenweise, aber würdig des alten Stammes, des Schillschen Füselier Bataillons [11], wankten sie nicht um eines Schrittes Breite [12]."

Erckert feuerte die Verteidigung an. Fast unter den Mündungen der österreichischen Gewehre ritt er von Zug zu Zug und leitete Gegenstöße gegen die angreifenden Jäger. Seine hervorragende Tapferkeit forderte den Tod geradezu heraus, und dieser hätte ihn beinahe auch ereilt. Erckerts Pferd wurde während des sich immer noch steigernden Feuers in den Nacken getroffen, er selbst erhielt, als er sich vorbeugte, um die Wunde zu untersuchen, zwei Treffer in den Oberarm und in die Seite, während eine dritte Kugel seinen Hals durchschlug. Schwer glitt er aus dem Sattel. Zwei seiner Leute liefen auf ihn zu, hoben ihn auf und trugen ihn in ein Kornfeld, östlich des Ortes, wo er sich in verhältnismäßiger Sicherheit befand. Sie betteten ihren Kommandeur sorgsam in eine Ackerfurche und versuchten dann, ins Dorf zurückzukommen. Doch sie wurden abgeschnitten und von österreichischen Jägern, die gegen Chlum vorgingen, gefangengenommen. Während die Schlacht um ihn tobte und zwei österreichische Bataillone über seinen scheinbar leblosen Körper vor- und dann wieder zurückgingen, lag Erckert still im Getreide. Obgleich er sich nicht bewegen konnte, war er bei vollem Bewußtsein. Dabei machte er die seltsame Erfahrung, der Schlacht beizuwohnen, wie wenn sie ein Schauspiel zu seiner persönlichen Unterhaltung sei. Später erinnerte er sich, daß ein österreichischer General eine ihm unerträglich lang scheinende Zeit dicht bei ihm stand und mit unbewegtem Gesicht das Vorgehen und Zurückfluten seiner Truppen beobachtete. Als der letzte österreichische Angriff auf Chlum gescheitert war, wurde Erckert geborgen und erholte sich später von seinen Verwundungen [13].

Der Verlust ihres Kommandeurs war ein schwerer Schlag für die Füsiliere in Rosbeřitz. Hauptmann von Kropff sammelte sie wieder und setzte den Kampf fort; als die Munition knapp wurde, mußten einige der Füsiliere den Toten und Verwundeten die nicht verbrauchte Munition abnehmen. Die Österreicher ließen sich diese Gelegenheit nicht entgehen. Als das Feuer der Preußen erlahmte, unternahmen die Deutschmeister einen massierten Bajonettangriff und trieben die geschwächten Verteidiger die Dorfstraße hinunter. Die Preußen wehrten sich erbittert. Von der 11. Kompanie waren nur noch zwanzig Mann kampffähig, aber sie unternahmen unter Leitung eines Fahnenträgers, des Sergeanten Gurtsch, wiederholt Ausfälle gegen die Österreicher und entkamen schließlich mit ihrer Fahne auf das Plateau hinter dem Dorf. Was von den beiden anderen Kompanien übrig war, hatte diesen Weg schon früher genommen [14].

Nun drückten die Österreicher von Süden und Westen in die Ortsmitte von Rosbeřitz, die von drei Kompanien unter Führung des Oberstleutnants von Helldorf etwas schwächer verteidigt wurde. In dem unbarmherzigen Nahkampf, der hier stattfand, gab es keine taktischen Regeln mehr — nur das Bajonett und der Gewehrkolben zählten noch. Zu Anfang des Gefechtes wurde Helldorf durch einen Granatsplitter tödlich getroffen; kurz darauf erlitt Prinz Anton von Hohenzollern, der Sohn des Prinzen Karl von Preußen, des Kavalleriekommandeurs der Armee Friedrich Karls, drei so schwere Verletzungen, daß er ihnen bald darauf erlag. Von der 4. Kompanie des 1. Garderegiments fielen alle Offiziere bis auf einen; allgemein waren die Verluste so hoch, daß auch dieser Teil des Ortes geräumt werden mußte. Teile von zwei Kompanien des 3. Garderegiments, die am Höhepunkt des Gefechts Rosbeřitz von Osten her erreicht hatten, deckten den Rückzug. Bei diesen befand sich ein junger Leutnant namens Paul von Hindenburg, der kurz zuvor im Verlauf einer verworrenen Kampfhandlung zwischen Chlum und Nedelischt fünf Geschütze erbeutet hatte. Dabei hätte er beinahe den Tod gefunden, als eine Kugel seinen Helm durchschlug und ihn am Kopf streifte. Die Erinnerung an diese seine Feuertaufe blieb ihm durch alle Schlachten, die er später während des Ersten Weltkriegs mitmachte, lebendig. Als der Feldmarschall seine Memoiren niederschrieb, erinnerte er sich des Gefechts in den Mauern von Rosbeřitz: das mörderische Ringen zwischen den brennenden Häusern, bei dem „von einem Kampf in geordneten Verbänden keine Rede mehr" war. „Jeder schoß und stach um sich, so viel er konnte." Die wachsende Sorge, abgeschnitten zu werden; das Niederbrechen eines in Brand geratenen Strohdachs, das die Dorfstraße mit Flammen und Rauch erfüllte, in deren Schutz die Verteidiger sich auf den Hang nördlich des Dorfes in Sicherheit bringen konnten [15].

Jetzt schien es für die Österreicher kein Hindernis mehr zu geben. Die Jäger und die Deutschmeister säuberten die mittleren und tiefer gelegenen Ortsteile, während die zweite Angriffswelle der Brigade Rosenzweig, das Regiment Gondrecourt, von Westen her in den Nordteil des Dorfes eindrang. Dieser Teil von Rosbeřitz wurde von fünf Kompanien der Gardefüsiliere und des 2. Garderegiments zu Fuß gehalten. Ihr Kommandeur war Oberstleutnant Graf von Waldersee. Er überlebte alle Schrecken dieses Tages, fiel aber im Jahr 1870 vor den Toren von Paris. Waldersee war ein ausgezeichneter Offizier, der jede Chance ausnützte, um eine Stellung zu halten, die im Grunde genommen unhaltbar war, der aber die Klugheit besaß, sie zu räumen, bevor seine Truppe als kämpfende Einheit ausgeschaltet wurde. Als die Übermacht der Österreicher offenbar wurde, verließ er mit seinen Leuten das Dorf an dessen Nordende und führte sic den Hang hinauf. Dieser Hang war von mehreren tief eingeschnittenen, schluchtartigen Hohlwegen durchzogen, die in Richtung Chlum liefen und den ganzen Abhang entlang von Wegen gleicher Art gekreuzt wurden. In diesem zerrissenen Terrain ließ Waldersee seine Kompanien Fuß fassen und suchte nach einer Stellung, die ihm sowohl Dekkung als auch ein gutes Schußfeld bot und es ihm ermöglichte, den Kampf hier fortzusetzen.

Rosbeřitz befand sich nun zur Gänze in den Händen der Österreicher. Die Wiedereinnahme des Dorfes war ein unleugbarer Sieg und ließ in Benedeks Reservekorps einen Hoffnungsschimmer aufkommen. An sich war es natürlich nur ein Teilerfolg. Colomier hatte durchaus recht, wenn er Hohenlohe erklärte, der Schlüssel zum Sieg sei der Besitz von Chlum, und auch Ramming war sich darüber im klaren. Noch war der Großteil seines Korps intakt, noch standen dahinter die unausgeschöpften Reserven des I. Korps — alles in allem acht frische Brigaden. So rüstete sich Ramming zum Sturm auf die Höhen.

Den Preußen kam zustatten, daß der Feind weder die Zeit noch den Spielraum hatte, mit zwei oder drei Brigaden auf breiter Front einen konzentrischen Angriff durchzuführen. Um sein Ziel zu erreichen, nahm Ramming — vielleicht weil er unter dem Druck stand, die Preußen aus Chlum zu vertreiben, ehe sie Verstärkung nachziehen konnten — zu der direktesten Methode Zuflucht: er ließ durch einzelne seiner Einheiten frontal angreifen. Vier solcher Angriffe unternahm das VI. Korps. Zunächst führte Rosenzweig nach Säuberung des Nordteiles von Rosbeřitz seine Ruthenen, dicht gefolgt von den Deutschmeistern, bis hart an den Rand von Chlum. Im Schein der brennenden Kirche wurden sie nach einem fürchterlichen Kampf zum Rückzug genötigt. Diesem ersten Versuch folgten Angriffe des Regiments Wasa, das unter der persönlichen Führung Rammings stand, des von Oberst von Jonak geleiteten Regiments Kronprinz von Preußen und der Brigade Hertwek. Sie alle stürmten in Kolonnen, in einer Breite von zwei Bataillonen, vor. Aber nach den Ruthenen kam niemand weiter als bis zur Hälfte des Weges nach Chlum. An der rechten Flanke hatte nämlich Waldersee inzwischen gefunden, was er suchte. In einem Hohlweg, der den Hang im rechten Winkel durchschnitt, ließ er seine Kompanien haltmachen und pflanzte seine Fahne auf mit den Worten: „Bis hierher und nicht weiter!" Sein Feuer — wie auch jenes von vier Kompanien des 3. Garderegiments zu Fuß, die Major Rudolf Wilhelm von Barby im Hohlweg vor Chlum hatte in Stellung gehen lassen — fügte den anrollenden Angriffswellen der Österreicher schwerste Verluste zu. Überdies nahm sie eine Batterie Vierpfünder von der 1. Gardedivision unter Beschuß. Dem Kommandeur, Oberstleutnant von Elster, gelang es, alle Versuche, die Batterie zu nehmen, abzuschlagen, und er fuhr fort, die dicht zusammengedrängten Reihen der Österreicher mit Kartätschen zu beschießen [16].

Wie lange sich die Verteidigung der Höhen fortsetzen ließ, war zweifelhaft. Hohenlohe meinte zwar oben in Chlum, die Österreicher hätten versucht, „in wahnsinniger Bravour und wahnsinniger Formation zu erzwingen, was mit Überlegung billiger zu erreichen gewesen wäre [17]". Aber als es vier Uhr vorüber war, begann er zu erkennen, daß in diesem Wahnsinn Methode steckte. Der Widerstand der Preußen unten am Hang begann abzubröckeln, und allmählich näherte sich die Front dem Dorf; in absehbarer Zeit war hier oben mit Infanterieunterstützung offenbar nicht zu rechnen. Kurz vor vier Uhr war Hauptmann von Kaltenborn vom Stabsquartier des VI. Korps mit der Nachricht eingetroffen, die 11. und 12. Division hätten sich bei Nedelischt gesammelt, und General von Mutius fragte an, wo diese am dringendsten benötigt würden. Hiller von Gärtringen ließ ersuchen, nach Rosbeřitz zu marschieren und die Österreicher in Flanke und Rücken anzugreifen. Kaltenborn war mit dieser Botschaft davongepreseht, aber niemand auf der Höhe von Chlum erwartete, daß vor Ablauf einer Stunde wirksame Unterstützung durch das Korps Mutius eintreffen könne.

Kritischer noch war die Tatsache, daß die Reserveartillerie, die in der Abwehr der aufeinanderfolgenden feindlichen Angriffe mehr als ihre Pflicht getan hatte, deutliche Anzeichen von Schwäche zeigte. Ein Batteriechef meldete, seine Batterie könne sich nicht mehr halten, doch Hohenlohe erwiderte, daß hier oben keiner erwarten solle, den Platz lebend zu verlassen; damit müßten sie sich abfinden, sie könnten aber zufrieden sein, zu dem Sieg, der nun gewiß sei, beigetragen zu haben. Reden dieser Art können zwar das Sinken der Moral verhindern, das Schwinden der Munition vermögen sie nicht aufzuhalten. Hohenlohe mußte eine seiner Batterien um Viertel nach vier Uhr zurückgehen lassen, denn sie hatte sich verschossen; bald darauf mußte er feststellen, daß es drei weiteren bald ebenso ergehen würde. So streifte er seine Front ab, bemühte sich, den Mut seiner Leute zu heben und sie zur größten Sparsamkeit im Munitionsverbrauch anzuhalten, soweit das mit einer wirksamen Verteidigung noch zu vereinbaren war. Das Problem war freilich unlösbar und die Aufgabe doppelt unangenehm, denn das Feuer der Österreicher prasselte mit einer Wucht auf sie nieder, als seien die Vorräte des Feindes unerschöpflich.

Als ein Mann, der seinen Beruf liebte, war Hohenlohe bei alledem noch fähig, seine Sorgen zu vergessen und die Geschicklichkeit seiner Gegner zu bewundern. Während er die Tätigkeit der sächsischen Batterie Heydenreich beobachtete, die den ganzen Tag hindurch mit größter Ruhe und Treffsicherheit am Werk gewesen war (ihre Geschütze waren in Preußen konstruiert, wie Hohenlohe verbissen bemerkte), wurde er beinahe ein Opfer seiner wissenschaftlichen Gründlichkeit. Eine österreichische Granate platzte fast unter den Hufen seines Pferdes, und er fühlte einen heftigen Schlag gegen seinen linken Oberschenkel. Als die Wirkung des Schocks nachließ und er sich noch im Sattel sitzend fand, sah er, daß er Grund hatte, dankbar zu sein, noch keine Zeit zum Essen gefunden zu haben. Der Granatsplitter war in den Butterbroten steckengeblieben, die er acht Stunden vorher in Königinhof in die Packtasche gesteckt hatte. So kam er mit einer starken Schramme davon [18]. Seine Stimmung vermochte das aber nicht zu heben. Mit schwerem Herzen mußte er sich entschließen, alle seine Batterien zurückzunehmen, ehe sie sich verschossen hatten. Er tröstete sich, so gut es ging, mit dem Gedanken, daß der Großteil der Infanterie von der 1. Gardedivision schon nach Chlum zurückgegangen war, so daß sein Rückzug sie nicht gefährdete. Um halb fünf gab er den Befehl, aufzuprotzen, auf die nächste Höhe zurückzufahren und sich mit dem verbliebenen geringen Munitionsvorrat zur Abwehr der kommenden österreichischen Angriffe bereitzuhalten.

Der Kommandeur der 1. Gardedivision, Hiller von Gärtringen, hielt inzwischen auf einer Höhe am südwestlichen Rand von Chlum, von wo aus er alle Aktionen seiner weit verstreuten Einheiten beobachten konnte. Unaufhörlich ritten die Adjutanten mit Meldungen an und ab; kurz vorher war der junge Oberleutnant The Losen, für den Hiller große Zuneigung empfand, am Nordausgang des Dorfes von einer österreichischen Granate tödlich getroffen worden. Hillers Vater hatte in Blüchers Armee die 16. Brigade kommandiert und mit ihr im entscheidenden Augenblick der Schlacht von Waterloo am 18. Juni

1815 Planchenoit gestürmt. Dadurch, daß er der kaiserlichen Garde die Höhe entriß und Bonapartes Rücken bedrohte, sicherte er den Erfolg von Blüchers Flankenangriff. Nun lag die Parallele zwischen der Aktion seines Vaters und der seinen auf der Hand; bei der Betrachtung des in und um Rosbeřitz tobenden Gefechtes, in dem seine Leute zusehends über den Hang zurückgedrängt wurden, mochte er sich fragen, ob er imstande sein würde, es seinem Vater gleichzutun oder ob sich hier ein Waterloo mit umgekehrtem Vorzeichen anbahnte. Als er um halb fünf sah, wie sich die Batterien Hohenlohes zum Rückzug bereitmachten, dürfte ihm wohl das letztere wahrscheinlicher vorgekommen sein. Aber er sollte sich getäuscht haben. In seiner Erregung ritt er ein Stück nach Norden und sah plötzlich in einer Entfernung von weniger als einer Meile graue marschierende Kolonnen. Im nächsten Augenblick kam der Kommandeur der dem I. Korps Bonins zugeteilten ostpreußischen Jäger, Major von Sommerfeld, angeritten. Das Gesicht des Generals hellte sich auf, voll Spannung ritt er dem Ankommenden entgegen. „Gott sei Dank", rief er, „da kommt ihr! Was bringen Sie mit?" „Mein Bataillon, dicht gefolgt von der ganzen Avantgarde des I. Armeekorps." „Nun wird noch alles gut werden!" rief der General leuchtenden Auges. Dann schwankte er im Sattel und fuhr sich mit der Hand an die Brust. „Herr Kamerad, helfen Sie, ich bin verwundet", fügte er leise hinzu. Damit glitt er zur Erde. Ein Granatsplitter hatte ihn getroffen. Er starb nach wenigen Minuten [19].

Hiller starb mit der Gewißheit, daß die Preußen nun fest im Besitz von Chlum waren. Innerhalb einer Viertelstunde bezogen fünf Bataillone Infanterie Stellung hinter und neben den abgekämpften Gardetruppen, neue Geschütze, mit Munition versehen, rückten heran. Gegen diese verstärkte Front brandete der letzte Ansturm des VI. österreichischen Korps und ebbte zurück. Hierauf sammelten sich die Preußen zum zweiten Sturm auf Rosbeřitz, und wieder war die lebenswichtige Rückzugslinie Benedeks in höchster Gefahr.

Eine halbe Stunde vorher hatte König Wilhelm auf dem Roskosberg den Befehl gegeben, auf den Friedrich Karl wartete. Nun begann der Vormarsch auf der ganzen Linie. Vom Swiepwald, vom Holawald und von Mokrowous schoben sich die abgekämpften Divisionen der I. Armee ostwärts vor, die Batterien rumpelten über die Chaussee gegen Lipa und Langenhof. Hinter ihnen folgten, bei Dohalitz und Mokrowous die Bistritz überschreitend, die bis dahin in Reserve gehaltenen Divisionen Nr. 5 und 6. Gablenz hatte sich mit dem X. Korps bereits zurückgezogen und beeilte sich, das sich schließende Tor zur Freiheit zu erreichen. Die vorrückende I. Armee nahm nur noch seine letzten Einheiten wahr, während die Artillerie das Feuer fortsetzte.

Nach etwa einer halben Stunde kam der König mit seiner Begleitung in Lipa an. Das Artilleriefeuer nahm an Heftigkeit zu, und wieder fürchtete Bismarck, der den ganzen Tag nicht von der Seite des Monarchen gewichen war, Wilhelm könnte getroffen werden. Er war wütend, weil keiner der Offiziere dem König riet, in Deckung zu gehen. „Der König reitet, wohin er will“, bemerkte ein Stabsoffizier frostig zu dem Ministerpräsidenten. Bismarck aber war nicht in der Laune, höfische Etikette zu wahren. Er pflanzte sich vor dem König auf: „Als Major habe ich

Die Schlacht bei Königgrätz
3. JULI 1866
Nachmittag
ZWEITE ARMEE
ERSTE ARMEE
ELBARMEE
KAV. DIV. HANN
KAV. DIV. ALVENSLEBEN
Žiželowes
Cerekwitz
Zelkowitz
Wrchownitz
Račitz
Benatek
Hořenowes
Anhöhe bei Hořenowes
Rodow
Swiepwald
7. Div.
Vorm. Gd.
2. Garde Div.
Maslowed
Sadowa
Holawald
Cistowes
Trotina
12. Div.
Sendražitz
Unter Dohalitz
8. u. 4. Div.
1. Garde Div.
11. Div.
2. l. Kav.
Dohalitz
3. Div.
Lipa
Chlum
Sucha
Mokrowous
Nedelischt
Langenhof
Lochenitz
Třesowitz
Rosbeřitz
1. Res. Kav.
Swet
Bistritz
Střesetitz
Predmeřitz
Popowitz
3. Res Kav.
Wschestar
14. Div.
Probius
Rosnitz
Plotist
Nieder Přim
Sachsen
Briza
16. Div.
Nechanitz
Jehlitz
15. Div.
Brizer Wald
2. Res. Kav.
Ober Přim
Neu Přim
Elbe
Hradek
Wald v. Stežirek
1. l. Kav.
Techlowitz
KÖNIGGRÄTZ
John Carnes

Eurer Majestät auf dem Schlachtfeld keinen Rat zu erteilen, als Ministerpräsident bin ich aber verpflichtet, Eure Majestät zu bitten, sich nicht auf diese Weise der Gefahr auszusetzen [20]." Die Erzählung, Bismarck habe diesen Satz damit beendet, daß er dem Pferd des Königs einen Schlag auf das Hinterteil versetzte, so daß es wegsprang, ist so gut wie sicher erfunden. Solche Freiheiten nahm sich Bismarck nicht heraus. Doch war seine Haltung wohl ebenso fest wie er sie nachträglich schilderte, und der König gab seinem Drängen nach, wenn auch nicht ohne Murren. Viel später spottete er noch darüber und sprach von „der Stelle, wo ich auf allerhöchsten Befehl wegreiten mußte [21]".

Der Regen hatte aufgehört, der Himmel lichtete sich, und die in Lipa Versammelten wurden Zeugen eines Schauspiels, das auch die Nüchternsten ergriff. Oberst von Zychlinski berichtete über diesen Moment: „Der Nebel, der bisher dick über dem blutigen Ehrenfelde gelagert hatte, zerriß, und plötzlich sah ich in weitem, nach Süden sich öffnendem Bogen die ganze preußische Armee, Brigade neben Brigade, Bataillon neben Bataillon aufmarschiert. Mir stürzten die Tränen in die Augen, daß es mir vergönnt worden, diesen Moment zu erleben ... Vorwärts, immer vorwärts, unaufhaltsam nach Problus zu und dann an Königgrätz vorüber, drängten die Preußischen Heerscharen. Das Gardekorps rückte vor, dann links drüber hinaus das 6. Korps, das 5., und noch weiter auf dem äußersten linken Flügel das 1., so schien mir's. Rechts stürmte das Herwarthsche Korps [22]."

Aber ehe diese aufeinander zustrebenden Streitkräfte den Ring hinter Benedeks Armee schlossen, holte dieser erneut zum Schlag aus. Noch war die Schlacht nicht zu Ende, und den Männern in Lipa war es vergönnt, den letzten dramatischen Akt mitzuerleben.

Zur Verzweiflung seiner Stabsoffiziere eilte Benedek eine halbe Stunde lang innerhalb des sich verringernden Raumes, in dem die Österreicher noch Bewegungsfreiheit besaßen, von Punkt zu Punkt. Dabei setzte er sich rücksichtslos dem feindlichen Feuer aus, während er seinen Truppen Mut zusprach, sie beschwor und bedrohte. Einige hatten den Eindruck, er suche den Tod, und eine Bemerkung, die er einmal fallen ließ, scheint das zu bestätigen. Als dem Rittmeister von Wersebe das Pferd unter dem Leib weggeschossen wurde, stürzte der Rittmeister zu Boden. Er erhob sich aber, und Henikstein beglückwünschte ihn zu seiner glücklichen Rettung. Wersebe sagte bitter: „Wär doch die Kugel ein paar Schuh höher geflogen." Benedek umarmte ihn etwas theatralisch und sagte: „So ist's. Glücklich, wer diesen Tag nicht mehr zu schauen braucht." Doch auch in Augenblicken des tiefen Ernstes hatte Benedek etwas von einem Schauspieler an sich, und deshalb sollte der Ausspruch nicht zu wörtlich genommen werden. Denn gerade in dieser kritischen Phase resignierte Benedek nicht, seine Entschlossenheit kannte keine Ermattung. Er hatte die Absicht, den Fluchtweg freizuhalten. Gleich nach der melodramatischen Szene mit Wersebe erteilte er einige Befehle, die die Adjutanten nach allen Seiten des Schlachtfeldes davonstieben ließen. Ramming sollte seine Teilangriffe auf Chlum einstellen. Das I. Korps unter Generalmajor Gondrecourt sollte mit drei Brigaden die Höhe attakkieren und die Preußen von der Chaussee abdrängen. Die Brigade Piret, die sich bei Gitschin so gut gehalten hatte, sollte einen Vorstoß auf Problus unternehmen, um ein mögliches Vorrücken der Divisionen Herwarths aufzuhalten. Die Kavalleriedivisionen unter dem Prinzen von Holstein und Generalmajor Karl Maria Graf Coudenhove erhielten Auftrag, nach Westen hin anzugreifen, und damit jede Verfolgungsabsicht Friedrich Karls zu vereiteln [23].

So kam zuletzt noch die Stunde der Kavallerie — jener Kavallerie, die auf W. H. Russell am Morgen, als er auf dem Turm von Königgrätz stand, einen so tiefen Eindruck gemacht hatte, „eine Reiterei, mit der ein Murat, ein Kellermann oder ein Seydlitz eine Schlacht gewonnen und ein Reich gerettet hätte [24]". Für einen Sieg solcher Art war die Stunde zu spät, aber in der nun folgenden Reiterschlacht, die Friedjung den größten Reiterkampf in Europa seit dem Treffen von Liebertwolkwitz am 14. Oktober 1813 genannt hat [25], leisteten die österreichischen Reiter ihren Kameraden einen großen Dienst.

Selbst den geübten Augen, die von den Höhen aus zusahen, war es schwer, diesem Abschnitt der Schlacht, an dem 39½ österreichische und 31 preußische Schwadronen beteiligt waren, zu folgen; schwierig ist es, ihn ohne gefährliche Vereinfachung zu schildern. Das Gefecht bestand aus zwei getrennten, obgleich miteinander in Beziehung stehenden Teilen: dem Treffen zwischen Rosbeřitz und Langenhof und jenem zwischen Střesetitz und Problus. Das erstere begann, als die preußische Kavalleriebrigade unter Generalmajor Georg Reinhold von der Groeben, die den Vormarsch von Friedrich Karls Reiterei über die Bistritz anführte, Lipa erreichte. Dort erhielt sie den Befehl, gegen Rosbeřitz vorzugehen und je nach Bedarf anzugreifen. Vielleicht hatte der lange Ritt dazu geführt, daß sich die Schwadronen etwas auseinanderzogen, jedenfalls gelangte der Befehl nicht an die ganze Truppe; Groeben selbst wandte sich mit zwei Regimentern — den

Thüringischen Husaren Nr. 12 und den Neumärkischen Dragonern Nr. 3 — nach Rosbeřitz, während drei Schwadronen, die nicht informiert waren, in Richtung Langenhof weiterzogen. Etwas später bemerkte der Oberst des thüringischen Regiments, Albert Freiherr von Barnekow, wie drei österreichische Infanteriebataillone mit ihrer Artillerie Rosbeřitz verließen. Ohne einen Augenblick zu zögern, befahl er Galopp und ließ zum Angriff reiten. Die Husaren wurden mit Kartätschen und Infanteriefeuer beschossen, aber sie gelangten trotz einiger Verluste an die Geschütze und die Fußtruppen. Als sie mit ihnen ins Handgemenge gerieten, traf sie eine schwere Kavallerieeinheit in der Flanke.

Es handelte sich um die Kürassierregimenter Stadion und Kaiser Franz Joseph, denen Benedek einige Minuten früher den Befehl gegeben hatte, nach Westen vorzugehen. Mit wundervoller Präzision fegten sie die preußischen Dragoner aus der Bahn und warfen sich auf die Husaren, die nun in Unordnung gerieten. Der Anprall warf die Preußen zurück, und sowohl Husaren wie Dragoner wurden von der Wucht der wild dreinschlagenden schweren Kürassiersäbel genötigt, sich in ungeordneter Formation nach Langenhof zurückzuziehen [26].

Die preußischen Reiter wurden aus ihrer kritischen Lage durch das Eingreifen von drei Schwadronen pommerscher Ulanen unter dem Befehl des Obersten von Kleist befreit, die mit eingelegten Lanzen gegen die Flanke der Österreicher anritten und sie so lange in Schach hielten, bis ihre Gefährten sich befreit hatten. Dann trennten sich die beiden Truppenkörper, um sich neu zu formieren.

Mittlerweile brachen sich die Regimenter der Brigade Prinz Holstein — die Ferdinand-Kürassiere, die Hessen-

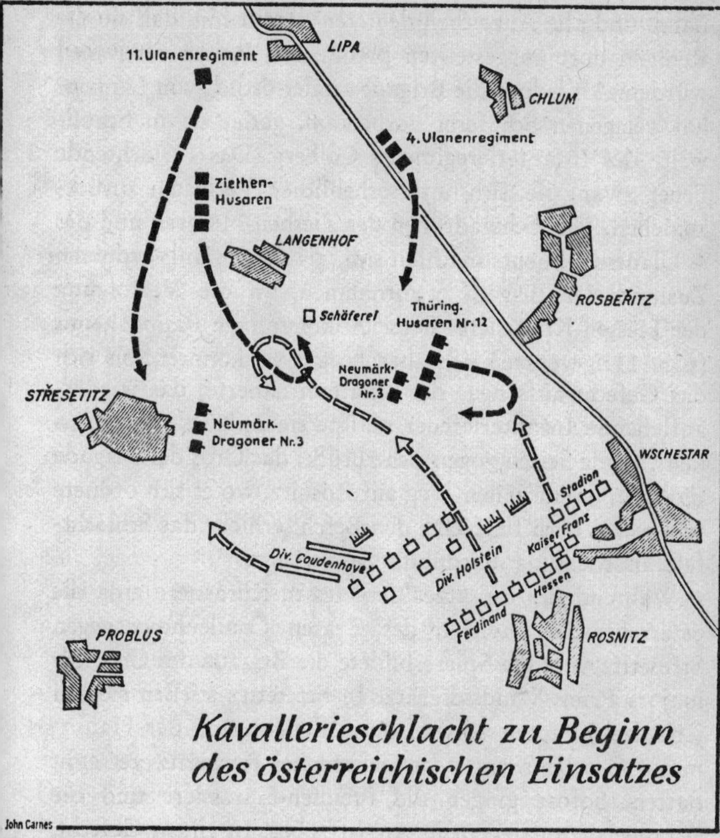

Kavallerieschlacht zu Beginn des österreichischen Einsatzes

John Carnes

Kürassiere und die Kaiser-Max-Ulanen — nach Langenhof Bahn, und alle Anzeichen deuteten darauf hin, daß sie die wenigen dort aufgestellten preußischen Reiter vertreiben würden. Als jedoch die Brigade an der östlich von Langenhof gelegenen Schäferei vorbeikam, geriet sie in Schußweite des Infanterieregiments Colberg. Das vernichtende Feuer zwang sie, sich unter erheblichen Verlusten zurückzuziehen. Vier Schwadronen der Ziethen-Husaren und des 4. Ulanenregiments machten sich, als sie den ungeordneten Zustand der Brigade wahrnahmen, an die Verfolgung der Hessen-Kürassiere. Diese Abkömmlinge Pappenheims (s. S. 112) wehrten sich aber, so gut sie konnten, bis sich das Gefecht aufs neue der Schäferei näherte; das wiederauflebende Infanteriefeuer nötigte sie endgültig zur Umkehr. Beide Seiten zogen sich zurück; das Gros der Brigade Holstein nahm seinen Weg auf Rosnitz, wo es sich ordnete und etwas nach fünf Uhr den Befehl erhielt, das Schlachtfeld in Richtung Pardubitz zu verlassen [27].

Während des Einsatzes der Hessen-Kürassiere ging die österreichische Division des Grafen Coudenhove gegen Střesetitz vor; die Spitze bildete die Brigade des Generalmajors Prinz Windischgrätz. In Střesetitz stießen sie auf jene drei Dragonerschwadronen, die sich von der Hauptmasse Groebens vor dem Gefecht bei Rosbeřitz getrennt hatten. Sofort gingen die Preußen-Kürassiere und die Wrangel-Kürassiere zum Angriff über. In einem Gefecht, dessen Zeugen König Wilhelm und sein Stab von fern wurden, fügten sie der preußischen Kavallerie schwerere Verluste zu, als sie eine vergleichbare Einheit an jenem Tag erlitt. Die Reste der Dragonerformation wurden unter der Wucht der Attacke gegen die Reihen des 11. Ulanenregiments geworfen. Die Preußen wären wieder übel davongekommen, hätte sich das Gefecht nicht in den Schußbereich preußischer Infanterie und Artillerie verlagert. Die österreichische Schwere Kavallerie erwies sich jedweder Reiterei, die der Feind aufzubieten vermochte, überlegen, und nur das ständige Eingreifen der preußischen Infanterie in das Kampfgeschehen verhinderte, daß sie ihren Erfolg voll ausnützen konnte. In dem erwähnten Fall traf das Feuer der in der Schäferei bei Langenhof und nördlich von Problus stehenden preußischen Infanterie die österreichischen Reiter, als sie in zwei Kolonnen an Střesetitz vorbeischwenkten; die Preußen-Kürassiere verloren, ehe sie sich aus dem Schußfeld zurückziehen konnten, 21 Offiziere und 269 Mann.

Die Aktion der österreichischen Kavallerie hatte vor allem den Zweck, die Möglichkeit einer Verfolgung durch die Preußen zu vereiteln. Nirgends wurde das wirksamer demonstriert als in der Gegend nördlich von Problus. Dort überfielen die Alexander-Ulanen von der Brigade Coudenhove das gerade über die Bistritz gegangene 1. Gardedragoner-Regiment, zerschlugen den rechten Flügel und das Zentrum und warfen sich auf zwei Schwadronen des 5. Husarenregiments. Ehe sie zum Rückzug genötigt werden konnten, stifteten sie noch solche Verwirrung, daß die Gardedragoner und die Blücher-Husaren in ein Gefecht gegeneinander gerieten. Wieder waren es die Infanterie und die Artillerie der Preußen, die die Österreicher vertrieben. Ihr Feuer war so schwer, daß die Baiern-Kürassiere und die Neipperg-Kürassiere im Abziehen die Ordnung nur mit Mühe aufrechterhielten. Die Alexander-Ulanen hingegen trabten in gutem Zustand und in geschlossener Formation zurück [28].

Im ganzen gesehen, konnte die österreichische Reiterei mit Stolz auf den Kampf zurückblicken. Die erlittenen schweren Verluste — 64 Offiziere, 1094 Mann und 1681 Pferde tot — waren hauptsächlich auf Infanterie- und Artilleriefeuer zurückzuführen. Der Feind hatte 31 Offiziere, 409 Mann und 246 Pferde verloren. Wichtiger war, daß sie die feindliche Kavallerie in Unordnung brachten, die Verfolgung durch Reiterei unmöglich machten und das Vordringen der preußischen Infanterie vom Westen her um mindestens eine halbe Stunde verzögerten. Diese Zeitspanne nützte nicht nur die österreichische Infanterie, um sich von der Bistritzfront zurückzuziehen; auch die Artillerie bekam Gelegenheit, nochmals eine Geschützlinie zu errichten, die nach dem Zurückgehen der Kavallerie den preußischen Vormarsch aufhielt und eine weitere Verfolgung nicht ratsam erscheinen ließ [29].

Der Befehl Benedeks an die Brigade Piret, einen Vorstoß gegen Problus zu unternehmen, hatte inzwischen Herwarth die Lust genommen — wenn auch die österreichische Infanterie schwere Verluste erlitten hatte —, über Problus hinaus vorzudringen. Der Armeekommandeur scheint dadurch tatsächlich bewogen worden zu sein, Teile seiner Artillerie zurückzuziehen [30]. Das verminderte den Druck auf die Chaussee Sadowa—Königgrätz von Süden her und ergänzte die von der Kavallerie vollbrachte Leistung. Auch die Bemühungen, die Preußen von der rechten Seite der Chaussee fernzuhalten, hatten Erfolg, wenngleich unter fürchterlichen Opfern.

Als Rammings Versuche, Chlum zu nehmen, gescheitert waren, entschloß sich Benedek, die letzte Reserve, das I. Korps, auf dasselbe Ziel einzusetzen. Er rechnete nicht mehr mit einer Wiedereroberung, aber er mußte die Preußen daran hindern, ihm den Rückzug abzuschneiden. Generalmajor von Gondrecourt standen drei Brigaden zur Verfügung, aber wenig Raum, sie sich entfalten zu lassen. Der General war, wie sein Verhalten in Dänemark gezeigt hatte, auf jeden Fall ein blinder Anhänger der Stoßtaktik. So lieferten die Österreicher mit der letzten Infanterieattacke des Tages noch einmal einen Beweis, wie unzulänglich ihre Taktik war; Poschachers Brigade, die bei Podol ihre bösen Erfahrungen mit dem Zündnadelgewehr gemacht hatte, mußte dessen Wirkung erneut verspüren. Die preußische Infanterie lag in den Hohlwegen, die den nach Chlum hinaufführenden Hang durchkreuzten, in Stellung und wartete ruhig, bis der heranrückende Feind sich auf 250 bis 300 m genähert hatte. Dann wurde das alte Spiel wiederholt. Die „Eiserne Brigade" verlor alle berittenen Offiziere einschließlich des Kommandeurs sowie Hunderte Soldaten. Nicht besser erging es der Brigade Ringelsheim, die sich bei Gitschin so tapfer geschlagen hatte, und der Brigade Leiningen. Bei ihrem letzten Angriff verloren die Österreicher auf den Hängen etwa 150 Offiziere und 5800 Mann. Weitere 2800 stellten den Kampf ein und ergaben sich den Preußen. Bevor das Korps auf Wschestar zurückging, verlor es insgesamt 279 Offiziere, 10.000 Mann und 23 Geschütze. Ein Viertel der Gesamtverluste der Armee Benedeks am Tag von Königgrätz kam auf das I. Korps, als Benedek seinen letzten Versuch unternahm, das Tor offenzuhalten, durch das seine Truppen der Elbe zustrebten [31].

Diese Anstrengungen waren schließlich von Erfolg gekrönt. Während der letzte Versuch des I. Korps zurückgeschlagen wurde und die preußische Garde sich zum zweitenmal dem so hart umkämpften Oberdorf von Rosbeřitz näherte, hatte der Großteil von Benedeks zurückgehenden Streitkräften diesen Punkt schon passiert und marschierte in größter Eile der Elbe zu. Der Rückzug wurde von der Artilleriebrigade des I. Korps unter Oberst von Abele und von der Reserveartillerie gedeckt, die Oberstleutnant von Hobauer nach Swety zurückgeführt hatte, als ihn die Infanterie bei Chlum im Stich ließ (s. S. 214). Mitten im Getümmel des späten Nachmittags gab Hofbauer anläßlich einer kurzen Unterredung Benedek sein Ehrenwort, bis zum letzten Kanonier zu kämpfen. Dieses Wort hielt er. Mit den 60 bis 70 Geschützen, die zwischen Swety und Wschestar standen — dem Rest seiner und den vom IV. und VI. Korps verbliebenen Batterien —, unterhielt er während der letzten Stunden dieser großen Schlacht eine ununterbrochene Kanonade. In der Flanke durch den Vormarsch der 11. Division (Zastrow) ständig bedroht, mußte er sich, nachdem das 55. Regiment in Swety und das 10. Grenadierregiment in Wschestar eingedrungen waren, mit schweren Verlusten zurückziehen. Doch er ging noch einmal in Stellung und setzte das Feuer fort. Als er das Schlachtfeld verließ, schlossen sich ihm andere Batterien an, deren bedekkende Infanterie längst nach Königgrätz abgezogen war. Nicht zuletzt dem Mut und der Geschicklichkeit der österreichischen Artillerie, die bis zum Einbruch der Dunkelheit und so lange aushielt, bis der Rest der Armee über die Elbe war, ist es zu danken, daß Königgrätz kein Sedan wurde. Den letzten Schuß feuerte Prinz Albrecht zu Solms um neun Uhr abends ab [32].

Eine Studie des preußischen Generalstabs hat später festgestellt, daß es der heroische Widerstand der Österreicher bis zum letzten Augenblick war, der die Preußen daran hinderte, das wahre Ausmaß des Sieges abzuschätzen [33]. Weder Moltke noch einer der unteren Befehlshaber ahnte, daß Benedek keine kampffähige Brigade, viel weniger ein Korps mehr besaß, und daß sich seine zurückgehende Armee im Fall eines scharfen Angriffs wahrscheinlich in Panik aufgelöst hätte. Benedek und die Reiterei, Poschacher und die Artillerie täuschten eine Stärke vor, die dem Sieger die Lust zur Verfolgung nahm. Doch gab es dafür sicher auch andere Gründe. Moltkes Falle schnappte zu, freilich eine halbe Stunde zu spät: die Flügel seiner Armee begegneten einander, als der geschlagene Feind entwischt war. Das rief nur Verwirrung hervor und hatte eine Verzögerung zur Folge. Um sechs Uhr erreichte Hohenlohe auf der Suche nach dem Hauptquartier des Gardekorps die Höhe von Rosnitz. Unter sich erblickte er „ein buntes Gemisch aus der ganzen Armee" — Artillerie der 2. Gardedivision, Infanterie aus jedem am Kampf beteiligten Korps, Kavallerie jeder Benennung. Alles strömte kunterbunt durcheinander [34]. Unter diesen Umständen war es völlig unmöglich, die Leute zu ordnen und zu einer wirksamen Verfolgung aufzubrechen; überdies zögerte man, Kavallerie in der Dämmerung ungedeckt gegen eine starke Artillerie vorgehen zu lassen, die ein gutes Schußfeld vor sich hatte, zumal die Verluste der verfügbaren Kavallerie schon erheblich waren [35]. Schließlich wurde auch gar kein ernsthafter Versuch unternommen, die Verfolgung aufzunehmen, denn im Siegesjubel ritt der König umher, verteilte Glückwünsche und Orden an die Formationen seiner Armee, und Moltke konnte ihn gar nicht erreichen, um ihm einen Vorschlag wegen der weiteren Maßnahmen zu unterbreiten [36]. Erst um halb sieben Uhr abends richtete der Generalstabschef folgenden Befehl an die Oberkommandos der Ersten und Zweiten Armee: „Morgen wird im allgemeinen geruht, und werden nur die zur Bequemlichkeit und Wiederarrangierung der Truppen nötigen Märsche ausgeführt. Die Vorposten gegen Josefstadt sind von der Zweiten Armee, die gegen Königgrätz von der Ersten Armee zu stellen, und ist vom Truppenkorps des Generals der Infanterie von Herwarth so weit als möglich eine Verfolgung des wesentlich in der Richtung auf Pardubitz zurückgegangenen Feindes auszuführen [37]." Ein für Moltke seltsam unklar gehaltenes Dokument — man nahm später an, seine Erkältung habe sich verschlimmert, er war ermüdet und fieberte [38]. Der Erfolg war denn auch negativ [39].

So konnte Benedek an die 180.000 Mann retten. Daß ihm dies gelang, mildert einigermaßen seine im Verlauf des Feldzuges begangenen Fehler. Immerhin war es verhängnisvoll, daß er durch die aufreibende Tätigkeit während der letzten Phase der Schlacht und durch seine häufige Abwesenheit vom Stab daran gehindert war, den Rückzug über die Elbe systematisch anzuordnen. Die einzelnen Korps erhielten keine Auskunft, wohin sie zu marschieren und wo sie über den Fluß zu setzen hatten. Da sowohl Benedek als auch Baumgarten nicht greifbar waren, bemühte sich Krismanić, in die Bresche zu springen und aus eigener Initiative Befehle zu erteilen, freilich ohne wesentlichen Erfolg. Es entstand Verwirrung und bei verschiedenen Einheiten geradezu Panik, sobald sie die Elbe erreichten. Die Übergänge an der oberen Elbe waren verloren, weil Thun am frühen Nachmittag versagt hatte. Weiter flußabwärts gab es nicht genügend feste Brücken, um einer Armee dieser Größe den Übergang zu ermöglichen. Niemand hatte daran gedacht, zusätzlich Pontonbrücken zu schlagen.

Die disziplinierteren Einheiten, wie die sächsische Brigade, verließen die Chaussee und marschierten flußabwärts. Dort standen in der Nähe von Pardubitz zwei feste und zwei Kriegsbrücken zur Verfügung. Die meisten aber — an die 100.000 Mann — drängten heftig nach Königgrätz; zweifellos erwarteten sie in jener Festung am Zusammenfluß von Elbe und Adler Schutz zu finden. Darin täuschten sie sich. Königgrätz war nicht nur durch seine Mauern geschützt, sondern auch durch ein Gelände, das seinem Glacis vorgelagert war und das durch Öffnung der Schleusen am Strom überflutet werden konnte. Kurz vor sieben Uhr riet man dem Korrespondenten der *Times*, Russell, die Stadt zu verlassen. Bald darauf ließ der Festungskommandant, Generalmajor Weigl, der offenbar vor Einbruch der Nacht einen preußischen Angriff befürchtete, die Stadttore schließen und die Schleusen öffnen [40]. Das so entstandene weite Sumpfgebiet war nur von einigen Dämmen durchzogen, auf denen sich nun 50.000 bis 60.000 von Panik ergriffene Soldaten samt ihren Geschützen und Fahrzeugen zusammendrängten. In dieser heiklen Lage waren sie, als die Nacht hereinbrach. Manche suchten das Ziel im Wasser watend zu erreichen; andere drängten vorwärts und traten auf gestürzte Kameraden; Geschütze und sogar Wagen mit Verwundeten wurden von den Dämmen in das dunkle Wasser geschoben. Ein Soldat, der diesen Marsch mitmachte, beschreibt ihn folgendermaßen: „Die Wasserwerke waren geöffnet worden und die quer hinübergehenden Soldaten sahen sich auf einer kaum erst noch trockenen Wiesenfläche plötzlich in ein immer tiefer anschwellendes Wassermeer versetzt. Hunderte ertranken. Auf dem engen Wege drängte sich nun alles zusammen, Kanonenfuhrwerke stürzten um, die fliehenden

Soldaten der italienischen Regimenter schossen ihre Gewehre ab, kurz, es war wie beim Übergang über die Beresina [41].“ Wer glücklich über den Damm kam, versuchte die Palisaden zu überklettern. Viele begannen ihre Gewehre gegen die Stadtmauer abzufeuern. Die Versuche der Offiziere, sie daran zu hindern und die Ordnung wiederherzustellen, blieben fruchtlos. Die sinnlose Furcht, die Preußen könnten ihnen auf den Fersen sein, untergrub jede Disziplin und trug noch wesentlich zu den Verlusten des Tages bei. Erst um halb elf Uhr nachts kam der Festungskommandant auf den Gedanken, daß nicht der Feind, sondern seine Landsleute die Mauern berannten, und öffnete den geschlagenen Resten der kaiserlichen Armee die Tore [42].

Im Lager der Sieger trafen sich die Armee-Kommandeure und gaben der Lage entsprechende Kommentare. Zuerst schrieben sie einander den Sieg zu, dann aber, insgeheim, ihrem eigenen Stabschef [43]. Der König hatte eine ergreifende Zusammenkunft mit seinem Sohn, dem er bei diesem Anlaß den Orden *pour le mérite* verlieh [44]. Dann trennten sich die Armeeführer und suchten ihre Nachtquartiere auf. Der Kronprinz ritt mit seinem Gefolge nach Hořenowes zurück, wo sie um zehn Uhr abends ankamen. Das Schloß hatte man in ein Lazarett verwandelt, im Schloßhof lagerten 3000 Gefangene, so daß die Gesellschaft des Kronprinzen mit einem nicht sehr einladenden Gasthaus vorlieb nehmen mußte. Das Gepäck war von Königinhof nicht nachgekommen, und das Gasthaus hatte natürlich weder Schlafgelegenheiten noch Vorräte für eine so große Zahl von Gästen. Einer ergatterte bei einem

Fourier einen Laib schwarzes Brot, von dem der Kronprinz und seine Leibadjutanten die Hälfte erhielten, während die andere Hälfte für den Stab aufgeteilt wurde. Dann suchte sich jeder sein Bett, wo er es gerade fand. Blumenthal und Stosch teilten sich einen Raum, die jüngeren Mitglieder kamen in ein leeres Gastzimmer, wo der Geruch alter Weinfässer sie einschläferte [45].

Der König ritt nach der Begegnung mit seinem Sohn in Begleitung seines persönlichen Gefolges nach Sadowa. Dort stieg er, nachdem er beinahe dreizehn Stunden im Sattel zugebracht hatte, mit den Worten vom Pferd: „Man spürt, daß die Jugendjahre vorüber sind." Hierauf suchte er ein von den Rittern des Johanniterordens betreutes Lazarett auf und versuchte die Verwundeten aufzumuntern [46]. Auf Prinz Friedrich Karls Drängen gab er den Gedanken, noch nach Gitschin zurückzukehren, auf und fuhr im Wagen nach Horitz. Diese kleine Stadt, die in normalen Zeiten in ihren Mauern 4000 Bewohner faßte, war bis zum Überlaufen mit 20.000 Mann preußischer Truppen besetzt. Im Hauptquartier Friedrich Karls nahm der König eine Tasse heißen Tee sowie ein einfaches Abendessen zu sich und diktierte ein Telegramm an die Königin: „Vollständiger Sieg über die österreichische Armee nahe der Festung Königgrätz zwischen Elbe und Bistritz heute in achtstündiger Schlacht erfochten. Verlust des Feindes und Trophäen noch nicht gezählt, aber bedeutend, einige 20 Kanonen. Alle acht Korps haben gefochten; aber große schmerzliche Verluste. Ich preise Gott für Seine Gnade; wir sind alle wohl. Wilhelm. (Zur Veröffentlichung: der Gouverneur soll Victoria schießen!)" Dann zog sich der König zurück und verbrachte die Nacht auf einem Lager, das aus einem Sofa, zwei Stühlen und einem Tisch zurechtgemacht war [47].

Der Mann, dessen Staatskunst den Krieg angebahnt hatte und der daranging, auf diesem Sieg ein neues Deutschland aufzubauen, ritt hinter seinem Herrscher nach Horitz. Während des ganzen Tages hatte sich Bismarck, wie er später zugab, wie jemand gefühlt, der mit einem Einsatz von einer Million spielt, die er nicht besitzt. Als nun die Partie gewonnen war, fühlte er sich eher niedergeschlagen als erhoben. Während er über die mit Toten und Verwundeten bedeckten Felder ritt, fragte er sich, welches seine Gefühle wären, wenn sein ältester Sohn unter ihnen wäre. In Horitz angekommen, fand er kein Quartier für sich vorbereitet. Auf der Suche nach einem Schlafplatz schritt er durch eine dunkle Toreinfahrt in einen Hof, glitt aus und fiel in eine Jauchenpfütze. Schließlich machte er sich mit Hilfe eines Wagenpolsters unter den Kolonnaden auf dem Marktplatz eine Lagerstatt zurecht, wo ihn der Regen nicht erreichen konnte. Er verfiel in einen unruhigen Halbschlaf, bis sich der Großherzog von Mecklenburg seiner annahm und ihn für den Rest der Nacht in sein eigenes Quartier einlud [48].

Auf den Feldern, auf denen die blutige Schlacht entschieden worden war, schlugen die Preußen ihr Lager auf, entzündeten die Feuer und bereiteten sich aus dem, was sie gerade vorfanden, ein Essen. Später intonierten die Musikkapellen Märsche, die an vergangene Siege erinnerten: den Dessauermarsch, den Hohenfriedbergermarsch, den Pariser Einzugsmarsch und andere. Die Dunkelheit sank herab, und rings am Rand des Feldes sah man den Feuerschein der brennenden Dörfer. Dann kam die Zeit für den Zapfenstreich, die Hornisten bliesen das Signal, die Trommeln schlugen zum Gebet. Von Bataillon zu Bataillon pflanzte sich der von den Kapellen begleitete feierliche Choral „Nun danket alle Gott" fort und hallte über die dunkle Ebene [49].

Der geschlagene österreichische Oberbefehlshaber, der zur Rettung seiner Armee sein Bestes getan hatte, setzte kurz nach sechs Uhr in Begleitung von zwei Offizieren und einer Eskorte Ulanen über die Elbe. Er benützte dabei die Pontonbrücke bei Bukowina, südöstlich von Opatowitz. Dort ruhte er eine Weile und ritt dann, ohne Kenntnis von dem Chaos, das sich vor den Toren von Königgrätz abspielte, durch die Dunkelheit nach Hohenmauth. Hier fanden ihn die Leute seines Stabes spät am Abend, nachdem sie ihn stundenlang gesucht hatten. Er war gefaßt und offenbar bereit, alles Erdenkliche zu tun, um die Folgen der Katastrophe zu beheben. Seine wahren Gefühle behielt er bei sich. Vielleicht ahnte Helmuth von Moltke, der in Horitz fiebernd zu Bett ging, etwas davon. Er sagte einmal zu einem Journalisten: „Ein besiegter Feldherr! Oh, wenn der Laie nur eine entfernte Vorstellung hätte, was das bedeuten will! Der Abend von Königgrätz im österreichischen Hauptquartier — wenn ich mir den vorstelle — solch ein verdienter, tapferer und fähiger General wie Benedek [50]!"

VIII

DIE FOLGEN

> Gestern noch auf stolzen Rossen,
> Heute durch die Brust geschossen,
> Morgen in das kühle Grab [1].
>
> *W. Hauff, Morgenrot*

Am Nachmittag des 4. Juli fuhr der König von Preußen, der den Vormittag mit dem Schreiben von Briefen und dem Entwurf eines Aufrufs an die Armee verbracht hatte, mit seiner Suite von Horitz nach Sadowa. Er hatte vor, das Schlachtfeld zu besichtigen, Verwundete zu besuchen und an den Leichenfeierlichkeiten für Hiller von Gärtringen und Oberstleutnant von Helldorf teilzunehmen, die auf der Höhe von Chlum stattfanden. Unterwegs begegnete er einem anderen Wagen, in dem ein anscheinend verwundeter österreichischer General saß, den Kopf verbunden und vor Schmerz oder Niedergeschlagenheit ganz zusammengesunken. Beim Näherkommen erkannte er Feldmarschalleutnant Ludwig von Gablenz und erfuhr nach dem Austausch einiger Begrüßungsworte, daß er nicht einen verwundeten Gefangenen vor sich hatte, sondern einen Unterhändler des österreichischen Oberkommandos, der wegen eines Waffenstillstandes verhandeln wollte.

Der König wies ihm den Weg nach Horitz, wo er, wie er sagte, den Generalstabschef antreffen würde; dann setzte er seinen Weg fort. Gablenz kam bald darauf im Hauptquartier Prinz Friedrich Karls an. Der Prinz, der dem sonst recht hochmütigen Gablenz nicht zugetan gewesen sein dürfte, war immerhin betroffen, als er ihn in einer solchen Verfassung sah. Gablenz machte einen abgerissenen und gebrochenen Eindruck, und als er von der Notwendigkeit, die Feindseligkeiten einzustellen, sprach, war in seiner Stimme nichts von seinem gewohnten Selbstbewußtsein zu finden. „Braucht Ihre Armee einen Waffenstillstand?" fragte der Prinz. „Mein Kaiser hat keine Armee mehr, sie ist so gut wie vernichtet", war die Antwort [2].

Betrachtet man die Gesamtzahlen, war dies wohl eine Übertreibung, aber im wesentlichen entsprach es der Wahrheit. Die Schlacht bei Königgrätz hatte die österreichische Armee zerschlagen; obgleich die Feindseligkeiten noch einen Monat lang fortgingen, kam es nur selten zu einem Zusammenstoß, und dann gab es kaum einen Zweifel an dessen Ausgang.

Dem österreichischen Generalstabswerk zufolge betrugen die Gesamtverluste der Österreicher in der Schlacht 1313 Offiziere, 41.499 Mann und 6010 Pferde; davon waren 330 Offiziere und 5328 Mann gefallen, 431 Offiziere und 7143 Mann verwundet, 43 Offiziere und 7367 Mann vermißt und 509 Offiziere und 21.661 Mann gefangen. Die Sachsen verloren insgesamt 55 Offiziere und 1446 Mann, von denen 15 Offiziere und 120 Mann tot, 40 Offiziere und 900 Mann verwundet und 426 Mann vermißt waren. Die schwersten Verluste erlitten das I. Korps, das den letzten Sturm auf Chlum unternahm, das IV. Korps, das in dem mörderischen Kampf im Swiepwald aufgerieben wurde, und das III. Korps, das den ganzen Tag unter schwerem Beschuß der preußischen Artillerie kämpfte und am Nachmittag im Lipawald noch arg mitgenommen wurde. Die Verluste aller Korps waren jedoch hoch. Im ganzen gesehen, verlor die Armee ein Fünftel ihrer Effektivstärke, worunter sich die Elite der Truppenführer und Unteroffiziere befand; ganz zu schweigen von dem hohen Prozentsatz an Geschützen, Transportmitteln und Vorräten, die dem Feind in die Hand fielen [3].

Bemerkenswert niedrig waren die preußischen Verluste. Die Gesamtverluste betrugen 359 Offiziere, 8794 Mann und 909 Pferde, davon 99 Offiziere und 1830 Mann an Gefallenen, 260 Offiziere und 6688 Mann an Verwundeten und 276 Mann an Vermißten. Die Erste Armee, die aushalten mußte, bis der Kronprinz kam, hatte mehr als doppelt so hohe Verluste zu beklagen als die Zweite; besonders hart waren die Division Fransecky und die Truppen Schmidts betroffen, die im Holawald gekämpft hatten. Das Gardekorps büßte bei seinem erfolgreichen Unternehmen gegen die rechte Flanke des Feindes 54 Offiziere und 1284 Mann ein. Die Materialverluste waren niedriger als bei der österreichischen Armee, und das meiste, bis auf die Pferde, konnte wieder zustande gebracht oder ersetzt werden, da ja die Preußen das Feld und alles, was sich darauf befand, behielten [4].

Dem großen Unterschied in der Höhe der Verluste entsprach die Stimmung in beiden Armeen nach der Schlacht. Im preußischen Heer herrschte in allen Rängen der Wunsch, weiterzumarschieren und den Krieg endgültig zu entscheiden. Das galt für den König, der plötzlich die rächende Gerechtigkeit in Person war und entschlossen schien, nach Wien zu marschieren und den Feind in dessen eigener Hauptstadt zu züchtigen; das galt für Prinz Friedrich Karl, der nach einer neuen Schlacht verlangte, die ihm den Ruhm schenken sollte, der ihm, wie er fühlte, in der letzten versagt geblieben war [5], und das galt noch für den jüngsten Leutnant, der von Orden träumte. Bismarck, der für das schwere Los des Grenadiers ein schärferes Auge als die meisten besaß, war von den Mannschaften begeistert. Voll des Lobes über ihre Haltung und Standhaftigkeit, die sie in den Tagen, die auf die blutige Schlacht folgten, bewiesen, schrieb er am 9. Juli an seine Frau: „Unsere Leute sind zum Küssen, jeder so todesmutig, ruhig, folgsam, gesittet, mit leerem Magen, nassen Kleidern, nassem Lager, wenig Schlaf, abfallenden Stiefelsohlen, freundlich gegen alle, kein Plündern und Sengen, bezahlen, was sie können, und essen verschimmeltes Brot. Es muß doch ein tiefer Fonds von Gottesfurcht im gemeinen Mann bei uns sitzen, sonst könnte das alles nicht sein [6].“

In der österreichischen Armee fehlten diese Entschlossenheit und Widerstandskraft völlig. Das wird ausreichend durch die überaus schweren Verluste erklärt. Dazu kam die Tatsache, daß sich im Rückblick auf die verflossene Woche nur ein Treffen fand, das man als Erfolg buchen konnte — der teuer erkaufte Sieg von Gablenz über Bonin bei Trautenau. Das Offizierskorps war daher entmutigt und ohne Hoffnung. Bei den unteren Dienstgraden war das in noch höherem Maß der Fall, und damit gingen Disziplinlosigkeiten einher, die in manchen Einheiten völlig ausarteten. Schon vor dem Verlassen des Schlachtfeldes gab es Fälle von Plünderung [7], die sich mehrten, als die Armee über die Elbe ging und nach Olmütz marschierte. Zeugen, die den Rückzug mit eigenen Augen beobachteten, mußten ähnliche Gefühle hegen, wie sie Gablenz in seiner Unterredung mit Friedrich Karl ausdrückte: daß dies hier keine Armee mehr war. W. H. Russell begab sich in langsamer

Fahrt nach Zwittau; er begegnete „auf allen Seiten Verwundeten, Trümmern ziehender Regimenter, die Straßenränder mit erschöpften, schlafenden Soldaten gesäumt; manche verbanden ihre Wunden, manche kühlten ihre Füße; zu beiden Seiten der Straße Fahrzeuge, Geschütze, verschiedene Kavallerieverbände, Tiroler Jäger, Ungarn, Kroaten, Italiener ... das Wrack einer Armee [8]".

Da sich die Armee in einer solchen Verfassung befand, schien es wenig Hoffnung zu geben, den Widerstand fortzusetzen. Als Gablenz' Versuch, einen Waffenstillstand auszuhandeln, fehlschlug — erstens, weil er nicht mit ausreichenden Vollmachten versehen war, zweitens, weil die Preußen den Preis zu hoch ansetzten [9] —, befahl der Kaiser die Fortsetzung des Rückzuges; zur Verteidigung seiner Hauptstadt berief er Teile der Südarmee aus Italien zurück. Gleichzeitig strebte er einen Friedensschluß an und nahm zu diesem Zweck schon am 5. Juli die guten Dienste des Kaisers der Franzosen in Anspruch.

In den letzten drei Wochen des Preußisch-Österreichischen Krieges hatte somit die Politik den Vorrang vor den militärischen Operationen. Das bedeutet jedoch nicht, daß nicht mehr gekämpft wurde. In den auf die Schlacht unmittelbar folgenden Tagen zog sich die österreichische Armee in drei Heersäulen auf verschiedenen Marschrouten nach Olmütz zurück [10]. Das Marschtempo wurde durch die mitgeführten Troßfahrzeuge verlangsamt und dadurch, daß jeder taktische Befehl ausblieb. Die Einheiten waren derart durcheinandergeraten, und es herrschte eine solche Verwirrung, daß sich Offiziere an Kreuzungen aufstellen und den Umherirrenden den Weg weisen mußten. Dennoch kamen sie langsam weiter, so daß sie sich am 11. Juli in der Umgebung von Olmütz sammeln konnten, ohne daß größere Zusammenstöße mit dem Feind erfolgt wären. Nur ein kleines Scharmützel mit einer preußischen Kavallerieabteilung fand statt. Die Preußen nahmen die Verfolgung erst am 7. Juli auf. An diesem Tag erhielt die Armee des Kronprinzen Befehl, Benedek zu folgen, Friedrich Karl und Herwarth sollten direkt über Brünn nach Wien marschieren. Benedek büßte den Vorteil, der ihm aus dem verzögerten Vormarsch der Preußen erwachsen war, dadurch wieder ein, daß er sich zu lange in Olmütz aufhielt, um den Truppen eine Ruhepause zu gönnen und sie mit neuen Waffen zu versehen. Die preußische Armee schloß Olmütz ein und schnitt die Eisenbahnlinie nach Wien ab, so daß sie als Rückzugsweg ausfiel. Unter diesen Umständen wäre der Feldherr wohl lieber in Olmütz geblieben, aber bestimmte Befehle aus Wien nötigten ihn, auszubrechen [11]. Er wurde dabei am 15. Juli bei Tobitschau von Infanterieeinheiten des I. Korps (Bonin) und Schwadronen des 5. Kürassierregiments gestellt, verlor 18 Geschütze und wäre beinahe selbst in Gefangenschaft geraten. Dieses Gefecht und ein weiteres, das am gleichen Tag bei Roketnitz stattfand, demoralisierte seine Truppen derart, daß er es ratsam fand, auf dem Umweg über die Kleinen Karpaten nach Ungarn zu marschieren und von dort nach Preßburg und weiter nach Wien [12]. Nur mit größter Mühe gelang es dem Gehetzten, sich der Nachstellung durch die Zweite Armee zu entziehen und rechtzeitig in Preßburg zu sein, um die Stadt gegen vorgeschobene Einheiten der Armee Friedrich Karls zu halten. Am 22. Juli ging er über die Donau und vereinigte sich mit den Streitkräften Erzherzog Albrechts, die zur Verteidigung der Hauptstadt gegen einen peußischen Angriff nach Norden verlegt worden waren [13].

Doch nun gab es keine Kämpfe mehr. Sofort nach Königgrätz hatte der Kaiser zu erkennen gegeben, daß er den Konflikt zu beenden wünschte. In den folgenden drei Wochen tat jener Mann, dessen Diplomatie es in erster Linie gewesen war, ihn zum Krieg zu zwingen, alles, um Franz Josephs Wünschen entgegenzukommen. Bismarcks Aufgabe war nicht einfach. Er hatte einen Frieden zustande zu bringen, der den preußischen Interessen dienen und auf der einen Seite für Napoleon III., auf der anderen Seite für König Wilhelm und die Generäle annehmbar sein sollte. Schließlich mußte er feststellen, daß es schwieriger war, seine Landsleute zu überzeugen, als den Kaiser der Franzosen. In dem Siegestaumel nach Königgrätz träumten der König und seine militärischen Ratgeber von so ausgedehnten Gebietserweiterungen, daß jeder Versuch, diese zu verwirklichen, ganz Europa in Unruhe versetzt und vielleicht zu einem Krieg mit Frankreich geführt hätte. Man zeigte auch gar kein Verlangen, den Siegeszug zu beenden, ehe man nicht zumindest einen triumphalen Einzug in Wien genossen hatte. Anläßlich eines Kriegsrates, der bald nach der großen Schlacht abgehalten wurde, erregte Bismarck bitteren Unmut, als er sarkastisch fragte, weshalb sie denn schon in der österreichischen Hauptstadt haltmachen sollten; warum nicht die Österreicher nach Ungarn verfolgen und, wenn die Verbindung mit der Heimat schwierig würde, gleich weiter nach Konstantinopel gehen, das oströmische Reich wiedererrichten und Preußen seinem Schicksal überlassen [14]? Bismarck lehnte es ab, dem heftigen Drängen der Militärs nachzugeben. Schließlich überwand sein Hinweis, daß übertriebene Forderungen nur den erzielten Erfolg schmälern würden, den Eigensinn seines Monarchen. Höchst ungern gab Wilhelm nach, aber er tat es schließlich doch. Die Friedenspräliminarien wurden am 26. Juli unterzeichnet, und damit war der Sieg von Königgrätz bestätigt [15].

Die politischen Folgen dieses Sieges wurden in ihrer Tragweite erst mit der Veröffentlichung der Friedensbedingungen erkennbar. Darin hieß es: „Seine Majestät der Kaiser von Österreich erkennt die Auflösung des bisherigen Deutschen Bundes an und gibt seine Zustimmung zu einer neuen Gestaltung Deutschlands ohne Beteiligung des österreichischen Kaiserstaates. Ebenso verspricht Se. Majestät das engere Bundesverhältnis anzuerkennen, welches Se. Majestät der König von Preußen nördlich der Linie des Mains begründen wird." Der Kaiser stimmte ausdrücklich der Eingliederung der zwischen 1864 und 1866 umstrittenen Herzogtümer Schleswig und Holstein in den preußischen Staat zu und anerkannte stillschweigend die Einverleibung Hannovers, Kurhessens, des Herzogtums Nassau und anderer Gebiete durch Preußen. Außerdem stimmte er zu, daß das Königreich Sachsen, das keinen Gebietsverlust erlitt, dem neugegründeten Norddeutschen Bund beitrat und seine Armee dem Oberbefehl des Königs von Preußen unterstellte [16].

So einschneidend waren diese Bestimmungen, daß der erschrockene Ausruf des päpstlichen Staatssekretärs Antonelli: *Casca il mondo!* („Die Welt geht unter!") gerechtfertigt schien. Königgrätz hatte die seit langem umkämpfte Deutsche Frage gelöst, jedoch auf eine Weise, daß daraus für die Zukunft höchst schwierige, bedrohliche Probleme erwuchsen; Probleme, die es keiner europäischen Macht gestatteten, sich abseits zu halten. Für Österreich insbesondere bedeutete Königgrätz das Ende einer Epoche und den Beginn eines neuen, mühevollen Abschnittes seiner Geschichte. Einer der führenden österreichischen Staatsmänner schrieb in den Revolutionstagen 1848/49, als Österreichs Einfluß in Deutschland auf dem Spiel stand: „Österreich kann nur bestehen, wenn es festen Fuß in Deutschland behält. Ist es aus Deutschland hinausgeworfen, so wird es sich selbst auflösen.“ Als die Bedingungen für den Frieden sich erstmals abzeichneten und feststand, daß Österreichs Austreibung aus Deutschland eine unvermeidliche Tatsache geworden war, schrieb die Wiener „Neue Freie Presse“: „In der Annahme der Friedensbedingungen liegt eine wesentliche Einengung (oder vielmehr Vernichtung) der Großmachtstellung Österreichs. Wenn dieser Staat aus den Friedenskonferenzen auch an seinem Gebiet unverkürzt hervorgehen sollte, ... so wäre doch seine deutsche Stellung, der traditionelle Stolz und, bei gehöriger Benutzung, eine der ergiebigsten Quellen seiner Macht dahin. Österreich sähe dann eine große deutsche Macht neben sich, deren Einfluß neben dem unseren um so bedeutender wäre, je mehr sie uns an Homogenität der Bevölkerung und an intellektueller und volkswirtschaftlicher Entwicklung überragte. Preußens Wort wäre das entscheidende in allen mitteleuropäischen Fragen, und Österreich könnte seinen Einfluß höchstens noch gegen den Orient geltend machen. Die deutsche Nationalität Österreichs wäre hinfort nichts mehr als ein vom Leibe geschnittenes Glied, sie wäre rückhaltslos dem Nationalitätenhader preisgegeben, der Österreich das Schicksal der Türkei zu bereiten droht [17].“

Das waren prophetische Worte. Es war kein bloßer Zufall, daß die kaiserliche Regierung sechs Monate nach Unterzeichnung des Friedensvertrages genötigt war, dem sogenannten „Ausgleich“ von 1867 zuzustimmen, der das alte habsburgische Kaiserreich in eine Doppelmonarchie verwandelte. Dieser „Kompromiß“, der aus den Ungarn gleichberechtigte Partner der Deutschen in dem neuen „Österreich-Ungarn“ machte, war die logische Folge der Erschütterung, die die Autorität der Regierung nach der Niederlage von Königgrätz erlitten hatte. Das Zugeständnis vermochte jedoch weder das Ansehen der Monarchie zur Gänze wiederherzustellen noch einen Ausweg aus den Nöten zu schaffen, die sie bedrohten. Von da ab wurde die habsburgische Monarchie durch die in ihren Völkern entfachten nationalen Leidenschaften beunruhigt und war nicht mehr imstande, ihrer früheren Rolle als Garant der Ordnung in Osteuropa gerecht zu werden; in dem Ausmaß, wie dies der Fall war, wuchsen auch die Gefahren für alle Glieder der europäischen Staatengemeinschaft [18].

Der Ausschluß Österreichs von der Beteiligung an den deutschen Angelegenheiten schuf die Voraussetzung für das Entstehen eines zentralistischen deutschen Staates unter preußischer Vorherrschaft. Zweifellos bestimmte der Friedensvertrag, die Hegemonie Preußens solle sich nur bis zum Main erstrecken, während die südlich dieses Flusses gelegenen deutschen Staaten ihre Unabhängigkeit bewahren sollten. Wer aber nur einige politische Erfahrung besaß, glaubte nicht an die Haltbarkeit dieses Verbots. Obgleich es der Schlacht bei Sedan bedurfte, um die weiteren Folgen zu bestätigen, hatte doch Königgrätz den Grundstein für den kommenden deutschen Nationalstaat gelegt.

Dieses Ereignis hatte Bedeutung für eine ganze Epoche, denn es hatte nicht nur eine Korrektur der territorialen Verhältnisse in Mitteleuropa zur Folge; auch das bis dahin bestehende Gleichgewicht der Kräfte wurde in seinem

Wesen verändert. Der Wiener Kongreß hatte den Deutschen Bund in der Hoffnung errichtet, die zwischenstaatlichen Spannungen im Herzen des Kontinents zu verringern. Wilhelm von Humboldt, preußischer Gesandter beim Kongreß, hat dies seinen Kollegen gegenüber ausdrücklich betont: „Man muß auf keine Weise den wahren und eigentlichen Zweck des Bundes vergessen, insofern er mit der europäischen Politik zusammenhängt. Dieser Zweck ist Sicherung der Ruhe; das ganze Dasein des Bundes ist mithin auf Erhaltung des Gleichgewichtes durch innewohnende Schwerkraft berechnet; diesem würde nun durchaus entgegengearbeitet, wenn in die Reihen der europäischen Staaten, außer den größeren deutschen einzeln genommen, noch ein neuer kollektiver ... eingeführt würde ... Niemand könnte dann hindern, daß nicht Deutschland als Deutschland auch ein erobernder Staat würde, was kein echter Deutscher wollen kann; da man bis jetzt wohl weiß, welche bedeutende Vorzüge in geistiger und wissenschaftlicher Bildung die deutsche Nation, solange sie keine politische Richtung nach außen hatte, erreicht hat, aber es noch unausgemacht ist, wie eine solche Richtung auch in dieser Rücksicht wirken würde [19]."

Nun war das geschehen, wovon Humboldt gesagt hatte, es dürfe niemals eintreten, und es überrascht nicht, wenn sich daran Besorgnisse für die Zukunft knüpften. Eine englische Zeitschrift schrieb ahnungsvoll: „Der kühnste Mann von ganz Europa ist im Besitz der wirksamsten Waffe [20]." Dieser Alarm war tatsächlich nicht unbegründet. Königgrätz hatte nicht nur Österreich aus Deutschland vertrieben und die Voraussetzungen für den preußisch-deutschen Zentralstaat geschaffen; auch jene Kräfte in der preußischen Innenpolitik, die einem verantwortungslosen Gebrauch der erhöhten Machtstellung Deutschlands in internationalen Fragen einen Riegel vorschieben konnten, waren schwer getroffen. Seit 1860 waren die Liberalen bestrebt, Bestimmungen in die preußische Staatsverfassung aufzunehmen, die in anderen westlichen Staaten bereits als selbstverständlich galten: das Recht gewählter Volksvertreter, über die Krone und ihre Organe — die Regierung und die Armee — eine bescheidene Kontrolle auszuüben. Die patriotische Welle jedoch, die auf Königgrätz und die übrigen Siege des Feldzuges folgte, machte den Rückhalt, den die liberalen Abgeordneten bis dahin in der Bevölkerung besaßen, einfach zunichte; ein halbes Jahrhundert blieben die öffentlichen Angelegenheiten in das Panzerhemd eines königlichen Absolutismus eingeschlossen. Dic Krone übte ihre Vorrechte aus, ohne eine Einschränkung durch das Parlament zu dulden, Außenpolitik und Kriegswesen wurden in Deutschland Angelegenheiten, über die nur vom König und seinen persönlichen Beratern entschieden werden konnte. Solange Wilhelm I. lebte und Bismarck Kanzler blieb, traten die einem solchen System innewohnenden Gefahren noch nicht offen zutage. Mit dem Regierungsantritt Wilhelm II. wurden sie augenfällig, allerdings war es dann zu spät, Deutschland und Europa vor dem Unheil zu bewahren.

Die politischen Rückwirkungen der Schlacht bei Königgrätz waren tiefgehend, wenn auch nicht sofort wahrnehmbar. Einleuchtender erschienen die Folgen auf militärischem Gebiet und die Lehren, die aus der Schlacht zu ziehen waren.

Auch der oberflächlichste Beobachter mußte erkennen, daß sich zum Beispiel in der Bewaffnung ein bedeutsamer

Wandel vollzogen hatte, der sich in künftigen Kriegen bei allen Waffengattungen auswirken würde. Was die Zeitgenossen am meisten beeindruckte — und jeder denkt daran, wenn von Königgrätz und dem Krieg von 1866 die Rede ist —, war das Zündnadelgewehr. Die Kriegsberichterstatter der *Times* und des *Le Siécle* beschrieben in allen Einzelheiten seine fürchterliche Durchschlagskraft; Tageszeitungen und illustrierte Blätter mit großer Verbreitung gaben die Berichte so wieder, daß sie die Bedeutung dieser Waffe noch übertrieben; selbst satirische Zeitschriften wie der *Punch* schenkten ihm Aufmerksamkeit. In Ländern, die noch keine vergleichbare Infanteriewaffe besaßen, genügten die Schlachtberichte, um die Forderung nach schleuniger Anschaffung laut werden zu lassen. Eine englische Zeitung schrieb: „Wenn wir unsere Gewehrschützen gegen Truppen in den Krieg schicken, die Hinterlader besitzen, dann können wir ihnen ebensogut Schleudern, Bogen und Pfeile in die Hand drücken; sie werden damit nicht mehr ausrichten [21].“

Die Erfahrungen von Königgrätz brachten auch die Zweifel jener zum Verstummen, die meinten, die Leichtigkeit der Schußfolge beim Zündnadelgewehr werde die Truppen zum allzuraschen Verbrauch ihrer Munitionsvorräte verleiten. Bald nach Beendigung der Feindseligkeiten wurde berechnet, daß die preußische Infanterie während der Schlacht etwa 200.000 Schuß abgab; das war wenig mehr als ein Schuß pro Waffe, im Vergleich zu zehn bis elf Schuß, die jeder französische Soldat während der Schlacht von Borodino abgab (in der, nebenbei gesagt, Vorderlader verwendet wurden [22]). Natürlich sprach diese Sparsamkeit für die Disziplin und die gute Ausbildung der preußischen Infanterie, sie bewies aber auch, daß die Verwendung der neuen Waffe nicht unbedingt einen hohen Munitionsaufwand mit sich brachte, was Kritiker vor dem Krieg behauptet hatten.

Neben dem Zündnadelgewehr erregte die Wirksamkeit der auf beiden Seiten eingesetzten Artillerie, besonders freilich die der Österreicher, Aufmerksamkeit. Die Hochachtung einer materialistisch gesinnten Generation wurde allein durch die Zahl der Geschütze und das Ausmaß des Feuers erregt: die Österreicher verwendeten 672 Geschütze und feuerten im Verlauf des Tages 46.535 Schuß ab [23]. Fachleute mußten ihre negative Meinung über die Anwendung massierten Geschützfeuers bei der Verteidigung angesichts der Tatsache ändern, daß die Unterlegenen bis zum bitteren Ende ihre Geschütze höchst wirkungsvoll ins Gefecht brachten. Daß das gezogene Geschütz fraglos seine Überlegenheit erwiesen hatte, war nun allgemein anerkannt, während die Tatsache, daß die Preußen ein Drittel ihrer Geschütze (die glatten Zwölfpfünder) wegen ihrer zu geringen Reichweite nicht verwenden konnten, diese Lehre nur unterstrich. Auf der anderen Seite neigte man auch in Fachkreisen dazu, die preußischen Gußstahlgeschütze zu unterschätzen, obwohl diese, die meist unter ungünstigen Voraussetzungen zu operieren hatten, bisweilen eine erstaunliche Treffsicherheit an den Tag legten; dem Umstand, daß einige der Stahlgeschütze während der Schlacht explodiert waren, legte man unnötiges Gewicht bei. Untersuchungen ergaben, daß dies weniger an den Rohren als am Lademechanismus gelegen war, und so ging auch die preußische Armee in der weiteren Folge ganz auf die von Krupp erzeugten Geschütze über; die Umrüstung war bis 1870 vollzogen. Andere Staaten zogen nicht die gleiche Schlußfolgerung. Frankreich und Österreich vertrauten weiterhin den Bronzerohren, England blieb bei schmiedeeisernen Rohren, die durch außen angebrachte Ringe verstärkt wurden [24].

Abgesehen von der Aufmerksamkeit, die man den neuen Waffen schenkte, und gewissen grundsätzlichen Schlußfolgerungen über die Wirkung der gesteigerten Feuerkraft auf die taktischen Regeln der Infanterie und der Kavallerie, enthielten die kritischen Untersuchungen der Nachkriegszeit wenig Interessantes. Die Lehren, die man aus dem Verlauf des Krieges zog, ließen — mit Ausnahme Preußens — nicht erkennen, daß man gründlich über die Sache nachgedacht hatte. Man neigte im allgemeinen dazu, den Preußen den Sieg zuzuschreiben, weil die Armee eben eine bessere Infanteriewaffe besaß. Der *Spectator,* der Moltkes Plan kritisierte, meinte kurz: „Der Hinterlader machte die verfehlte Strategie mehr als wett [25].“ Friedrich Engels war der gleichen Meinung. Da er, in dem festen Glauben, daß gekrönte Häupter zu dumm seien, um gute Soldaten abzugeben, den Sieg der Österreicher vorausgesagt hatte, sah er sich nun vor der unangenehmen Aufgabe, zu erklären, wieso der preußische Kronprinz rechtzeitig eingriff. Die Antwort lag für ihn im Zündnadelgewehr, und so stellte er bedeutsam fest, „es mag bezweifelt werden, ob die Vereinigung der beiden Armeen ohne dieses zustande gekommen wäre [26]“.

Doch gab es gewisse Ausnahmen von der allgemeinen Neigung des Auslandes, sich von der neuen Schußwaffe blenden zu lassen. Generalmajor Dragomirow, russischer Militärsachverständiger in der Schlacht, erklärte später: „Nicht das Zündnadelgewehr als solches errang die Siege des Feldzuges von 1866, sondern die Männer, die es trugen [27].“ Der französische Militärattaché in Berlin, Oberst

Stoffel, schrieb, das Ergebnis wäre 1866 kein anderes gewesen, wenn die Österreicher Hinterlader besessen hätten: die Überlegenheit des preußischen Oberkommandos habe den Krieg entschieden [28]. Diese Fachleute kamen der Wahrheit näher als die meisten ausländischen Zeitungen und die übrige Fachwelt. Doch auch sie trieben ihre Analyse nicht weit genug, oder sie konnten noch nicht sehen, was im Rückblick leicht festzustellen ist.

Wenn Königgrätz die Kriegsmächte anderer Staaten eines lehrte, dann war es dies: in einer Zeit, da der industrielle Fortschritt die Bewaffnung und Beförderung von Armeen ermöglicht, gegen die sich die Heere der Vergangenheit winzig ausnehmen, gewinnen jene Nationen den Krieg, die große Armeen am zweckmäßigsten aufstellen, verladen, aufmarschieren und lenken lassen. Die Tage der kleinen Berufsarmee waren gezählt, wenn nicht vorbei: das war die erste Lehre aus dem Krieg. Die zweite war, daß die Schlagkraft großer Armeen von der Methode ihrer Mobilisierung abhing. Die Haltung der preußischen Truppen während des ganzen Krieges, besonders aber in der Hauptschlacht, sprach für ein sowohl umfassendes wie gerechtes Aushebungssystem; wenn man nicht eine Armee haben wollte, die kaum mehr als ein bewaffneter Haufen war, mußte man vorerst ein System einführen, das nicht zuließ, daß sich die gebildeten Schichten dem Kriegsdienst entzogen, und zweitens ein Ausbildungsprogramm, das schulte, ohne die Initiative verkümmern zu lassen.

Im Hinblick auf den letzten Punkt legt eine Betrachtung der Schlacht auch den Gedanken nahe, im Ausbildungsprogramm großes Gewicht darauf zu legen, daß den verschiedenen Waffengattungen im Interesse einer wirksamen

Zusammenarbeit im Feld erhöhtes Verständnis füreinander eingeschärft wird. Moltke erklärte in einem Memorandum, das er im Juli 1868 dem König übersandte und das sich mit den aus dem Krieg von 1866 zu ziehenden Folgerungen beschäftigte, es habe im Feldzug Augenblicke gegeben, wo die verschiedenen Waffengattungen Operationen ausführten, ohne aufeinander die geringste Rücksicht zu nehmen. „Die Infanterie hat in jeder Beziehung Ausgezeichnetes geleistet, im Marschieren wie im Fechten. Von der Artillerie unzureichend, von der Kavallerie so gut wie gar nicht unterstützt, tritt sie im Gefühl ihrer Kraft überall selbständig auf und trägt ihr Feuer dem Feinde offensiv entgegen [29].“ Hinsichtlich der Artillerie bestand die Neigung, sie zu weit hinten in den Marschkolonnen mitziehen zu lassen — hier scheint sich Moltke Hohenlohes Anschauung zu eigen gemacht zu haben —, so daß sie oft erst nach Beginn des Gefechts auf dem Schauplatz erschien [30]. Das bedeutete, daß die Infanterie häufig ohne Artillerievorbereitung anzugreifen hatte. „Es geschah dies mit einer Bravour, welche nicht genug anerkannt werden kann, die aber einer besser bewaffneten und standhafteren feindlichen Infanterie gegenüber zu sehr bedenklichen Gefechtslagen führen kann.“ Überdies schienen Artilleriekommandeure häufig im unklaren über den Auftrag der Infanterie, was vielleicht auf mangelnde Koordinierung der Waffengattungen in der Friedensausbildung schließen ließ, woran aber auch ungenügende Führung während der Schlacht schuld war. „Es ist dringend zu empfehlen, daß die höheren Truppenführer dem in ihrem Stab befindlichen Artilleriekommandeur den Gefechtszweck und die Art, wie sie ihn erreichen wollen, mitteilen, ihre Befehle durch ihn an die Batterien gelangen lassen [31].“

Der Feldzug von 1866 und die Schlacht bei Königgrätz bewiesen ferner, daß die Kavallerieausbildung früher in falscher Richtung betrieben worden war; das hatte zur Folge, daß die Kavallerie den anderen Waffengattungen nicht jene Dienste leisten konnte, zu denen sie fähig war. Beide Armeen beließen große Reiterkontingente im Hinterhalt und warteten auf den Augenblick, den entscheidenden offensiven Schlag gegen den Feind zu führen; diesem Zweck, für den sie so hartnäckig aufgespart wurde, vermochte die Reservekavallerie in keinem Fall zu dienen. Es bestand vielmehr Grund zu der Annahme, daß die Kavallerie auch in Zukunft nie mehr Gelegenheit haben würde, diese Funktion zu erfüllen. Darum schlug Moltke vor, das Hauptgewicht wie Napoleon auf die vornehmsten Pflichten der Reiterei zu legen: Erkundung, Nachrichtendienst, Verbindung und Verfolgung. In allen diesen Punkten hatte zumindest die preußische Kavallerie im Krieg betrüblich versagt [32].

Auch eine Armee, die auf einem idealen Rekrutierungssystem beruht und die im Gebrauch ihrer Waffen sowie im Zusammenwirken der einzelnen Waffengattungen hervorragend ausgebildet ist, ist nutzlos, wenn sie nicht rechtzeitig und in einer Aufstellung auf das Schlachtfeld gebracht wird, die es ermöglicht, wirksam loszuschlagen. Der Krieg von 1866 bewies, daß die Probleme der Mobilisierung und des Aufmarsches sich durch die steigenden Truppenzahlen der modernen Armeen gewaltig komplizierten. Das forderte in Hinkunft von den Befehlshabern viel eher jenen Erfindungsreichtum in Behelfsmitteln und die kühne Idee, die wir bei Moltke fanden, als den umständlichen Konservatismus, der die Führung Benedeks und seiner Ratgeber vor der Schlacht bei Königgrätz kennzeichnete.

Die Fachkritiken am Feldzug von 1866 nahmen diese Veränderungen nicht gleich wahr. Wie konservativ das militärische Denken noch immer war, geht einleuchtend daraus hervor, daß man den Sieg der Preußen ihrer Bewaffnung, ihrer Schnelligkeit, dem Kriegsglück und den Fehlern der Österreicher, ja allem eher zuschrieb als dem Operationsplan Moltkes und seinem strategischen Genie. Wie wir sahen, betrachtete man in England die Operationen der preußischen Armee vor Königgrätz als tollkühn (S. 84 und 275); in Frankreich äußerte man herablassend, Moltke sei diesmal unter Gottes Schutz gestanden; sollte er in einem Krieg gegen Frankreich nach einem ähnlichen Operationsplan vorgehen, dann würden seine Armeen zerfetzt werden; der italienische General Giuseppe Govone, ein Freund Moltkes, der auch lange Gespräche über strategische Probleme mit ihm geführt hatte, verwarf seinen Plan in Bausch und Bogen und meinte, nur die Säumigkeit Benedeks habe ihn gelingen lassen [33]; schließlich behauptete der österreichische Feldzeugmeister Ladislas Freiherr von Nagy in einem Artikel der offiziellen Militärzeitung vom Februar 1867 von Moltkes Strategie, „daß sie sich kaum über das Niveau des Mittelmäßigen erhob [34]". Alle diese Kritiken wiederholten nur die gängigen Schlagworte von den Gefahren der Teilung einer Armee angesichts eines Gegners, der die innere Linie beherrscht, und von dem ausschlaggebenden Vorteil, den die Konzentration vor der Schlacht mit sich bringt.

Über die Gründe, warum sich Moltke im Juni 1866 entschloß, so und nicht anders zu operieren, ist genug gesagt worden (S. 65 und 86), so daß eine ausführliche Besprechung hier nicht notwendig ist. Es wäre vielleicht nur zu bemerken, daß die meisten Kritiken Prinzipien huldigten, die unter den gewandelten Bedingungen der Kriegführung unanwendbar waren. Nicht mit stereotypen strategischen Formeln werden die Kriege der Zukunft gewonnen, sondern auf Grund eines Operationsplanes, der Faktoren wie Zeit, Raum, die größeren Truppenzahlen der modernen Armeen und die verbesserte Wirkungsweise der Bewaffnung in Rechnung stellt. Moltke demonstrierte in jener besonderen Lage eindrucksvoll, wie alle diese Faktoren in seinem Operationsplan miteinander verbunden waren: er teilte die Armee, um beim Aufmarsch die größtmögliche Schnelligkeit zu gewährleisten, und vereinigte sie erst mitten in der Schlacht, als die Vereinigung die beste Wirkung versprach.

Moltke selbst lehnte immer den Gedanken ab, daß Königgrätz die Grundlage für ein „System“ der Strategie abgeben könnte. Er war davon überzeugt, daß die Lage, je nach den Umständen, stets wechselt, und daß im Krieg zu viele Varianten zu berücksichtigen sind, um einer solchen Vereinfachung, wie sie ein System fordert, stattzugeben. Immerhin empfahl er seinen Kritikern die Beachtung einiger Grundregeln. Die Behauptung der inneren Linie ist ein zweifelhafter Vorteil einem Feldherrn gegenüber, der sich der modernen Transportmittel zu bedienen weiß und darüber hinaus bereit ist, angemessene Risken einzugehen. Abgesehen davon, wird es wegen des Umfanges der modernen Armeen im zunehmenden Maß nötig, sie während des Aufmarsches zu teilen, auch wenn Verspätungen, wie sie 1866 in der Mobilisierung auftraten, dies nicht erfordern. Nur im getrennten Zustand wird es möglich sein, sie mit der angemessenen Eile in Marsch zu setzen und während des Marsches zu verpflegen [35]. Ähnliches gilt für die vorzeitige Versammlung von Armeen:

sie wird um so riskanter, je mehr die Feuerkraft zunimmt. Unter den herrschenden Umständen ist „jede enge Anhäufung großer Massen ... an sich eine Kalamität ... Die schwere Aufgabe einer guten Heeresleitung ist es, den getrennten Zustand der Massen, mit diesem aber die Möglichkeit der zeitgerechten Versammlung zu wahren [36]." Auch die Versammlung unmittelbar vor der Schlacht hat ihre Nachteile, weil sich infolge der Feuerkraft Frontalangriffe von selbst verbieten und Flanken- sowie Umfassungsmanöver eine selbstverständliche Notwendigkeit sind. Bloße taktische Kunstgriffe während der Schlacht reichen dazu aber nicht hin. Sie müssen im vorhinein geplant und während des Aufmarsches eingeleitet werden. „Wenn am Schlachttage die Streitkräfte von getrennten Punkten aus gegen das Schlachtfeld selbst konzentriert werden können; wenn die Operationen also derartig geleitet werden, daß von verschiedenen Seiten aus ein letzter kurzer Marsch gleichzeitig gegen Front und Flanke des Gegners führt: dann hat die Strategie das Beste erreicht, was sie zu erreichen vermag, und große Resultate müssen die Folge sein [37]."

Jene Beobachter, die geneigt waren, Moltkes besonderen Beitrag zur Entwicklung der Strategie zu übersehen — die anschauliche Darstellung dessen, wie man sehr große Armeen so unter Kontrolle behält, daß man imstande ist, sich jeder Veränderung der Lage anzupassen — und die anderseits die Fehler der Führung auf österreichischer Seite betonten, waren natürlich nicht ganz im Unrecht. Daß Mut, Entschlußkraft, Geduld und Disziplin von Befehlshabern aller Ränge gefordert werden müssen, war nicht die unwichtigste Lehre aus der Schlacht bei Königgrätz. Auf beiden Seiten gab es Beispiele für den Mangel an

Selbstbeherrschung und Gehorsam, die teuer zu stehen kamen; wenn auch das vorzeitige Vorrücken der 6. preußischen Division über die Bistritz (S. 182) anders geartet war als der Eigensinn, mit dem Mollinary seine Truppen in den Swiepwald warf, so hatte doch auch jenes Vorgehen unnötige Verluste zur Folge. Eines der schwierigsten Probleme der Heerführung ist die Förderung einer gesunden Initiative bei den Unterbefehlshabern, gepaart mit dem Festhalten an dem allen gemeinsamen Ziel und die gegenseitige Ausrichtung auf dieses Ziel. Königgrätz bot keine Patentlösung an; aber was daraus folgt, wenn nicht alle Anstrengungen unternommen werden, die Unterführer in den strategischen Plan einzuweihen und ihnen einzuschärfen, daß ihre Zusammenarbeit zur Erreichung der operativen Ziele ausschlaggebend ist, das stellte der Ausgang der Schlacht zumindest erneut unter Beweis [38].

Mit der Unterzeichnung der Friedenspräliminarien kehrten die Feldherren und Monarchen in das Vaterland zurück — die Sieger, um Beifall und Ehrungen einzuheimsen, die Besiegten, um sich der öffentlichen Kritik zu stellen und, in einigen Fällen, sogar einen amtlichen Verweis zu erhalten. Hohen Lohn für ihre Mühen erhielten die beiden großen Urheber des Sieges auf preußischer Seite. Bismarck, den im Juni noch viele als den Totengräber preußischer Macht und Ehre betrachtet hatten, kam im August als Volksheld nach Berlin. Sein politischer Scharfsinn hatte sich aufs neue glänzend bewährt, was seine Arbeit für die Zukunft sehr erleichterte. Er war zum Generalmajor befördert worden; die Militärs betrachteten diese Beförderung mit gemischten Gefühlen. Er trug nun meist Uniform, jedoch nicht deshalb, weil er plötzlich sein Herz für das Militär entdeckt hatte, sondern weil er feststellte, daß ihm der eng anliegende Waffenrock in seinem Kampf gegen das Asthma zustatten kam, und weil überdies der König viel herzlicher und aufgeschlossener war, wenn er in Uniform erschien, als wenn er ihm in Zivil gegenüberstand. Bismarck neigte jedoch in seiner Kleidung stets zu Ausgefallenheiten; so öffnete er zum Beispiel an warmen Tagen den Uniformrock und ließ eine schwarze Tuchweste sehen; Moltke ärgerte sich über diesen Aufzug und pflegte von Bismarcks militärischer „Dekolletierung" zu sprechen [39].

Dem Generalstabschef gegenüber zeigte sich der König dadurch erkenntlich, daß er ihm die höchste preußische Auszeichnung, den Schwarzen Adlerorden, verlieh und ihn nach der Rückkehr der siegreichen Armee nach Berlin zum Chef des 9. Infanterieregiments machte. Das war eine noble Geste, denn einst hatte Gneisenau diese Stellung inne. Die Ernennung bedeutete also eine Gleichstellung seines Verdienstes mit demjenigen des Generalstabschefs Blüchers, der, wenigstens bis dahin, als Preußens größter Stratege galt [40]. Überdies genoß Moltke, der vor dem Krieg in der Öffentlichkeit nahezu unbekannt gewesen war, einen Beifall, ja eine Verehrung, die ganz außergewöhnlich war und mit den Jahren noch wuchs. Er war ein bescheidener Mann, darum maß er dem nicht allzuviel Wert bei; auf die Dauer hatte dieser Heldenkult, obwohl Moltke selbst nichts davon wahrnahm, ungünstige Folgen. Der Ruf der Unfehlbarkeit, den Moltke 1866 erlangte und der sich 1870 nur bestätigte, teilte sich auch den sogenannten „Halbgöttern" seiner Umgebung mit und schließlich dem Generalstab als Institution. Im Lauf der Jahre wuchs dessen Prestige so gewaltig, daß man ihn auch in anderen als militärischen Angelegenheiten zu Rate zog. Allmählich führte das zu einer gefährlichen Beeinflussung der Politik des Deutschen Reiches durch die Militärs.

Dem besiegten Feldherrn erging es anders. Als Benedek die Donau bei Preßburg überschritten hatte, übergab er am 26. Juli den Oberbefehl über seine geschlagene Armee an Erzherzog Albrecht. Der Generaladjutant des Kaisers, Graf Crenneville, hatte ihn bereits wissen lassen, daß seine operative Führung von dem Zeitpunkt an, da er in Olmütz den Oberbefehl angenommen hatte, Gegenstand einer amtlichen Untersuchung sein werde [41]. Am 28. Juli begab er sich nach Wiener Neustadt, wo er 1818 seine Laufbahn als Schüler der Militärakademie begonnen hatte, um sich dem Spruch der Untersuchungskommission zu stellen. Diese bestand aus Feldzeugmeister Johann Graf von Nobili, Feldzeugmeister Franz Ritter von Hauslab, Feldzeugmeister Nagy (der dann Moltkes Strategie als mittelmäßig bezeichnete) und Generalauditor Karl Ritter von Pfiffer. Sie gingen an Hand eines Fragebogens vor, den Erzherzog Albrecht den untergeordneten Kommandanten übersandt hatte, und der sich mit der Führung des Feldzuges, den Einzelheiten der Schlacht bei Königgrätz und der Verantwortlichkeit für so verhängnisvolle Episoden wie den Fall von Chlum beschäftigte.

In den ersten Julitagen schrieb Benedek mehrere Briefe an seine Frau, in denen er auf die Umstände seiner Ernennung zurückkam. Er beschrieb darin die Unterredungen mit dem Kaiser, wie er Franz Joseph darauf aufmerksam gemacht habe, daß die Siegeschancen in einem Krieg minimal wären, und daß er selbst kaum geeignet sei, den Oberbefehl in Böhmen zu übernehmen; daß er aber dazu bereit sei, selbst auf Kosten seiner bürgerlichen und militärischen Ehre, wenn der Kaiser auf der Annahme bestehe. Er teilte seiner Frau mit, er werde keinerlei Versuch machen, sich zu rechtfertigen, wenn man ihn nun vor Gericht stelle. Er sei bereit, die volle Verantwortung für die Niederlage auf sich zu nehmen, aber er werde niemandem als dem Kaiser selbst Erklärungen abgeben [42].

Dieses Versprechen hielt Benedek während des ganzen Verfahrens; er hatte jedoch größte Schwierigkeiten, seine Frau zurückzuhalten, die fest glaubte, man wolle ihn jetzt zum Sündenbock machen. Sie verlangte, er möge ganz offen reden, und drohte, Einzelheiten seiner Unterredungen mit dem Kaiser zu veröffentlichen, wenn er es nicht tue. Er versuchte, sie mit einem beredten Brief zu beruhigen und schrieb unter anderem: „Wenn alle Welt um Dich herum allenthalben laut und offen schimpft und anklagt, dann soll die Frau des FZM Benedek ruhig und würdevoll trauern über das Unglück, das Österreich und ihren Mann getroffen, sie soll ihre Worte auf die Wagschale legen, damit die bösen Zungen, die Neider und Feinde ihres Mannes, und vielleicht auch ihre eigenen nicht Gelegenheit finden, eine oder die andere heftige Äußerung der Frau des FZM Benedek im bösen Sinne auszubeuten." Niemand, schrieb er, als seine eigene Frau könne ihn wirklich treffen. Wenn aber seine Liebe ihr nicht genüge, wenn es „Dir Bedürfnis (ist), an meinem wunden Herzen und Gemüt zu zerren, kannst Du mein Unglück nicht heilig halten, dann ist es besser, ich bleibe fern und trage allein und ende allein in welch immer Winkel der Welt [43]."

Modernen Ohren mag dies sentimental und kitschig klingen; Benedek meinte es ernst. Es gelang ihm, seine Frau zu beschwichtigen, und auch er schwieg vor der Kommission und für immer. Gemessen an seinem Verhalten, war das der Regierung würdelos bis zur kleinlichen

Gehässigkeit. Im November nahm Benedek seinen Abschied von der Armee. Damals mußte er Erzherzog Albrecht das schriftliche Versprechen geben, nichts zu schreiben oder schreiben zu lassen, womit er sein Versagen auf die Fehler anderer abwälze [44]. Als er sein Wort gegeben hatte, setzte die Regierung die Maßnahmen fort, die seine Frau befürchtet hatte: man stellte ihn als den Urheber allen Unglücks und den alleinigen Schuldtragenden an der Niederlage bei Königgrätz hin. Die Untersuchung wurde durch ein kaiserliches Dekret vom 4. Dezember niedergeschlagen, ohne daß ein förmlicher Schuldspruch gefällt worden wäre. Unmittelbar danach aber veröffentlichte die „Wiener Zeitung" einen Artikel, in dem behauptet wurde, das Verfahren gegen Krismanić und Henikstein sei deshalb eingestellt worden, weil jene beiden Offiziere offenbar an der Katastrophe keine Schuld trugen, da sie an Benedeks Befehle gebunden waren. Um sie zu entlasten, habe man auch gegen Benedek nicht weiter verhandeln können. Wer meine, daß Benedek für seine Fehler Strafe verdiene, möge sich damit zufrieden geben, daß er ja das Vertrauen seines kaiserlichen Kriegsherrn verloren habe und daß sein militärischer Ruf vor der Mit- und Nachwelt vernichtet sei [45].

Im Juni 1873 schrieb Benedek in seinem Privattestament, dieser Artikel sei im österreichischen Generalstab entworfen und von Feldmarschalleutnant Franz Freiherrn von John und Erzherzog Albrecht persönlich korrigiert worden. „Daß die österreichische Regierung, mein Versprechen, zu schweigen, in Händen habend, ihren sonderbaren Artikel über mich in der Zeitung publizieren ließ, das übersteigt meine Begriffe von Recht, Billigkeit und Wohlanständigkeit [46]." Doch Benedek protestierte nicht öffentlich und blieb auch anläßlich weiterer Ungerechtigkeiten stumm: die Geschichte des Krieges, veröffentlicht vom österreichischen Generalstab, ging mit seiner Befehlsführung noch schärfer ins Gericht als der Artikel in der „Wiener Zeitung"; Clam-Gallas wurde schonend behandelt: er, dessen Verantwortlichkeit an der Iser und in Gitschin durch eine Untersuchungskommission festgestellt worden war, empfing später ein kaiserliches Dankschreiben für geleistete Dienste; Männer wie Mollinary und Thun wurden geehrt und befördert; Krismanić wurde rehabilitiert und 1872 wieder in den aktiven Dienst übernommen.

Nur Benedek blieb von den offiziellen Gunstbezeigungen ausgeschlossen, ein Opfer der Staatsräson. Man hatte ihn der öffentlichen Schande ausgeliefert, um die Aufmerksamkeit von jenen Aspekten des Regimes abzulenken, die für die Niederlage von Königgrätz in höherem Maß die Verantwortung trugen als er. Es gab in seinem Leben Augenblicke, in denen er sich gegen die tragische Rolle, die ihm zugefallen war, auflehnte; aber er bezwang sein Gefühl und hielt das gegebene Wort bis zu seinem Tod im Jahr 1881, ja darüber hinaus: er verbrannte alle Schriftstücke, die den Feldzug betrafen. Wie er einmal seiner Frau anvertraute, wäre eine Veröffentlichung — auch als sich mit den Jahren die Erbitterung in der Öffentlichkeit gelegt hatte — „weder dem Kaiser noch der Armee von Nutzen gewesen. Ein besiegter Feldherr muß sein Unglück tragen."

ANMERKUNGEN

EINLEITUNG

1 Vielleicht weil viele den Preußisch-Österreichischen Krieg als einen Bruderkrieg ansahen, brachte er wenige Kriegslieder und kaum gute Gedichte hervor. Diese Zeilen gehören einem anonymen Werk in Knüttelversen an, das im weiteren Verlauf Feldzeugmeister von Benedek schildert, der vor den preußischen Kanonen davonläuft und ruft: „Um Gottes Gottes willen, was wird der Franzel [Kaiser Franz Joseph] sagen, er wird uns noch fortjagen!" Siehe Hans Ziegler, *Deutsche Soldaten- und Kriegslieder* (Leipzig, 1884), pp. 358 f.

2 *Illustrated London News* XXIX, 25 (14. Juli 1866).

3 *The Spectator* (London), XXXIX, 737 (7. Juli 1866).

4 Französische Autoren ziehen seit 1866 den Namen „Sadowa" jenem von „Königgrätz" vor. Sie nennen die Schlacht nach dem Dorf an der Bistritz, wo am Morgen des 3. Juli 1866 das erste Gefecht stattfand. Andere meinten, die treffendste Benennung wäre „Chlum", weil die Besetzung der Höhe von Chlum durch die preußische Garde der entscheidende Moment für den Sieg gewesen sei. Schlachten erhalten ihre Bezeichnung aber von den Siegern, und der Name, den König Wilhelm am Abend seines großen Erfolges wählte, war „Königgrätz", obgleich diese Festung einige Kilometer von der Bestritz entfernt liegt und in der Schlacht keine Rolle spielte.

5 *Revue des deux mondes,* LXIV, 516 (14. Juli 1866).

6 Wilhelm Schüßler geht in seiner interessanten kurzgefaßten politischen Studie so weit, zu behaupten: „Eine Erscheinung wie Hitler dürfte ohne Königgrätz kaum zu erklären sein, denn die Folge jener Schlacht war für Österreich die immer weitere Schwächung seines deutschen Elementes, der Aufstieg der Slawen und der überhitzte Nationalismus der Grenzkämpfe." *Königgrätz 1866: Bismarcks tragische Trennung von Österreich,* p. 8.

7 Die Schätzungen schwanken, siehe jedoch Max Jähns, *Die Schlacht von Königgrätz,* pp. 484 f., und H. M. Hozier, *The Seven Weeks War,* pp. 254 f., letzteres Werk mit vergleichenden Tabellen.

8 Oberst Baron von Stoffel, *Militärische Berichte, erstattet aus Berlin* 1866—1870, pp. 2 f.; Generalfeldmarschall Graf von Schlieffen, *Gesammelte Schriften,* I, p. 127.

9 Zur Erörterung dieses Punktes siehe Jähns, *op. cit.,* p. 489.

10 Werner Richter, *Bismarck,* p. 151.

I. KAPITEL

1 Lied aus dem 19. Jh., betitelt *Der kleine Rekrut,* von F. W. Güll. Einem Reiter auf dem Steckenpferd werden alle Dinge aufgezählt, die er haben muß, um wie sein Vorbild auszusehen und aufzutreten. Ziegler, *op. cit.,* pp. 71 f.

2 Ein selbstsicherer Wachtmeister spricht diese Worte in der 6. Szene von *Wallensteins Lager.* Er tadelt damit die Gruppe prahlerischer Holkischer Jäger.

3 Helmuth von Moltke, *Gesammelte Schriften und Aufsätze,* III, pp. 426—427.

4 Heinrich Friedjung, *Der Kampf um die Vorherrschaft in Deutschland,* I, p. 142.

5 Siehe Hans Rothfels, *Bismarck und der Staat: Ausgewählte Dokumente,* p. 113.

6 Siehe W. H. Chaloner und W. O. Henderson, *Engels as Military Critic,* pp. 121 ff.

7 Friedjung, *op. cit.,* II, p. 3.

8 Edmund von Glaise-Horstenau, *Franz Josephs Weggefährte,* p. 87.

9 1809 hatte Erzherzog Karl ein Milizsystem ins Leben gerufen, das aber seither längst außer Gebrauch war.

10 Weil die Regierung wußte, daß die Mobilisierung notwendig langsam vonstatten gehen würde, nahm sie das politische Risiko auf sich, als erste zu mobilisieren.

11 Zu alldem vgl. Friedjung, *op. cit.*, I, pp. 351—353; Oscar von Lettow-Vorbeck, *Geschichte des Krieges von 1866*, II, pp. 8—12; Freiherr von Freytag-Loringhoven, *Die Grundbedingungen kriegerischen Erfolges: Beiträge zur Psychologie des Krieges im 19. und 20. Jahrhundert*, pp. 108 f.; zur Analyse der finanziellen Gesichtspunkte des Rüstungsproblems, Oskar Regele, *Feldzeugmeister Benedek: Der Weg nach Königgrätz*, speziell pp. 311—384.

12 Lettow-Vorbeck, *op. cit.*, II, p. 16.

13 *The Times* (London), 11. Juli 1866, p. 9.

14 Lettow-Vorbeck, *op. cit.*, II, p. 17; Rittmeister Brix, *Das Österreichische Heer in seiner Organisation und Stärke, Uniformierung, Ausrüstung und Bewaffnung*, pp. 101—115.

15 Friedjung, *op. cit.*, I, p. 376, 379 f.; Brix, *op. cit.*, pp. 92 ff.; Regele, *op. cit.*, pp. 358 ff., führt aus, daß alle verantwortlichen militärischen Stellen bis 1866 von der Notwendigkeit einer Umrüstung überzeugt waren, daß diese aber durch die Weigerung der zivilen Instanzen, die erforderlichen Mittel aufzubringen, verhindert wurde.

16 Friedjung, *op. cit.*, I, pp. 358—377.

17 Glaise-Horstenau, op. cit., p. 88. Vgl. Regele, op. cit., pp. 365 ff. Bemerkenswert ist, daß Friedrich Karl von Preußen die österreichische Taktik auf Grund seiner Beobachtungen in Dänemark als zu verlustbringend ansah. Siehe Friedrich Karl, Prinz von Preußen, *Denkwürdigkeiten aus seinem Leben*, hsg. von Wolfgang Förster, I, p. 112.

18 Freytag-Loringhoven, *op. cit.*, pp. 111 f.

19 „Wie hätten wir gegen die Preußen aufkommen können! Wir haben wenig gelernt, und das sind studierte Leute!" sagte er zu einem Besucher. *Benedeks nachgelassene Papiere*, hsg. von Heinrich Friedjung, p. 406.

20 Lettow-Vorbeck, *op. cit.*, II, p. 17; noch dramatischer: Carl Bleibtreu, *Königgrätz*, pp. 10 f.

21 Prinz Kraft zu Hohenlohe-Ingelfingen, *Aus meinem Leben, 1848—71*, I, p. 257.

22 Glaise-Horstenau, *op. cit.*, p. 31.

23 *Ibid.*, p. 71.

24 Über Grünnes Einfluß siehe u. a. Joseph Redlich, *Emperor Francis Joseph of Austria: A Biography*, pp. 43 ff., 88 f., 92. *Benedeks nachgelassene Papiere*, pp. 301, 311 ff., 320.

25 Glaise-Horstenau, *op. cit.*, pp. 50, 53.

26 Siehe Eugen v. Frauenholz, „Feldmarschalleutnant Alfred Freiherr von Henikstein im Jahre 1866“, *Münchener Historische* Abhandlungen, pp. 34 f.

27 Über Benedeks frühere Laufbahn siehe besonders *Benedeks nachgelassene Papiere*, pp. 1—250, im Auszug: über seine Popularität, pp. 63, 134, 175, 183, 265. Auch Regele, *op. cit.*, pp. 261—289; Gustav von Hubka, „Ludwig Ritter von Benedek“ in *Große Österreicher: Neue Österreichische Biographie ab 1815*, XII, p. 52. Über Erzherzog Albrecht siehe H. Ritter von Srbik, *Aus Österreichs Vergangenheit*, pp. 109 ff.

28 *Benedeks nachgelassene Papiere*, p. 353; Wilhelm Alter, *Feldzeugmeister Benedek*, p. 137.

29 Glaise-Horstenau, *op. cit.*, pp. 94 f.

30 *Benedeks nachgelassene Papiere*, p. 76.

31 Besser wäre der bedeutendste Schüler von Heß, Feldmarschalleutnant von John, dafür geeignet gewesen; doch diesen hatte Erzherzog Albrecht sich selbst als Generalstabschef vorbehalten.

32 Dieser Mangel wurde nach Beginn der Operationen einigermaßen durch die Heranziehung eines Mitglieds der Generaladjutantur Crennevilles, des Oberstleutnants von Beck, behoben.

33 Henikstein trug gewisse Züge, die Helmuth von Moltke in seiner Monographie über den italienischen Krieg an Offizieren beschrieb, die „mit großem Scharfsinn alle Schwierigkeiten bei jeder vorgeschlagenen Unternehmung hervorzuheben wissen. Bei der ersten eintretenden Verwicklung weisen sie überzeugend nach, daß sie alles vorhergesagt haben. Sie sind immer im Recht, denn da sie selbst nicht leicht etwas Positives vorschlagen, viel weniger noch ausführen, so kann der Erfolg sie nie widerlegen. Diese Männer der Negative sind das Verderben der Heerführer.“ *Moltkes Militärische Werke*,

III. *Kriegsgeschichtliche Arbeiten,* dritter Teil, pp. 10 f. Eine Verteidigung Heniksteins bietet Frauenholz, *loc. cit.*

34 Michael Howard, *The Franco-Prussian War,* p. 18.

35 Darüber siehe Gordon A. Craig, *The Politics of the Prussian Army, 1640—1945,* Kap. IV.

36 Chaloner und Henderson, *op. cit.*, p. 123.

37 Hohenlohe-Ingelfingen, *op. cit.*, III, p. 222.

38 Über die Reformen siehe Craig, *op. cit.*, Kap. IV.

39 Siehe Lettwo-Vorbeck, op. cit., II, p. 1 ff.; Friedjung, *op. cit.*, I, pp. 354—356.

40 Siehe Friedrich Karl, Prinz von Preußen, *op. cit.*, II, pp. 24 ff., 27; Lettow-Vorbeck, *op. cit.*, II, pp. 2—3; Eberhard Kessel, *Moltke,* p. 469 f.

41 Hohenlohe-Ingelfingen, *op. cit.*, III, p. 216.

42 Stoffel, *op. cit.*, p. 60; Lettow-Vorbeck, *op. cit.*, II, pp. 4—5; Wilhelm Berdrow, *Die Krupps,* pp. 142 ff., 154, 160, 170 ff.; Norbert Muhlen, *The incredible Krupps,* pp. 39 ff., 42 ff.

43 Hohenlohe-Ingelfingen, *op. cit.*, III, p. 217.

44 Die einzige erlaubte Ausnahme war die, ein begonnenes Studium fortzusetzen; auch sie kam keiner völligen Befreiung gleich. Studenten des Gymnasiums konnten ab einer gewissen Klasse dem Liniendienst dadurch entgehen, daß sie sich freiwillig zu einem einjährigen Offiziersausbildungslehrgang meldeten. Nach diesem wurden sie in der aktiven Reserve geführt. Siehe Franz Schnabel, *Deutsche Geschichte im 19. Jahrhundert,* II, p. 315 f.

45 *The Saturday Review* (London), XXII, 1 (7. Juli 1866).

46 Chaloner und Henderson, *op. cit.*, p. 61.

47 *Ibid.*, pp. 59 ff.

48 Technische Details und Auskunft über die verschiedenen vor 1866 verwendeten Modelle gibt das Werk von Werner Eckardt und Otto Morawietz, *Die Handwaffen des brandenburgisch-preußisch-deutschen Heeres 1640—1945,* pp. 101—130.

49 Glaise-Horstenau, *op. cit.*, p. 88; Chaloner und Henderson, *op. cit.*, p. 64.

50 Lettow-Vorbeck, *op. cit.*, II, p. 2. Über die Auswirkungen der verbesserten Bewaffnung auf die Taktik der Infanterie schrieb Helmuth von Moltke drei Memoranden: 1858, im April 1861 und 1865. Siehe *Moltkes Militärische Werke, II. Die Thätigkeit als Chef des Generalstabes der Armee im Frieden,* Zweiter Teil, pp. 7—9, 29—41, 49—65. Seine Ansichten über die Verwendung von Kompaniekolonnen beim Vormarsch und den richtigen Gebrauch des Bajonetts, siehe besonders pp. 38, 59, 61 f.

51 Der Auswahl von Unteroffizieren und den ihnen zu bietenden Möglichkeiten, um sie bei der Armee zu halten, wurde besonderes Augenmerk geschenkt. König Wilhelm betrachtete sie als Rückgrat des Mannschaftsbestandes im Frieden und im Krieg. Ein von ihm verfaßtes Memorandum zu diesem Thema aus dem Jahr 1825 findet sich in der *Geschichte des deutschen Unteroffiziers,* herausgegeben vom Reichstreubund ehemaliger Berufssoldaten (Berlin 1939), pp. 250 ff.

52 Reyher, Sohn eines Dorforganisten, begann im Jahr 1802 seine militärische Laufbahn als Regimentsschreiber. 1809 gehörte er dem Schillschen Korps an, wenig später erregte er die Aufmerksamkeit des Generals von Yorck, der ihn ermunterte, das Offiziersbewerberexamen abzulegen. Nach dessen erfolgreichem Abschluß und seiner Beförderung zum Offizier 1810 stieg er rasch von Stufe zu Stufe. Er verdankte dies seinen hervorragenden Leistungen in den Feldzügen von 1813 und 1814 und seinen Verdiensten, die er sich in den folgenden Friedensjahren bei mannigfachen Verwendungen in Stäben und im Ausbildungsdienst erwarb. 1828 erhielt er von König Friedrich Wilhelm III. den Adelstitel; den Höhepunkt seiner Laufbahn erreichte er als Chef des Generalstabs in den Jahren 1848—1857. Seine Schüler im wahrsten Sinne des Wortes waren die bedeutenden Generalstäbler des Feldzuges von 1866: Moltke, Blumenthal, Voigts-Rhetz, Alvensleben, Goeben. *Geschichte des deutschen Unteroffiziers,* p. 257 ff., und Major Ollech, „Reyher", *Militärwochenblatt,* Beihefte, 1879, Nr. 5 bis 6.

53 Siehe u. a. Schwertfeger, *Die Großen Erzieher des deutschen Heeres: Aus der Geschichte der Kriegsakademie,* pp. 43 ff.; Karl Demeter, *Das deutsche Heer und seine Offiziere,* pp. 84—85; „Rühle von Lilienstern", *Militärwochenblatt,* Beihefte, Okt.-Dez. 1847.

54 Ollech, *op. cit.; Von Scharnhorst zu Schlieffen,* hsg. von F. v. Cochenhausen, pp. 121 ff.; Paul Bronsart von Schellendorf, *Duties of the General Staff,* pp. 26 ff.

55 Siehe Johannes Ziekursch, *Politische Geschichte des neuen deutschen Kaiserreiches,* I, p. 163. Rudolf Stadelmann, *Moltke und der Staat,* p. 32; *Von Scharnhorst zu Schlieffen,* p. 165.

56 Lettow-Vorbeck, *op. cit.,* I, p. 104.

57 *Moltkes Militärische Werke,* III. *Kriegsgeschichtliche Arbeiten,* Dritter Teil, p. 10.

58 Kessel, *op. cit.,* p. 444.

II. KAPITEL

1 Ein fröhliches Lied aus den letzten Regierungsjahren Wilhelm I. Ein Rekrut besingt den Abschied, den er für drei Jahre von den Mädchen nehmen muß. Siehe Walter Werckmeister, *Deutsches Lautenlied* (2. Auflage, Berlin, 1917), p. 436.

2 In Conrad Ferdinand Meyers Gedicht ringt der sterbende Ulrich von Hutten um die Festigkeit seines Glaubens angesichts des Zweifels und der Ungewißheit. Er findet Trost, indem er sich mit einem gemeinen Soldaten vergleicht, der Befehle ausführen muß, ohne um die tieferen Zusammenhänge zu wissen, der aber tapfer kämpft, weil er dem Oberkommando und dessen Plänen vertraut.

3 „Über Strategie" (1871), nachgedruckt in *Moltkes Militärische Werke, II. Die Thätigkeit als Chef des Generalstabes im Frieden,* Zweiter Teil, pp. 291 ff. Über die Ähnlichkeit seiner Ansichten mit denen Bismarcks zur politischen Strategie, siehe General von Schlichting, *Moltke und Benedek,* p. 13, und Bismarck, *Die gesammelten Werke,* IX, p. 49 f.

4 *Moltkes Militärische Werke,* I, *Militärische Korrespondenz,* Zweiter Teil, pp. 12—15.

5 *Ibid.,* p. 14.

6 *Ibid.,* pp. 18—19.

7 *Ibid.*, pp. 36 ff., 40. Siehe auch W. Bigge, *Feldmarschall Graf Moltke: Ein militärisches Lebensbild*, II, pp. 153 ff.

8 Kessel, *op. cit.*, p. 441. Moltke lehnte den Gedanken an einen Präventivkrieg niemals ab; das bewies er auch bei anderen Gelegenheiten, so 1867 und 1887.

9 Friedrich Karl, *op. cit.*, I, p. 317.

10 Der Kriegshistoriker Hans Delbrück, der kommandierende Generale mit sehr kritischen Augen zu betrachten pflegte, schätzte seine Eigenschaften hoch. *Historische und politische Aufsätze*, pp. 307 ff. Siehe auch Freytag-Loringhoven, *op. cit.*, p. 106.

11 Eine vollständige Darstellung seiner Laufbahn enthält *Soldatisches Führertum,* hsg. von Kurt v. Priesdorff, VII, pp. 189 ff.; Friedrich Karl, *op. cit.*, II, p. 20. Voigts-Rhetz war 1859 Direktor des Allgemeinen Kriegsdepartements im Kriegsministerium und einer der wärmsten Befürworter der Kruppschen Geschütze.

12 *Bismarcks großes Spiel. Die geheimen Tagebücher Ludwig Bambergers,* hsg. von Ernst Feder, p. 29; Albrecht von Stosch, *Denkwürdigkeiten,* hsg. von Ulrich von Stosch, p. 107; Priesdorff, *op. cit.*, VIII, p. 59 f.

13 Blumenthal, *Tagebücher,* p. 9.

14 J. von Verdy du Vernois, *Im Hauptquartier der Zweiten Armee 1866*, pp. 32 f.; Ulrich von Hassell, *Tirpitz; Sein Leben und Wirken mit Berücksichtigung seiner Beziehungen zu Albrecht von Stosch,* pp. 17 f.; Priesdorff, *op. cit.*, VIII, pp. 307 ff.

15 Siehe Hajo Holborn, *Moltke and Schlieffen,* in *Makers of Modern Strategy: Military Thought from Macchiavelli to Hitler,* hsg. von Edward Mead Earle, Gordon A. Craig und Felix Gilbert, pp. 181 ff. Über die Benutzung der Eisenbahn durch den preußischen Generalstab siehe E. A. Pratt, *The Rise of Rail Power in War and Conquest, 1833—1914,* pp. 104 f. Wie früh Moltke sich dafür interessiert, bezeugt sein 1843 verfaßter Essay „Welche Rücksichten kommen bei der Wahl der Richtung von Eisenbahnen in Betracht?". *Gesammelte Schriften, II*, pp. 235 ff.

16 Das ärgerte Bismarck und führte zu einem Zusammenstoß zwischen ihm und Moltke; der Generalstabschef bestand jedoch darauf, es sei notwendig, um die numerische Gleichheit

der Friedensarmeen auf dem Hauptkriegsschauplatz zu gewährleisten. Er setzte sich durch.

17 Friedjung, *op. cit.*, II, pp. 11 ff.; Bigge, *op. cit.*, II, pp. 164 f.

18 *Ibid.*, II, pp. 163 f.

19 Über diese Zusammenkunft siehe besonders Kaiser Friedrich III, *Tagebücher 1848—66*, hsg. von H. O. Meisner (Leipzig 1929), p. 424; Friedrich Karl, *op. cit.*, II, pp. 13 f.; Blumenthal, *op. cit.*, pp. 12 f.; Stosch, *op. cit.*, p 75; Kessel, *op. cit.*, pp. 453 f.

20 Die Bewegungen der Gardetruppen finden ihre Darstellung in Hohenlohe-Ingelfingen, *op. cit.*, III, pp. 225 f., und R. von Arnim, *Erinnerungen aus dem Feldzug von 1866*, pp. 7—10.

21 Bigge, *op. cit.*, II, pp. 171 f.; Kessel, *op. cit.*, pp. 455 f.

22 Am 12. Juni schrieb Stosch: „Spaßhaft ist, daß wir jetzt die große Armee werden und Friedrich Karl hinterherklappt." Stosch, *op. cit.*, p. 80.

23 Siehe Friedrich Karl, *op. cit.*, II, p. 17; *Aus dem Leben Theodor von Bernhardis*, VII, p. 17.

24 Der bayrische Ministerpräsident ließ durch einen Vermittler sagen: „Glaubt Beck, daß Bayern eine österreichische Satrapie ist?" Beck erwiderte: „Das Finale wird sein, daß man uns in Böhmen und Sie in Bayern schlagen wird und daß wir beide auf dem Bauche liegen werden." Glaise-Horstenau, *op. cit.*, p. 93.

25 *Ibid.*, pp. 100 ff.

26 *Ibid.*, pp. 102 ff.

27 Verdy du Vernois, *op. cit.*, p. 62. Siehe auch das österreichische Generalstabswerk *Österreichs Kämpfe im Jahre 1866*, III, pp. 33 f.

28 Preußen: Großer Generalstab, *Der Feldzug von 1866 in Deutschland*, I, pp. 89 ff.

29 *Der Antheil des Königlich Sächsischen Armeecorps am Feldzuge 1866*, pp. 29—37; Paul Hassel, *Aus dem Leben des Königs Albert von Sachsen*, II. König Albert als Kronprinz, p. 262.

30 Zum Feldzug im Westen, siehe Bigge, *op. cit.*, II, pp. 221—241, und Lettow-Vorbeck, *op. cit.*, I, Kap. 3—5; Heinrich von Sybel, *Die Begründung des Deutschen Reiches durch Wilhelm I.*, V, pp. 26 ff.

31 Siehe Jähns, *op. cit.*, p. 4.

32 Friedjung, *op. cit.*, I, p. 488.

33 *Ibid.*, p. 489.

34 Bigge, *op. cit.*, II, pp. 178 f.

35 *Moltkes Militärische Werke*, I, *Militärische Korrespondenz*, Zweiter Teil, p. 231.

36 *Ibid.*, p. 234; Preußen: Großer Generalstab, *Der Feldzug von 1866*, I, p. 94.

III. KAPITEL

1 Aus dem wohlbekannten und sangbaren Lied „Fridericus Rex, Unser König und Herr" von Willibald Alexis (Willibald Häring, 1798—1871). Friedrich der Große spricht vor seiner Abreise ins Feld 1756 zu seiner Frau. Zur Vertonung siehe Werckmeister, *op. cit.*, p. 386.

2 Nach Carlyle lautete das Gebet Leopolds von Dessau: „Lieber Gott, stehe mir heute gnädig bei. Oder willst Du nicht, so hilf wenigstens den Schurken, den Feinden, nicht, sondern sieh zu, wie's kommt." Th. Carlyle, *Geschichte Friedrich des Zweiten, genannt der Große*, hsg. v. Georg Dittrich, IV. Bd., Meersburg 1928.

3 Theodor Fontane, *Der deutsche Krieg von 1866*, I, p. 280.

4 *The Spectator* (London), XXXIX, 742 (7. Juli 1866).

5 *The Manchester Guardian*, 3. Juli 1866, zitiert von Chaloner und Henderson, *op. cit.*, pp. 133 f.

6 „Die preußische Armee wird unter dem Oberbefehl des Königs stehen, also eines Paradesoldaten von bestenfalls sehr mittelmäßigen Fähigkeiten und einem schwachen, wenn auch oft eigensinnigen Charakter ... Die österreichische Armee untersteht bedingungslos General Benedek, einem erfahrenen Offizier, der zumindest weiß, was er will." *Manchester Guardian*, 20. Juni 1866, *Ibid.*, pp. 122 f. Hier war die Kristallkugel des Astrologen sicherlich sehr verschattet.

7 Ernst Buchfink, *Feldmarschall Graf von Haeseler*, p. 35.

8 Friedrich Karl, *op. cit.*, II, p. 42. Über die rein formale Rolle, die Gitschin in Moltkes Plan spielte, siehe Schlichting, *op. cit.*, pp. 10 f.

9 *Kessel,* op. cit., pp. 467 f.

10 Blumenthal, *op. cit.*, p. 27.

11 Fontane, *op. cit.*, I, p. 123.

12 Zitat, *ibid.*, p. 139.

13 Darüber siehe Preußen: Großer Generalstab: Kriegsgeschichtliche Abteilung, *Studien zur Kriegsgeschichte und Taktik*, VI, *Heeresverpflegung*, besonders pp. 100—106, 114, 133.

14 Friedrich Karl, *op. cit.*, II, p. 40.

15 Preußen: Großer Generalstab: Kriegsgeschichtliche Abteilung I, *Studien zur Kriegsgeschichte und Taktik*, III. *Der Schlachterfolg, mit welchen Mitteln wurde er erstrebt?* p. 170, Buchfink, *op. cit.*, p. 36.

16 Friedrich Karl, *op. cit.*, II, p. 41.

17 *Ibid.*, pp. 38 f.

18 Friedjung, *op. cit.*, II, p. 16; *Benedeks nachgelassene Papiere*, p. 366.

19 Hassel, *op. cit.*, II, pp. 262 ff.

20 *Briefe des Generals der Infanterie Voigts-Rhetz aus den Kriegsjahren 1866 und 1870—71*, hsg. von A. von Voigts-Rhetz, p. 5; Friedrich Karl, *op. cit.*, II, p. 44.

21 *Moltkes Militärische Werke*, I, *Militärische Korrespondenz*, Zweiter Teil, p. 237.

22 Friedrich Karl, *op. cit.*, II, p. 47.

23 Friedjung, *op. cit.*, II, pp. 22 f.; Lettow-Vorbeck, *op. cit.*, II, pp. 181 ff.

24 *Österreichs Kämpfe*, III, p. 59.

25 Siehe Hassel, *op. cit.*, II, pp. 273 ff.

26 Friedjung, *op. cit.*, II, p. 25.

27 Fontane, *op. cit.*, I, p. 157.

28 *Österreichs Kämpfe*, III, pp. 59—63. Neun Offiziere und 97 Mann fielen; 17 Offiziere und 230 Mann waren verwun-

det; 555, deren Namen man kannte, gerieten in Gefangenschaft, 140 waren vermißt. Die Unterschiede in den Verlustziffern rührten zum Teil von der dürftigen Schießkunst der Österreicher her. Als sich die preußischen Jäger nach der ersten Phase des Kampfes zurückzogen, riefen sie ihren Kameraden zu: „Schießt tief! Sie zielen alle zu hoch!" Fontane, *op. cit.*, I, p. 159.

29 Hassel, *op. cit.*, II, pp. 276 f.

30 Siehe Friedrich Karl, *op. cit.*, II, pp. 48 ff.

31 Generalstab, *Heeresverpflegung*, pp. 108, 119 f.; Arnim, *op. cit.*, pp. 13—15, 48 ff.; Hohenlohe-Ingelfingen, *op. cit.*, III, pp. 234 ff. Diese Berichte beweisen, daß Nachschubfragen durchaus nicht fehlten, und daß am Vorabend der Schlacht bei Königgrätz einzelne Einheiten tatsächlich nichts zu essen hatten. Weil sich jedoch die Armee in breiter Front vorwärtsbewegte, stellte sie an die Nachschublinien wie auch an die Möglichkeiten des Landes nicht allzuhohe Anforderungen; sowohl der Nachschub als auch die Requirierungen funktionierten besser als bei der Ersten Armee und der Elbarmee.

32 Verdy, *op. cit.*, p. 51.

33 Generalstab, *Schlachterfolg*, pp. 174 f. Nichtsdestoweniger neigten die Verfasser dieser Studie zu der Annahme, Benedek habe bereits zu lange zugewartet, und der Kronprinz hätte auf die Erste Armee warten können. Stellt man Friedrich Karls Hang zum Zögern in Rechnung, muß die Frage offenbleiben.

34 Friedjung, *op. cit.*, II, pp. 32 f.

35 *Ibid.*, p. 34.

36 Priesdorff, *op. cit.*, VII, pp. 59 ff.; Fontane, *op. cit.*, I, pp. 284 ff.

37 Verdy, *op. cit.*, p. 42.

38 Schlieffen, *op. cit.*, I, p. 100.

39 Zur Charakterisierung siehe Friedjung, *op. cit.*, II, pp. 43 f.

40 Siehe Alfons Freiherr von Wrede, *Geschichte des k. u. k. Mährischen Dragoner Regimentes Fr. Franz IV Groszherzog von Mecklenburg Schwerin No 6*, pp. 5, 560 ff. Ramming scheint

angenommen zu haben, er könne über mehr Kavallerie verfügen, als tatsächlich vorhanden war; die österreichische Reiterei war an Zahl unterlegen.

41 Verdy, *op. cit.*, p. 92.

42 Siehe die Berichte bei Friedjung, *op. cit.*, II, pp. 44—52; Fontane, *op. cit.*, I, pp. 290—316; *Österreichs Kämpfe*, III, pp. 70 ff; Preußen: Generalstab: *Der Feldzug von 1866*, I, pp. 130 ff.

43 *Österreichs Kämpfe*, III, p. 93; Generalstab: *Der Feldzug von 1866*, p. 146.

44 Blumenthal, *op. cit.*, pp. 9 f., 14; Buchfink, *op. cit.*, p. 33.

45 Siehe C. Junck, *Aus dem Leben des k. k. Generals der Kavallerie Ludwig Freiherrn von Gablenz;* und Reinhold Lorenz, „Ludwig Freiherr von Gablenz" in *Neue Österreichische Biographie, 1815—1918*, Erste Abteilung, VIII, pp. 60 ff.

46 Siehe Friedjungs ausgezeichneten Bericht über den Sieg der Österreicher, *op. cit.*, II, pp. 58—65, und die offizielle Version in *Österreichs Kämpfe*, III, pp. 95 ff. Das preußische Generalstabswerk beurteilt Bonin und seine Divisionäre kritisch. *Der Feldzug von 1866*, I, pp. 118 ff.

47 Die Österreicher verloren 1104 Mann an Gefallenen, 1900 Verwundete, 980 Gefangene, 803 Vermißte; die Preußen hatten 244 Tote, 1008 Verwundete, 86 Vermißte.

48 Verdy, *op. cit.*, p. 95; Generalstab: *Der Feldzug von 1866*, I, p. 162.

49 Schlieffen, *op. cit.*, I, p. 110.

50 Friedjung, *op. cit.*, II, pp. 78 f.

51 *Ibid.*, pp. 80—85, vgl. jedoch Schlichting, *op. cit.*, p. 63.

52 Verdy, *op. cit.*, p. 97.

53 Hohenlohe-Ingelfingen, *op. cit.*, III, p. 246.

54 Verdy, *op. cit.*, p. 100.

55 Hohenlohe-Ingelfingen, *op. cit.*, III, pp. 249 ff.

56 Das Gefecht wird beschrieben in *Österreichs Kämpfe*, III, pp. 126 ff.; Preußen: Generalstab, *Der Feldzug von 1866*, I, pp. 172 ff.; Friedjung, *op. cit.*, II, pp. 89 ff., Lettow-Vorbeck, *op. cit.*, II, p. 282; am eingehendsten Fontane, *op. cit.*, I,

pp. 322 ff. Die Verluste der Österreicher betrugen 882 Tote, 881 Verwundete, 2829 Gefangene, 985 Vermißte; die der Preußen 296 Tote, 1056 Verwundete, 13 Vermißte.

57 In diesem Gefecht zeichnete sich das Zweite Garderegiment besonders aus. Siehe Oberst von Pape, *Das Zweite Garde Regiment zu Fuß in dem Feldzuge des Jahres 1866*, pp. 29 ff.

58 Jähns, *op. cit.*, p. 45; Fontane, *op. cit.*, I, pp. 392—414; Friedjung, *op. cit.*, II, pp. 103—110; Lettow-Vorbeck, *op. cit.*, II, pp. 296—312; Schlichting, *op. cit.*, pp. 50—53.

59 *Österreichs Kämpfe*, III, p. 153; Preußen: Generalstab, *Der Feldzug von 1866*, I, p. 171.

60 Schlieffen, *op. cit.*, I, pp. 116 f.

IV. KAPITEL

1 Die dem *Punch* entnommenen Zeilen tragen trotz aller Leichtfertigkeit einen Unterton der Besorgnis; dieser ist ebenso ernst zu nehmen wie die Kommentare der nüchternen englischen Zeitschriften zur Schlacht von Königgrätz.

2 Fontane, *op. cit.*, I, p. 167.

3 *Ibid.*, pp. 169—181; Friedjung, *op. cit.*, II, pp. 153 ff.

4 Jähns, *op. cit.*, p. 46; Fontane, *op. cit.*, I, p. 182.

5 *Moltkes Militärische Werke*, I, *Militärische Korrespondenz*, Zweiter Teil, p. 239.

6 Friedrich Karl, *op. cit.*, II, pp. 54 ff., 58 ff.

7 Siehe Francis Watson, *Wallenstein, Soldier under Saturn*, pp. 140, 196.

8 *Wilhelm und Caroline von Humboldt in ihren Briefen*. hsg. von Anna von Sydow, IV, *op. cit.*, p. 40; Fontane, op. cit., I, pp. 205 f.

9 Friedjung, *op. cit.*, II, p. 158.

10 Eine kurze Biographie bei Priesdorff, *op. cit.*, VII, pp. 110 ff.

11 Fontane, *op. cit.*, I, pp. 191 ff., Friedjung, *op. cit.*, II, pp. 163 bis 164.

12 *Österreichs Kämpfe*, III, pp. 192, 206; *Der Antheil des Königlich Sächsischen Armeecorps*, p. 125; Schlichting, *op. cit.*, p. 42.

13 Fontane, *op. cit.*, I, pp. 223 f.; Hassel, *op. cit.*, II, pp. 278 ff.

14 Schlieffen, *op. cit.*, I, pp. 122 f. Siehe auch Friedjung, *op. cit.*, II, p. 171.

15 *Der Antheil des Königlich Sächsischen Armeecorps*, pp. 135 ff.

16 *Ibid.*, pp. 141 ff.; Hassel, *op. cit.*, II, pp. 285 ff.; *Österreichs Kämpfe*, III, p. 212; Preußen: Generalstab, *Der Feldzug von 1866*, I, p. 218.

17 Friedrich Karl, *op. cit.*, II, pp. 63 ff.

18 Voigts-Rhetz, *op. cit.*, p. 7.

19 Einzelheiten bei Friedjung, *op. cit.*, II, pp. 131—135; Fontane, *op. cit.*, I, pp. 420 ff.; Arnim, *op. cit.*, pp. 23 ff.

20 Bereits am 28. Juni hatte er eine allgemeine Order ausgegeben, wonach der Bajonettangriff nicht eher zu befehlen sei, als der Feind durch gezieltes Artilleriefeuer erschüttert worden war. *Benedeks nachgelassene Papiere*, p. 369.

21 *Ibid.*, pp. 371 f.

22 *Ibid.*, p. 375; Glaise, *op. cit.*, pp. 112 f. Beck verließ Königgrätz in dem Gefühl, dies sei die einzige Lösung. *Ibid.*, p. 116.

23 Friedjung, *op. cit.*, II, p. 198.

24 Glaise, *op. cit.*, pp. 118 f.

25 Siehe *Österreichs Kämpfe*, III, pp. 246 f. Friedjung, *op. cit.*, II, pp. 211 f.; Schlichting, *op. cit.*, pp. 85 f., verteidigt Benedeks Entschluß, ebenso Regele, *op. cit.*, p. 430.

26 Jähns, *op. cit.*, p. 53.

27 Siehe *ibid.* Eine vollständige Aufzählung in Preußen: Generalstab, *Der Feldzug von 1866*, II, Anlage 1. Einzelheiten über die Reise dieser Suite an die Front enthält: Hermann Graf von Wartensleben-Carow, *Ein Lebensbild, 1826—1921*, pp. 32 f.

28 Bismarck, *Gesammelte Werke*, IX, p. 268.

29 *Moltkes Militärische Werke*, I, *Militärische Korrespondenz*, Zweiter Teil, pp. 239 f.

30 Schlieffen, *op. cit.*, I, p. 132.

31 Dazu siehe Verdy, *op. cit.*, pp. 127 ff.; Friedrich Karl, *op. cit.*, II, pp. 68 f.; Kessel, *op. cit.*, pp. 472 ff.; Friedjung, *op cit.*, II, pp. 203 f.

32 Die Darstellung beruht auf dem lebendigen Bericht Fontanes, *op. cit.*, I, pp. 457 ff.

33 Friedrich Karl, *op. cit.*, II, p. 71.

34 Siehe Schlieffen, *op. cit.*, I, pp. 134 f., der in stärkerem Ausmaß als andere Autoren annimmt, Friedrich Karl habe Moltke die Hände gebunden.

35 *Moltkes Militärische Werke*, I, *Militärische Korrespondenz*, Zweiter Teil, p. 244.

V. KAPITEL

1 1813 entstandenes Kriegslied von Max von Schenkendorf (1783—1817), der als Freiwilliger in den Kampf zog, um sein Land von der französischen Herrschaft zu befreien.

2 Bleibtreu, *op. cit.*, p. 14; Friedjung, *op. cit.*, II, p. 215.

3 *The Spectator* (London), XXXIX, 772 (14. Juli 1866).

4 *Österreichs Kämpfe*, III, pp. 261 ff.; Preußen: Generalstab, *Schlachterfolg*, pp. 179 f.; Lettow-Vorbeck, *op. cit.*, II, pp. 415 ff.

5 Preußen: Generalstab, *Schlachterfolg*, p. 179.

6 *Benedeks nachgelassene Papiere*, pp. 376 f.

7 Friedjung, *op. cit.*, II, p. 217 f.

8 *The Times* (London), 11. Juli 1866, p. 9.

9 Bleibtreu, *op. cit.*, p. 16; Hohenlohe-Ingelfingen, *op. cit.*, III, p. 267.

10 *Der Anteil des sächsischen Armeecorps*, p. 176; Lettow-Vorbeck, *op. cit.*, II, pp. 424 ff.; Verdy, *op. cit.*, p. 182.

11 *Österreichs Kämpfe*, III, pp. 266 f.; Anton Freiherr von Mollinary, *Sechsundvierzig Jahre im österreichisch-ungarischen Heere, 1833—1879*, II, pp. 155—157; Lettow-Vorbeck, *op. cit.*, II, pp. 426 ff.; Bleibtreu, *op. cit.*, pp. 12 ff.

12 Bleibtreu, *op. cit.*, p. 18.

13 Friedrich Karl, *op. cit.*, II, pp. 76 f.

14 Rupert Furneaux schrieb in *The Breakfast War* von der ausgezeichneten Berichterstattung, die britische Zeitungen über den Russisch-Türkischen Krieg von 1877 lieferten. Ebenso bemerkenswert waren die Anstrengungen der *Times* 1866. Am 14. Juli schrieb die *Saturday Review* (XXII, 31): „Zum erstenmal erhielten wir einen Bericht über eine große Schlacht unmittelbar nachdem sie stattfand, und von Berichterstattern, die das Schicksal beider Armeen verfolgten. Die *Times* versorgte ihre Leser mit einer Schilderung der Schlacht von Sadowa, wie sie sich je einem Beobachter auf preußischer und österreichischer Seite darbot. Nie zuvor wurde etwas Ähnliches mit solcher Vollständigkeit und Anschaulichkeit von uns unternommen." Die *Illustrated London News* entsandten einen Zeichner auf den Kriegsschauplatz, der jedoch in Gitschin aufgehalten wurde und erst nach der Schlacht eintraf. Seine Zeichnungen stützten sich auf Skizzen des Majors von Verdy vom Stab des preußischen Kronprinzen. Siehe *Illustrated London News*, XXIX, 150, 153. *La Siècle* besaß einen Korrespondenten bei der Zweiten Armee; die *Illustrierte Zeitung* dürfte einen ihrer Zeichner an den Kampfplatz entsandt haben.

15 *The Times* (London), 11. Juli 1866, p. 9.

16 Voigts-Rhetz, *op. cit.*, p. 43; Friedrich Karl, *op. cit.*, II, pp. 88 f.

17 *Ibid.*, p. 77.

18 *The Times* (London), 11. Juli 1866, p. 9.

19 Siehe Richter, op. cit., pp. 149 f.

20 Friedjung, *op. cit.*, II, p. 224.

21 R. von Keudell, *Fürst und Fürstin Bismarck: Erinnerungen aus den Jahren 1864—1872*, pp. 282 f.

22 Friedrich Karl, *op. cit.*, II, p. 80; Kessel, *op. cit.*, p. 477

23 Bismarck, *Gesammelte Werke*, VII, p. 206.

24 Schlieffen glaubte freilich, Benedek hätte noch den Angriff über Nechanitz unternehmen, Herwarth verdrängen und Friedrich Karl in der Flanke fassen können (*op. cit.*, I, p. 137). Preußischen Kommandeuren schien selbst zu einem späteren

Zeitpunkt eine österreichische Offensive im Zentrum nicht unmöglich.

25 Kessel, *op. cit.*, pp. 477—478.

26 Herzog Ernst von Koburg-Gotha schrieb später: „Prinz Friedrich Karl hat den berühmten und merkwürdigen Gang der taktischen Ereignisse des 3. Juli stets als den Zug eines bösen Schicksal für seinen eigenen Ruhm und Ehrgeiz angesehen.“ Er neidete dem Kronprinzen nie die wohlverdiente Anerkennung, aber er grollte über der Tatsache, daß Moltkes Befehle es seinen Bataillonen unmöglich machten, die ihnen zugedachte Rolle zu spielen, und daß infolgedessen die öffentliche Meinung ihre großen Verdienste nicht genügend würdigte. Siehe Friedrich Karl, *op. cit.*, II, pp. 95 ff.

27 *Der Antheil des sächsischen Armeecorps*, pp. 183 ff.; Hassel, *op. cit.*, II, pp. 294 f.; Lettow-Vorbeck, *op. cit.*, II, pp. 446 ff.; Jähns, *op. cit.*, pp. 168 ff.

28 Darüber siehe besonders Preußen: Generalstab, *Schlachterfolg*, p. 182; Lettow-Vorbeck, *op. cit.*, II, p. 452; Friedrich Karl, *op. cit.*, II, pp. 85 f.; Preußen: Generalstab, *Der Feldzug von 1866*, I, pp. 264 ff., 357 ff.

29 *The Times* (London), 11. Juli 1866, p. 9.

30 Fontane, *op. cit.*, I, p. 496.

31 *Ibid.*, p. 504.

32 *Ibid.*, pp. 512 f.

33 Preußen: Generalstab, *Der Feldzug von 1866*, I, p. 355; Lettow-Vorbeck, *op. cit.*, II, p. 465.

34 Jähns, *op. cit.*, p. 216.

35 *Ibid.*, p. 217.

36 Lettow-Vorbeck, *op. cit.*, II, p. 467.

37 Friedrich Karl, *op. cit.*, II, p. 89.

38 Priesdorff, *op. cit.*, VII, pp. 242 ff. Über Fransecky siehe auch seine hochinteressanten Lebenserinnerungen: *Denkwürdigkeiten des Preußischen Generals der Infanterie Eduard von Fransecky*, hsg. von Walter von Bremen; über die entscheidende Bedeutung seines Einsatzes am 3. Juli 1866 siehe General H. Bonnal, *Sadowa*, pp. 112, 135, besonders pp. 179 f.

39 Bleibtreu, *op. cit.*, pp. 17 f.; Friedjung, *op. cit.*, II, pp. 231 f.

40 Fontane, *op. cit.*, I, pp. 518 ff.; Lettow-Vorbeck, *op. cit.*, II, p. 437.

41 Jähns, *op. cit.*, p. 126.

42 Bleibtreu, *op. cit.*, p. 19.

43 Lettow-Vorbeck, *op. cit.*, II, pp. 437 ff.; Friedjung, *op. cit.*, II, p. 232; *Österreichs Kämpfe*, III, pp. 286 ff.

44 Fontane, *op. cit.*, I, pp. 527, 528 f.

45 Friedjung, *op. cit.*, II, p. 233.

46 *Österreichs Kämpfe*, III, p. 297.

47 Friedjung, *op. cit.*, II, p. 235.

48 *Österreichs Kämpfe*, III, pp. 292 f.

49 Fransecky, *op. cit.*, II, p. 307; Jähns, *op. cit.*, p. 138.

50 Feldmarschall Graf von Loë. *Erinnerungen*, pp. 97 f.

51 Friedjung, *op. cit.*, II, pp. 236 f.

52 Jähns, *op. cit.*, p. 143.

53 Bleibtreu, *op. cit.*, pp. 71 f.

54 Loë, *op. cit.*, pp. 104 ff.; hinsichtlich einer anderen Version Wartenslebens, *op. cit.*, p. 29; Moltke, *Gesammelte Schriften*, III, p. 423; Moltke, *Briefe an die Braut und Frau*, II, pp. 325 ff.

55 Kessel, *op. cit.*, p. 479.

56 Richter, *op. cit.*, p. 150.

57 Kessel, *op. cit.*, p. 479; Friedrich Karl, *op. cit.*, II, p. 91.

58 Friedjung, *op. cit.*, II, pp. 242 f. Die Nachricht war zu einem früheren Zeitpunkt abgesandt, aber wie gewöhnlich verloren worden.

VI. KAPITEL

1 Ein Begrüßungsgedicht an das Gardekorps von Theodor Fontane (1819—1898), der ausgezeichnete geschichtliche Darstellungen der Kriege von 1864, 1866 und 1870—1871 schrieb, ehe er als Verfasser von Gesellschaftsromanen berühmt wurde.

2 Arnim, *op. cit.*, pp. 28 f.

3 Lettow-Vorbeck, *op. cit.*, II, p. 454.

4 Hohenlohe-Ingelfingen, *op. cit.*, III, pp. 267 ff.

5 Verdy, op. cit., p. 143; Preußen: Generalstab, *Schlachterfolg*, I, p. 305.

6 Hohenlohe-Ingelfingen, *op. cit.*, III, p. 273.

7 Friedrich Karl, *op. cit.*, II, pp. 76 f.

8 Verdy, *op. cit.*, p. 147.

9 Hohenlohe-Ingelfingen, *op. cit.*, III, pp. 269 ff.

10 Pape, *op. cit.*, pp. 78 f.

11 *Illustrated London News*, XXIX, 153 (18. August 1866).

12 Verdy, *op. cit.*, pp. 152 f.

13 Bleibtreu, *op. cit.*, p. 40.

14 Blumenthal, *op. cit.*, pp. 33 f.

15 Friedjung, *op. cit.*, II, pp. 241 f.

16 *Ibid.*, p. 244.

17 Ibid., p. 247; Mollinary, *op. cit.*, II, p. 164.

18 Schlieffen, *op. cit.*, I, p. 142.

19 Friedjung, *op. cit.*, II, p. 254.

20 Hohenlohe-Ingelfingen, *op. cit.*, III, pp. 272 ff.

21 *Ibid.*, p. 273; Lettow-Vorbeck, *op. cit.*, II, p. 458.

22 *Österreichs Kämpfe*, III, p. 313; Hohenlohe-Ingelfingen, op. cit., III, pp. 275 f.; Lettow-Vorbeck, op. cit., II, p. 459

23 *The Times* (London), 11. Juli 1866, p. 9.

24 Richter, *op. cit.*, pp. 150 f.

25 Verdy, *op. cit.*, p. 155.

26 Lettow-Vorbeck, *op. cit.*, II, p. 471.

27 Friedjung, *op. cit.*, II, p. 258. Das war jene berühmte Szene, anläßlich der Manstein beim Empfang des Gegenbefehls Moltkes äußerte: „Das ist alles sehr richtig. Wer ist aber der General Moltke?“, und darauf bestand, seine Anordnungen nur von Friedrich Karl entgegenzunehmen. Siehe Wartensleben,

op. cit., p. 44. Vermutlich war dies das letzte Mal, daß Moltkes Autorität im Kommando angezweifelt wurde.

28 *Moltkes militärische Werke*, I. *Militärische Korrespondenz*, Zweiter Teil, pp. 244 f.

29 *Der Antheil des sächsischen Armeecorps*, pp. 201 f.; Hassel, *op. cit.*, II, p. 296.

30 Preußen: Generalstab, *Der Feldzug von 1866*, I, pp. 362 ff.; Fontane, *op. cit.*, I, pp. 482 ff.; Lettow-Vorbeck, *op. cit.*, II, 482 ff.; *Österreichs Kämpfe*, III, pp. 330 ff.; Friedjung, *op. cit.*, II, pp. 280 ff.; *Der Antheil des sächsischen Armeecorps*, pp. 215 ff.; Hassel, *op. cit.*, II, pp. 296 ff.

31 Fontane, *op. cit.*, I, p. 486. Schulz' Tapferkeit beeindruckte sowohl seine eigenen Leute als auch die Preußen, unter diesen vor allem das 34. Regiment, das kurz nach seinem Tod in Ober-Prim eindrang. Die 34er hatten vor Beginn des Krieges in der Bundesfestung Rastatt unter Schulz gedient. Er wurde am 4. Juli mit militärischen Ehren in Ober-Prim beerdigt, später jedoch auf Anordnung des Kaiser Franz Joseph exhumiert und auf dem Friedhof von Königgrätz bestattet. Damals wurde festgestellt, daß er nicht zwei, sondern fünf Treffer durch Infanteriefeuer erhalten hatte.

32 Lettow-Vorbeck, *op. cit.*, II, pp. 484—486.

33 Hassel, *op. cit.*, II, p. 296.

34 *Ibid.*, pp. 296 f.

35 Preußen: Generalstab, *Schlachterfolg*, p. 183.

36 Fontane, *op. cit.*, I, p. 492.

37 Siehe Max von Apel, *Geschichte des 3. Niederschlesischen Infanterie-Regiments Nr. 50*, pp. 26 ff.; Oberst von Boguslawski, *Geschichte des 3. Niedersächsischen Infanterie-Regiments Nr. 50 von seiner Errichtung 1860 bis 1886*, pp. 126 ff.

38 Lettow-Vorbeck, *op. cit.*, II, pp. 461 f.

39 Hohenlohe-Ingelfingen, *op. cit.*, III, p. 278.

40 *Ibid.*, p. 282.

41 Arnim, *op. cit.*, pp. 32 f.

42 Fontane, op. cit., I, pp. 562, 564 f.

43 Friedjung, *op. cit.*, II, p. 270.

44 Fontane, *op. cit.*, I, p. 563.

45 Arnim, *op. cit.*, p. 33. Für die mutige Führung des Angriffs erhielt Arnim den Orden *pour le mérite*.

46 Preußen: Generalstab, *Der Feldzug von 1866*, I, pp. 328 f.; Lettow-Vorbeck, *op. cit.*, II, pp. 474 f.; Friedjung, *op. cit.*, II, pp. 267 f.; Bleibtreu, *op. cit.*, p. 79; *Österreichs Kämpfe*, III, pp. 342 f.

47 Preußen: Generalstab, *Der Feldzug von 1866*, I, p. 329; Fontane, *op. cit.*, I, pp. 564 f.

48 Hohenlohe-Ingelfingen, *op. cit.*, III, pp. 285 f.; Fontane, *op. cit.*, I, pp. 565 f.; Verdy, *op. cit.*, pp. 160 f.; Friedjung, *op. cit.*, II, p. 271; *Österreichs Kämpfe*, III, pp. 350 f.

49 *Ibid.*, III, Beilagen, p. 30.

50 Friedjung, *op. cit.*, II, p. 272.

51 Lettow-Vorbeck, *op. cit.*, II, p. 476.

52 *Ibid.*, p. 477; *Österreichs Kämpfe*, III, pp. 348 f.

53 Siehe Fontane, *op. cit.*, I, pp. 573—583.

54 *Ibid.*, pp. 584—588; Friedjung, *op. cit.*, II, p. 266; Apel, *op. cit.*, pp. 29 ff.; Boguslawski, *op. cit.*, pp. 136—142; Das österreichische Generalstabswerk führt aus, die Munition einiger zurückgehender Einheiten sei tatsächlich erschöpft gewesen. *Österreichische Kämpfe*, III, pp. 352 ff.

55 Siehe Lettow-Vorbeck, *op. cit.*, II, p. 478.

56 Siehe zum Beispiel Friedrich Karl, *op. cit.*, II, pp. 96 f.

57 Lettow-Vorbeck, *op. cit.*, II, p. 498.

58 Hohenlohe-Ingelfingen, op. cit., III, p. 289.

VII. KAPITEL

1 Jähns (*Die Schlacht von Königgrätz* p. 375) führt aus, daß diese Rede des Mephisto aus Goethes *Faust* (2. Teil, 4. Akt) unter Berücksichtigung gewisser Richtungsänderungen in der Darstellung dem Höhepunkt der Schlacht vom 3. Juli 1866 nahekommt.

2 Friedjung, *op. cit.*, II, pp. 272 f.; *Benedeks nachgelassene Papiere*, pp. 378 f.

3 Wie Benedek am Abend des 3. Juli dem Kaiser meldete, traf diese Annahme zu.

4 *The Times* (London), 11. Juli 1866, p. 10. Aus diesem Lagebericht gibt Fontane einige Stellen wieder.

5 Friedjung, *op. cit.*, II, pp. 275 f.

6 Verdy, *op. cit.*, pp. 165 f. Stosch behauptet in seinen Erinnerungen fest, das Feuer sei von österreichischen Batterien gekommen. Stosch, *op. cit.*, p. 93.

7 Am 14. Oktober 1806, an dem Tag, da Napoleon bei Jena siegte, schlug der französische Marschall Davoust die Preußen unter dem Herzog von Braunschweig.

8 Zu den Bemerkungen, die der König zu dem abgehenden Boyen machte, siehe M. von Poschinger, *Kaiser Friedrich in neuer quellenmäßiger Darstellung*, II, p. 234.

9 Verdy, *op. cit.*, pp. 167 f.; Stosch, *op. cit.*, p. 93.

10 Hohenlohe-Ingelfingen, *op. cit.*, III, pp. 289—291.

11 Major von Schill, ein Held aus den Befreiungskriegen, riskierte während des Krieges Österreichs gegen Frankreich 1809 einen Kriegsgerichtsprozeß wegen Verrats, als er preußische Freiwillige gegen die französischen Truppen in Westfalen führte.

12 Pape, *op. cit.*, p. 108.

13 *Ibid.*, pp. 108—109.

14 Fontane, *op. cit.*, I, pp. 594 ff.; Jähns, *op. cit.*, p. 344.

15 Generalfeldmarschall von Hindenburg, *Aus meinem Leben*, pp. 28—30. Für die Wegnahme der Geschütze erhielt Hindenburg den Roten Adlerorden. Den durchschossenen Helm bewahrte er bis zu seinem Lebensende in seinem Pult auf. Als Hindenburg im Jahr 1933 bei dem berühmten Professor für Innere Medizin an der Universität Berlin, Gustav von Bergmann, in Behandlung stand, klagte er über Kopfschmerzen. Auf Befragen gab er an, seiner Meinung nach rührten diese von dem Schlag auf den Kopf her, den er in der Schlacht bei Königgrätz erlitten hatte.

16 Fontane, *op. cit.*, I, pp. 601 f.; Arnim, *op. cit.*, pp. 42 ff.

17 Hohenlohe-Ingelfingen, *op. cit.*, III, p. 292.

18 *Ibid.*, pp. 294—296.

19 Jähns, *op. cit.*, 348—350; Preußen: Generalstab, *Der Feldzug von 1866*, I, p. 386.

20 A. O. Meyer, *Bismarck: Der Mensch und der Staatsmann*, p. 310; Fontane, *op. cit.*, I, p. 609.

21 *Fürst Bismarcks Briefe an seine Braut und Gattin*, hsg. von Fürst Herbert Bismarck, p. 573. Siehe auch *Kaiser Wilhelms des Großen Briefe, Reden und Schriften*, hsg. von Ernst Berner, II, p. 133 (Brief an Königin Augusta vom 4. Juli 1866).

22 Oberst von Zychlinski, *Der Antheil des 2. Magdeburgischen Infanterie-Regiments an der Schlacht von Königgrätz*, pp. 34 bis 36. Als das Gefecht im Swiepwald endete und der allgemeine Angriff begann, ritten Zychlinski und General von Gordon auf erbeuteten österreichischen Pferden nach vorn, gefolgt von dem Rest ihrer Streitkräfte. Aus Zychlinskis Bericht scheint hervorzugehen, daß sie Lipa vor dem König und Friedrich Karl erreichten. Er schrieb: „Wie ich seit dem ersten Abends die Rolle des Keils gespielt hatte, so sollte ich diese bis zuletzt forsetzen. Denn nun trieb ich mich selbst als einen solchen mitten hinein zwischen die beiden siegreichen Armeen, die 1. rechts, die 2. links, als einzige Truppe der 7. Division, die diesen siegreichen Moment der Schlacht im Mittelpunkt des Schlachtfeldes, mitzuerleben das Glück hatte."

23 Bleibtreu, *op. cit.*, p. 130.

24 *The Times* (London), 11. Juli 1866, p. 10.

25 Friedjung, *op. cit.*, II, p. 288.

26 Hozier spricht, *op. cit.*, p. 252, von einer „Kürassierbrigade, die von einem Engländer in österreichischen Diensten namens Beales geführt wurde". Das österreichische Generalstabswerk erwähnt ihn nicht, spricht jedoch von einem Oberst Berres, der die Ferdinand-Kürassiere kommandierte. *Österreichs Kämpfe*, III, p. 367.

27 Siehe Lettow-Vorbeck, *op. cit.*, II, pp. 502—504; Fontane, *op. cit.*, I, pp. 611—615; Jähns, *op. cit.*, pp. 382 ff.; Preußen: Generalstab, *Der Feldzug von 1866*, I, pp. 405 ff.; *Österreichs Kämpfe*, III, pp. 366 f.; Wrede, *op. cit.*, pp. 571 ff.

28 Lettow-Vorbeck, *op. cit.*, II, pp. 504—505; Fontane, *op. cit.*, I, pp. 616—620; *Österreichs Kämpfe*, III, pp. 364 ff.; Preußen: Generalstab, *Der Feldzug von 1866*, I, p. 409 ff., 413 ff.

29 Siehe Lettow-Vorbeck, *op. cit.*, II, p. 506; Schlieffen, *op. cit.*, I, p. 147; Preußen: Generalstab, *Schlachterfolg*, p. 185; Wrede, *op. cit.*, I, p. 576.

30 Jähns, *op. cit.*, pp. 358 ff.; Lettow-Vorbeck, *op. cit.*, II, p. 488; Friedjung, *op. cit.*, II, p. 292.

31 *Österreichs Kämpfe*, III, pp. 359 ff.; Friedjung, *op. cit.*, II, pp. 291 ff.; Fontane, *op. cit.*, I, pp. 601—604.

32 Siehe Friedjung, *op. cit.*, II, p. 203 ff.; Lettow-Vorbeck, *op. cit.*, II, p. 508; *Österreichs Kämpfe*, III, p. 373.

33 Preußen: Generalstab, *Heeresverpflegung*, p. 121.

34 Hohenlohe-Ingelfingen, *op. cit.*, III, p. 300.

35 Verdy, *op. cit.*, pp. 193—195.

36 Friedrich Karl, *op. cit.*, II, p. 102.

37 *Moltkes Militärische Werke*, I, *Militärische Korrespondenz*, Zweiter Teil, p. 245.

38 Lettow-Vorbeck, *op. cit.*, II, p. 520.

39 Kessel, *op. cit.*, p. 481.

40 *The Times* (London), 11. Juli 1866, p. 10.

41 Fontane, op. cit., I, p. 625. Beim Übergang über die Beresina verlor Napoleons *Grande Armée* auf ihrem Rückzug von Moskau vom 26. bis 29. November 1812 mehr als 20.000 Mann.

42 Dem liegt vor allem Friedjungs Darstellung zugrunde, *op. cit.*, II, pp. 300—303.

43 Blumenthal, *op. cit.*, p. 35; Friedrich Karl, *op. cit.*, II, p. 104.

44 Kaiser Friedrich, *op. cit.*, p. 451; Poschinger, *op. cit.*, II, p. 195.

45 Blumenthal, *op. cit.*, pp. 35 f.; Verdy, *op. cit.*, pp. 189 f.

46 Hozier war als Augenzeuge von den Bemühungen beeindruckt, den Verwundeten zu helfen. Er schrieb: „Die Ritter des Johanniterordens von Jerusalem fielen bei ihrer hingebungsvollen freiwilligen Arbeit in den Lazaretten besonders auf.

Dieser Ritterorden, der erst kürzlich erneuert wurde und der Unterstützung der Hilfsbedürftigen und Leidenden dient, hatte unter der Leitung des Grafen Theodor Stolberg einen umfangreichen Lazarettbetrieb aufgerichtet. In den umliegenden Städten und auf dem Schlachtfeld selbst hatte man aus den freiwilligen Beiträgen der Ritter Spitäler aufgebaut; der Orden sorgte auch für sämtlichen Bedarf an Ausrüstung und Heilmitteln, Transportfahrzeuge befanden sich ständig bei der Armee, und es war für Krankenschwestern gesorgt. Durch deren Fürsorge erhielt mancher Verwundete Pflege, um den sich im Rahmen der regulären Fürsorge niemand gekümmert hätte." Hozier, *op. cit.*, p. 253.

47 Jähns, *op. cit.*, pp. 466 f.

48 Moritz Busch, *Tagebuchblätter*, II, p. 80; Richter, *op. cit.*, p. 470.

49 Jähns, op. cit., p. 470.

50 *Benedeks nachgelassene Papiere*, p. 405.

VIII. KAPITEL

1 „Morgenrot" von Wilhelm Hauff (1802—1827), das traurigste und zugleich eines der bekanntesten Soldatenlieder. Werckmeister, *op. cit.*, p. 409.

2 Buchfink, *op. cit.*, p. 48.

3 *Österreichs Kämpfe*, III, Beilage, p. 38. Die Österreicher verloren 187 Geschütze, die Sachsen eines.

4 Preußen: Generalstab, *Der Feldzug von 1866*, I, p. 434, II, Anlage 23 und 24.

5 Siehe Friedrich Karl, *op. cit.*, II, p. 110 ff.

6 *Bismarcks Briefe an seine Braut und Gattin*, p. 573. Das Verhalten der preußischen Truppen in Böhmen war korrekt; die Lage war eine ganz andere als im Deutsch-Französischen Krieg, wo auf beiden Seiten Plünderungen an der Tagesordnung waren. Siehe Howard, *op. cit.*, pp. 378 ff. Immerhin weisen Bismarcks Worte eine unbewußte Kritik der Truppenversorgung auf. Das gelieferte Schuhwerk war offenbar ebenso schlecht wie das Brot.

7 Siehe Arnim, *op. cit.*, p. 45.

8 *The Times* (London), 11. Juli 1866, p. 10.

9 Friedjung, *op. cit.*, II, pp. 328 ff.

10 Einzelheiten des Marschbefehles bei Jähns, *op. cit.*, pp. 482 f.

11 Siehe Glaise-Horstenau, *op. cit.*, pp. 122 f.

12 Zu Tobitschau und Roketnitz siehe *Österreichs Kämpfe*, IV, pp. 89—108; Preußen: Generalstab, *Der Feldzug von 1866*, I, pp. 493—506; Friedjung, *op. cit.*, II, pp. 337—340; *Benedeks nachgelassene Papiere*, pp. 391 f.

13 Zu diesen Ereignissen und dem Gefecht bei Blumenau siehe *Österreichs Kämpfe*, IV, pp. 108 ff., 151 ff.; Preußen: Generalstab, *Der Feldzug von 1866*, I, pp. 534 ff.

14 Keudell, *op. cit.*, p. 297.

15 Über die Verhandlungen mit Napoleon und die Auseinandersetzungen mit den Militärs siehe Craig, *op. cit.*, pp. 198—204.

16 Der Text der Verträge mit Österreich und Sachsen ist enthalten in *Österreichs Kämpfe*, IV, Beilage, pp. 29—40.

17 Schüßler, *op. cit.*, p. 81.

18 Herbert Michaelis, „Königgrätz: eine geschichtliche Wende", *Die Welt als Geschichte*, XII (1952), p. 196.

19 Wilhelm von Humboldt, *Gesammelte Schriften*, XII, p. 77.

20 *The Spectator* (London), XXXIX, 737 (7. Juli 1866).

21 *Ibid.* Siehe auch *Illustrated London News*, XXIX, 3 (7. Juli 1866).

22 Jähns, *op. cit.*, p. 493.

23 *Ibid.*

24 Howard, *op. cit.*, p. 5, und Fußnote. Siehe auch Berdrow, *op. cit.*, p. 193 f., 197, 208, 219.

25 *The Spectator* (London), XXXIX, 743 (7. Juli 1866).

26 *Manchester Guardian*, 6. Juli 1866, zitiert in Chaloner und Henderson, *op. cit.*, p. 139.

27 Jähns, *op. cit.*, p. 146. Ganz ähnlich äußerte sich Moltke selbst in einer Denkschrift vom Juni 1869: „Die Überlegenheit liegt nicht mehr in der Waffe, sondern in der Hand, die sie führt."

Moltkes Militärische Werke, II. *Die Thätigkeit als Chef des Generalstabes der Armee im Frieden*, Zweiter Teil, p. 195.

28 Stoffel, *op. cit.*, pp. 2 f.

29 *Moltkes Militärische Werke*, II. *Die Thätigkeit als Chef des Generalstabes der Armee im Frieden*, Zweiter Teil, p. 74. Ein französischer Kritiker ist derselben Meinung; er geht so weit, Königgrätz als „eine Reihe von Kämpfen der Infanterie gegen die österreichische Artillerie" zu bezeichnen. Bonnal, *op. cit.*, p. 183.

30 *Moltkes Militärische Werke*, II. *Die Thätigkeit als Chef des Generalstabes der Armee im Frieden, Zweiter Teil*, pp. 126, 130.

31 *Ibid.*, pp. 132 f.

32 *Ibid.*, pp. 11, 114 ff., 119—126.

33 Siehe Kessel, *op. cit.*, pp. 521 f.; Delbrück, *op. cit.*, p. 309.

34 *Moltkes Militärische Werke*, II. *Die Thätigkeit als Chef des Generalstabes der Armee im Frieden*, Zweiter Teil, p. 279.

35 *Ibid.*, p. 173.

36 *Ibid.*, p. 286.

37 Zitiert bei Kessel, *op. cit.*, p. 515.

38 Moltkes Ansichten darüber finden sich in *Moltkes Militärischen Werken*, II. *Die Thätigkeit als Chef des Generalstabes der Armee im Frieden*, Zweiter Teil, pp. 74 f. Siehe auch Kessel, *op. cit.*, p. 517.

39 Ludwig Reiners, *Bismarck gründet das Reich*, p. 184.

40 Kessel, *op. cit.*, p. 492.

41 Friedjung, *op. cit.*, II, p. 545.

42 *Benedeks nachgelassene Papiere*, p. 384.

43 *Ibid.*, p. 401.

44 *Ibid.*, pp. 405 ff.

45 Der Artikel ist enthalten in Friedjung, *op. cit.*, II, pp. 546 ff. Siehe auch Regele, *op. cit.*, pp. 491 ff.; Alter, *op. cit.*, pp. 494 ff.

46 *Benedeks nachgelassene Papiere*, p. 411.

BIBLIOGRAPHIE

ALTER, WILHELM. Feldzeugmeister Benedek und der Feldzug der k. k. Nordarmee 1866 (Berlin, 1912).

APEL, MAX von. Geschichte des 3. Niederschlesischen Infanterie-Regiments Nr. 50 (Stuttgart, 1910).

ARNIM, R. von. Erinnerungen aus dem Feldzug von 1866 (Hannover, 1868).

Benedeks nachgelassene Papiere. Herausgegeben und zu einer Biographie verarbeitet von Heinrich Friedjung (Leipzig, 1901).

BERDROW, WILHELM. Die Krupps (Berlin, 1935).

BERNHARDI, THEODOR. Aus dem Leben Theodor von Bernhardis (8 Bde., Leipzig, 1893—1906).

BIGGE, W. Feldmarschall Graf Moltke: Ein militärisches Lebensbild (2 Bde., München, 1901).

BISMARCK, OTTO von. Die gesammelten Werke (15 Bde., Berlin, 1924 ff.).

BISMARCK, FÜRST HERBERT von. (Herausgeber). Fürst Bismarcks Briefe an seine Braut und Gattin (Stuttgart, 1900).

Bismarck und der Staat, herausgegeben von Hans Rothfels (Stuttgart, 1953).

Bismarcks großes Spiel. Die geheimen Tagebücher Ludwig Bambergers, herausgegeben von Ernst Feder (Frankfurt am Main, 1932).

BLEIBTREU, CARL. Königgrätz.

BLUMENTHAL, LEONHARD GRAF. Tagebücher des Generalfeldmarschalls Graf von Blumenthal aus den Jahren 1866 und 1870/71, herausgegeben von Albrecht Graf von Blumenthal (Stuttgart und Berlin, 1902).

BOGUSLAWSKI, OBERST von. Geschichte des 3. Niederschlesischen Infanterie-Regiments Nr. 50 von seiner Errichtung 1860 bis 1886 (Berlin, 1887).

BONNAL, General H. *Sadowa. Etude de strategie et de tactique generale* (Paris, 1901).

BRIX, RITTMEISTER. Das österreichische Heer in seiner Organisation und Stärke, Uniformierung, Ausrüstung und Bewaffnung (Berlin, 1866).

BRONSART VON SCHELLENDORF, PAUL. *Duties of the General Staff* (London, 1908).
BUCHFINK, ERNST. Feldmarschall Graf von Haeseler (Berlin, 1929).
BUSCH, MORITZ. Tagebuchblätter (2 Bde., Leipzig, 1899).

CARLYLE, THOMAS. Geschichte Friedrich des Zweiten, genannt der Große, hsg. von Georg Dittrich (4 Bde., Meersburg, 1928).
CHALONER, W. H., und HENDERSON, W. O. (Herausgeber). *Engels as Military Critic* (Manchester, 1959).
CRAIG, GORDON A. *The Politics of the Prussian Army*, 1640—1945 (Oxford, 1955).

DELBRÜCK, HANS. Historische und politische Aufsätze (Berlin, 1907).
DEMETER, KARL. Das deutsche Heer und seine Offiziere (Berlin, 1930).
Denkwürdigkeiten des Preußischen Generals der Infanterie Eduard von Fransecky, hsg. von Walter von Bremen (2 Bde., Berlin, 1913).
Die deutsche Soldatenkunde, hsg. von Bernhard Schwertfeger und E. O. Volkmann (2 Bde., Berlin, 1937).

ECKHARDT, W., und MORAWIETZ, O. Die Handwaffen des brandenburgisch-preußisch-deutschen Heeres 1640—1945 (Hamburg, 1957).

FONTANE, THEODOR. Der deutsche Krieg von 1866 (2 Bde., Berlin, 1871/72).
FRAUENHOLZ, EUGEN von. „Feldmarschalleutnant Alfred Freiherr von Henikstein im Jahre 1866", Münchener Historische Abhandlungen, 2. Reihe, 3. Heft.
FREYTAG-LORINGHOVEN, FREIHERR von. Die Grundbedingungen kriegerischen Erfolges: Beiträge zur Psychologie des Krieges im 19. und 20. Jahrhundert (Berlin, 1914).
FRIEDJUNG, HEINRICH. Der Kampf um die Vorherrschaft in Deutschland 1859 bis 1866 (Stuttgart und Berlin, 1912).
FRIEDRICH III. Tagebücher 1848—1866, hsg. von H. O. Meisner (Leipzig, 1929).
FRIEDRICH KARL, PRINZ VON PREUSSEN. Denkwürdigkeiten aus seinem Leben, hsg. von Wolfgang Förster (2 Bde., Stuttgart, 1910).

FURNEAUX, RUPERT. *The Breakfast War* (New York, 1958).

GLAISE-HORSTENAU, EDMUND von. Franz Josephs Weggefährte (Zürich, Leipzig und Wien, 1930).

HASSEL, PAUL. Aus dem Leben des Königs Albert von Sachsen. II. König Albert als Kronprinz (Berlin und Leipzig, 1900).

HASSELL, ULRICH von. Tirpitz. Sein Leben und Wirken mit Berücksichtigung seiner Beziehungen zu Albrecht von Stosch (Stuttgart, 1920).

HINDENBURG, FELDMARSCHALL PAUL von. Aus meinem Leben (Leipzig, 1934).

HOHENLOHE-INGELFINGEN, PRINZ KRAFT zu. Aus meinem Leben, 1848—1871 (4 Bde., Berlin, 1897—1907).

HOLBORN, HAJO. *Moltke and Schlieffen,* in: *Makers of Modern Strategy: Military Thought from Macchiavelli to Hitler,* hsg. von Edward Mead Eearle, Gordon A. Craig und Felix Gilbert (Princeton, 1943).

HOWARD, MICHAEL. *The Franco-Prussian War* (New York, 1961).

HOZIER, M. H. *The Seven Weeks' War* (London, 1871).

HUBKA, GUSTAV von. „Ludwig Ritter von Benedek", in: Große Österreicher: Neue Österreichische Biographie ab 1815, XII (Zürich, 1957), pp. 52 ff.

HUMBOLDT, WILHELM von. Gesammelte Schriften, hsg. von der Königlich Preußischen Akademie der Wissenschaften (15 Bde., Berlin, 1904).

Wilhelm und Caroline von Humboldt in ihren Briefen, hsg. von Anna von Sydow (5 Bde., Berlin, 1906—1916).

JÄHNS, MAX. Die Schlacht von Königgrätz (Leipzig, 1876).

JUNCK, C. Aus dem Leben des k. k. Generals der Kavallerie Ludwig Freiherrn von Gablenz (Wien, 1874).

Kaiser Wilhelms des Großen Briefe, Reden und Schriften, hsg. von Ernst Berner (2 Bde., Berlin, 1906).

KESSEL, EBERHARD. Moltke (Stuttgart, 1957).

KEUDELL, R. von. Fürst und Fürstin Bismarck: Erinnerungen aus den Jahren 1864—1871 (Berlin, 1901).

LEDEBUR, FREIHERR FERDINAND von. Geschichte des deutschen Unteroffiziers, hsg. vom Reichstreubund ehemaliger Berufssoldaten (Berlin, 1939).

LETTOW-VORBECK, OSCAR von. Geschichte des Krieges von 1866 (4 Bde., Berlin, 1892—1899).
LOE, FELDMARSCHALL GRAF von. Erinnerungen (Stuttgart, 1906).
LORENZ, REINHOLD. „Ludwig Freiherr von Gablenz", in: Neue Österreichische Biographie 1815—1918, Erste Abteilung VIII (Wien, 1935).

MEYER, O. A. Bismarck: Der Mensch und der Staatsmann (Stuttgart, 1949).
MICHAELIS, HERBERT. „Königgrätz: eine geschichtliche Wende", in: Die Welt als Geschichte, XII (1952), pp. 196 ff.
MOLLINARY, ANTON FREIHERR von. Sechsundvierzig Jahre im österreichisch-ungarischen Heere, 1833—1879 (Zürich, 1905).
MOLTKE, HELMUTH von. Briefe an die Braut und Frau (Leipzig, 1894).
— Gesammelte Schriften und Aufsätze (2 Bde., Berlin, 1892).
Moltkes Militärische Werke.
I. Militärische Korrespondenz (Berlin, 1896).
II. Die Thätigkeit als Chef des Generalstabes der Armee im Frieden (Berlin, 1900).
III. Kriegsgeschichtliche Arbeiten (Berlin, 1904).
MUHLEN, NORBERT. *The Incredible Krupps* (New York, 1959).

Österreichs Kämpfe im Jahre 1866: Nach Feldacten bearbeitet durch das k. k. Generalstabsbureau für Kriegsgeschichte (5 Bde., Wien, 1868).
OLLECH, MAJOR von. „Reyher", in: Militärwochenblatt, Beihefte, Nrn. 5, 6 (Berlin, 1879).

PAPE, OBERST von. Das Zweite Garde Regiment zu Fuß in dem Feldzuge des Jahres 1866 (Berlin, 1868).
POSCHINGER, MARGARETE von. Kaiser Friedrich in neuer quellenmäßiger Darstellung (Berlin, 1899—1900).
PRATT, E. A. *The Rise of Rail Power in War and Conquest, 1833—1914* (New York, 1915).
Preußischer Generalstab: Kriegsgeschichtliche Abteilung. Der Feldzug von 1866 in Deutschland (2 Bde., Berlin, 1867).
— Studien zur Kriegsgeschichte und Taktik. III. Der Schlachterfolg, mit welchen Mitteln wurde er erstrebt? (Berlin, 1903).
— Studien zur Kriegsgeschichte und Taktik. VI. Heeresverpflegung (Berlin, 1913).

PRIESDORFF, KURT von. (Hsg.) Soldatisches Führertum (10 Bde., Hamburg, 1936 ff.).

REDLICH, JOSEF. *Emperor Francis Joseph of Austria: A Biography* (New York, 1929).
REGELE, OSKAR. Feldzeugmeister Benedek: Der Weg nach Königgrätz (Wien, 1960).
REINERS, LUDWIG. Bismarck gründet das Reich, 1864—1871 (München, 1957).
RICHTER, WERNER. Bismarck (Frankfurt am Main, 1962).
„Rühle von Lilienstern", in: Militärwochenblatt, Beihefte Oktober—Dezember (Berlin, 1847).

Sächsischer Generalstab: Der Antheil des Königlich Sächsischen Armeecorps am Feldzuge 1866 (Dresden, 1869).
SCHLICHTING, von. Moltke und Benedek: Eine Studie über Truppenführung (Berlin, 1900).
SCHLIEFFEN, GENERALFELDMARSCHALL GRAF ALFRED von. Gesammelte Schriften (2 Bde., Berlin, 1913).
SCHNABEL, FRANZ. Deutsche Geschichte im neunzehnten Jahrhundert (4 Bde., Freiburg im Breisgau, 1925 ff.).
SCHÜSSLER, WILHELM. Königgrätz 1866: Bismarcks tragische Trennung von Österreich (München, 1958).
SCHWERTFEGER, BERNHARD. Die großen Erzieher des deutschen Heeres: Aus der Geschichte der Kriegsakademie (Potsdam, 1936).
STADELMANN, RUDOLF. Moltke und der Staat (Krefeld, 1950).
STOFFEL, BARON. Militärische Berichte, erstattet aus Berlin, 1866—1870 (Berlin, 1872).
STOSCH, ALBRECHT von. Denkwürdigkeiten, hsg. von Ulrich von Stosch (Stuttgart, 1904).
SYBEL, HEINRICH von. Die Begründung des Deutschen Reiches durch Wilhelm I. (7 Bde., München, 1890).
SRBIK, H. RITTER von. Aus Österreichs Vergangenheit (Salzburg, 1949).

VERDY du VERNOIS, J. von. Im Hauptquartier der Zweiten Armee 1866 (Berlin, 1900).
VOIGTS-RHETZ. Briefe des Generals der Infanterie Voigts-Rhetz aus den Kriegsjahren 1866 und 1870/71, hsg. von A. von Voigts-Rhetz (Berlin, 1906).
Von Scharnhorst zu Schlieffen, hsg. von F. von Cochenhausen (Berlin, 1933).

WARTENSLEBEN-CAROW, HERMANN GRAF von. Ein Lebensbild, 1826—1921 (Berlin, 1923).
WATSON, FRANCIS. *Wallenstein, Soldier under Saturn* (New York, 1938).
WREDE, ALFONS FREIHERR von. Geschichte des K. u. K. Mährischen Dragoner Regimentes Friedrich Franz IV. Großherzog von Mecklenburg Schwerin Nr. 6 (Brünn, 1907).

ZIEKURSCH, JOHANNES. Politische Geschichte des neuen deutschen Kaiserreiches (3 Bde., Frankfurt am Main, 1925 ff.).
ZYCHLINSKI, OBERST von. Der Antheil des 2. Magdeburgischen Infanterie-Regiments an der Schlacht von Königgrätz (Halle, 1866).

*

WEITERE LITERATUR:

DRÖSSLER, KARL. Dänemarks Neutralität und die deutsche Entscheidung 1866. Wien, phil. Diss. 1940.
— Dänemark im deutschen Schicksalskampf. Bündnisfrage, Nordschleswig und die deutschen Führungsmächte von Gastein bis Prag 1865/66. In: Sitzungsberichte d. Akad. d. Wissenschaften, phil.-hist. Klasse 1944 (Wien).
RUSO, KURT. Albert Schäffle und Österreich. Wien, phil. Diss. 1960.

INDEX